JN412492

세상을 변화시키는 52주 구역공과

섬김과 전도로 부흥하는 구역

편찬위원회 지음

아가페문화사

섬김과 전도로 부흥하는 구역

구역부흥은 교회부흥

구역

이름

주소

교회 전화

섬김과 전도로 부흥하는 구역

성장하는 교회

교육 이념

1. 하나님의 영광을 높이는 구역

2. 하나님의 교회를 섬기는 구역

3. 하나님의 사랑을 실천하는 구역

4. 행복한 가정을 이룩하는 구역

5. 변화하는 시대를 선도하는 구역

구역공과 일러두기

요즘에도 교회마다 양적 부흥을 원하고 있습니다. 초대 예루살렘 교회 성도들은 핍박 속에 민들레 홀씨처럼 흩어져 가는 곳마다 전도하니 성령의 역사로 부흥되었습니다. 그러나 오늘날 속회나 구역운영은 교회부흥 전략의 전진기지이며, 그 필수요건은 '예배로 부흥하는 구역 · 교회'를 만들어 가야 한다는 것입니다. 본 <구역공과>는 초교파 구역공과로서 연구실에서가 아니고, 일선 목회자가 목회현장 과제인 '성도들의 영적 부흥'을 위해 시도되어 누구나 쉽게 적용할 수 있도록 만들어졌습니다. 바로 『성령 충만한 구역』에 이어서 14번째로 『섬김과 전도로 부흥하는 구역』으로 성도들의 영적생명이 바르게 자라나 '부흥 성장 현장'으로 여러분들을 초대할 것입니다. 다시 강조하자면 '예배가 살아있는 교회'가 생명력을 가지고 계속 성장하게 됩니다. 구역부흥과 교회부흥의 원동력은 교회를 태동케 하신 '성령'이란 사실입니다.

교회 부흥은 한 마디로 '일꾼을 잘 키우고, 잘 세우면' 됩니다. 우리는 그간 절찬리에 다루었던 '말씀의 생활화' 구현을 위한 연중 커리큘럼으로 성경 통독을 유도하고, 주간 경건 시간(Q.T)의 본문을 설정하여, 구역공과를 편찬했습니다. 그 핵심 주제가 바로 「부흥」·「생동」·「전진」·「결실」·「일꾼을키움」·「파송」·「건강」·「화목」·「치유」·「칭송」·「생명을 살림」·「주님과 동행」·「성령 충만」이었습니다.

위에 언급한 주제들이 13년 동안 다져져서 이 구역공과들이 여러 교회들을 '부흥 성장하는 교회'로 만들어 주었습니다. 이제 '교회부흥의 도약'의 실현을 꾸준히 지속시키기 위해 무엇을 어떻게 추진해 나가야 할 것인가? 교회와 구역의 부흥과 성장은 농사짓듯 <양적 질적 성장>에 얼마나 꾸준히 지속적으로 심혈을 기울였느냐에 달려있는 것입니다. ·

교회의 풍년 농사는 첫째, 좋은 씨앗, 둘째, 좋은 땅, 셋째, 꼼꼼한 보살핌의 손질이 날마다 '예배 생활'로 다져져야 한다는 것이 필수적입니다.

현명하신 목회자들께서 구역의 텃밭을 소중히 여기시고, 좋은 교재를 골라 말씀의 씨앗을 잘 준비하여, 셀 모임 · 구역에서 셀 리더 · 구역 인도자 · 속회 지도자들을 잘 훈련시키십시오. 셀 모임이나 구역 · 속회가 활성화시켜 지속적인 전도와, 구역 · 속회원들을 훈련 양육시킨다면 한 해의 영적인 농사는 틀림없이 부흥 성장을 보장해 줄 것입니다. '내가 곧 교회 부흥의 주역이다'라는 책임감과 부흥의 확신을 가지고, 새 출발하십시오.

첫째, 하나님의 말씀을 날마다 읽고 들으며(행 10:33, 신 17:19),
둘째, 말씀을 체계적으로 공부하십시오(행 17:11; 딤후 2:15).
셋째, 요절 성구를 먼저 암송하고 암송시키십시오(시 119:11).
넷째, 성경본문을 깊이 묵상하고 묵상하도록 하십시오(수 1:8).

《말씀을 읽고, 듣고 공부하고 암송하여 삶의 현장에 적용》하는 '말씀 생활화' 가 중요합니다. 그래서 본 교재는 평신도 지도자가 목회하는 마음으로 일 년 열두 달 매월 '영적 성장목표' 를 설정하여, "한 주간의 묵상 자료"(Q.T. 가정예배 자료)와 설날, 추석, 장례(입관, 하관)식 등 예시를 통해 장묘 문화를 선도해가도록 시도한 최초의 완벽한 구역공과입니다. 또한 목회자를 대신해 구역지도자가 긴급할 시에 사용할 수 있도록 추모예배, 장례 예배자료들을 실었습니다. 각 구역 · 가정에서 아주 쉽고 간편하게 인도자와 구역원이나 온 교우가 함께 쓰는 교재로 집필했습니다. 전교인이 가정에 한 권 씩 준비해 놓으시고, 가정 예배 시 '주간 성경 본문'을 읽으시며 예배드리고, 구역 예배 시에는 참석자들이 돌아가며 교재를 읽으면서 예배드리도록 했습니다. 끝으로 이 교재를 통하여 '말씀의 생활화' 로 '성경을 배워, 예수님의 좋은 일꾼' 으로 성장시키기를 기도드립니다.

2012년 11월

구역공과 편찬위원회 대표 신소섭 목사

구역공과 교재 사용법

– 찬송 · 묵도 · 신앙고백(사도신경) · 찬송 · 기도 –

1. 먼저 '성경' 본문을 찾아 함께 읽으십시오.
2. '요절' 을 3회 큰 소리로 함께 읽고 암기합시다.
3. 공과 '교재의 목표' 를 읽고 마음에 새기십시오.
4. '시작하는 말' 은 구역 인도자가 읽음으로 함께 이해하십시오.
5. '오늘의 말씀' 은 한 대지씩 구역원이 돌아가면서 읽으십시오.
6. '함께 읽어요'는 모든 구역원이 한 목소리로 읽으십시오.
7. '정리하는 말' 은 구역장이 읽으십시오.
8. 구역원 모두에게 성령께서 함께 하사 기도로서 말씀을 우리의 생활에 적용할 수 있도록 하십시오.

–합심기도, 헌금, 가정을 위한 기도, 새 구역원 소개, 찬송, 주기도문
–※ **상기 사용법 4, 5, 6, 7번은 각 교회의 구역지침에 따라 진행하십시오.**

구역부흥은 교회부흥

성공적인 구역 운영 요령

1. 효과적인 개인전도 7가지 방법

- 영혼을 사랑하는 마음을 가져라.
- 전도 대상자를 확실히 정 하라
- 상대를 위하여 충분한 기도로 준비하라.
- 인격적인 교제를 가져라.
- 상대에게 무엇이 필요한가를 파악하라.
- 문제점에 대하여 간증으로 권유하라.
- 결신 후 최소한 3개월간을 영적으로 보살펴라.

2. 구역배가를 위한 5가지 기도제목

- 믿지 않는 가족을 위한 기도
- 병든 자를 위한 기도
- 개인이나 가정의 문제 해결을 위한 기도
- 각자의 소원 응답을 위한 기도
- 성령 충만을 위한 기도

3. 효과적인 구역원 상담의 5가지 방법

- 상대에게 되도록 많이 말할 기회를 주라
- 관심을 주변 환경에서 신앙생활로 전환시켜라
- 말씀에 입각하여 근원적인 해답을 제시하라
- 함께 기도하고 상담을 마무리 하라
- 확신을 갖고 말로 시인케 하라

4. 구역 운영 3가지 주의사항

- 이단 사설에 현혹됨을 예방하라
- 성도간의 금전 문제에 주의 하라
- 신앙적인 이야기 외에 무익하고 부덕한 말을 피하라

구역공과 교육과정(제 1, 2 학기)

학기	월	목표	과	제 목	본 문	요 절	묵상의 말씀
1 학기	1	예배 부흥의 달	1	매일 예배로 시작하라	계 4:1-11	계 4:10	계 1: - 7:
			2	살아있는 말씀으로 예배하라	계 14:1-20	계 14:12	계 8: - 14:
			3	예배의 열정을 회복하라	계 21:1-27	계 3:19	계 15: - 22:
			4	일상 예배자로 살아가라	창 6:13-22	창 6:22	창 1: - 7:
	2	기도 부흥의 달	5	장소를 정해 기도하라	창 8:1- 22	창 8:20	창 8: - 14:
			6	기도에 믿음을 더하라	창 15:1-21	창 15:6	창 15: - 21:
			7	대상자를 정해 기도하라	창 27:1-29	창 27:23	창 22: - 28:
			8	일하면서 기도를 계속하라	창 35:1-22	창 35:1	창 29: - 35:
	3	전도 부흥의 달	9	동료의 영혼을 사랑하라	창 37:1-25	창 37:11	창 36: - 42:
			10	직장 영혼들을 사랑하라	창 46:1-7, 28-34	창 46:3	창 43: - 49:
			11	영·육 건강을 모두 챙겨라	요일 2:15-29	요삼 1:2	요일 1:-요삼1:
			12	시험을 기쁘게 이겨내라	약 1:1-17	약 1:2	약1:-5; 유1; 창50:
			13	전도에 열정을 더하라	벧후 3:1-18	벧후 3: 9	벧전1: - 벧후 3:
2 학기	4	생명 구원의 달	14	복음의 씨앗을 뿌려라	롬 1:1-17	롬 1:17	롬 1: - 7:
			15	복음의 싹을 잘 길러라	롬 8:28-39	롬 8:37	롬 8: - 14:
			16	복음 나무를 사랑으로 가꾸라	롬 16:1-27	롬 16:16	롬15-16: 딛1:-3: 몬1:, 히1:
			17	복음 나무를 믿음으로 가꾸라	히 11:1-18	히 11:6	히 5 : - 11:
	5	가정 구원의 달	18	정을 고르게 나누어 주라	삼상1:15-28	삼상 1:27	룻 1: - 삼상 3:
			19	생활로 부모를 공궤하라	룻 2: 1-23	룻 2:18	삼상 4: - 10:
			20	찬송으로 치유함 받으라	삼상 16:12-23	삼상 16:23	삼상 11: -17:
			21	화목한 가정을 만들어라	삼상 20:35-42	시편 133:1	삼상 18:-24:
	6	애국 실천의 달	22	이웃 사랑을 넓혀 가라	삼상 24:1-22	삼상 24:12	삼상 25: -31:
			23	이웃의 아픔을 함께하라	삼하 3:27-39	삼하 3:36	삼하 1:-삼하7:
			24	이웃의 허물을 덮어주라	삼하 9:1-13	삼하 9:7상	삼하 8: - 14:
			25	선한 이웃이 되라	삼하 21:1-14	삼하 22:4	삼하 15: - 21:
			26	나라 사랑을 실천하라	삼하 23:1-17	삼하 23:3	삼하22:-왕상 4:
절기	53. 고난주간			십자가, 내게 주신 은혜이다	눅 23:26-49	눅 23:46	눅 18: - 24:
	54. 부 활 절			부활의 주, 소망의 주	눅 24:1-35	눅 24:6	눅 18: - 24:

* 절기·예식 예배 공과내용은 본문 내용의 마지막 부분에 있습니다.

구역공과 교육과정(제 3, 4 학기)

학기	월	목표	과	제 목	본 문	요 절	묵상의 말씀
3학기	7	찬송 부흥의 달	27	생동하는 말씀으로 찬양하라	시 1:1- 6	시 1:2	시 1: - 7:
			28	찬송하며 전하리라	시 9:1- 20	시 9:1	시 8: - 14:
			29	찬송의 은혜를 받으라	시 19:1-14	시 19:14	시15: - 21:
			30	큰 소리로 주를 찬양하라	시 22:22-31	시 22:22	시 22:- 28:
	8	기관 부흥의 달	31	주님의 손길 안에서 성장하라	출 2:1-25	출 1:17	출 1: - 7:
			32	웰빙 전도를 실천하라	출 12:15-28	출 12:13하	출 8: - 14:
			33	찬양함으로 서로 소통하라	출 15:19-27	출 15:21	출 15: 21:
			34	긍정적인 생활을 하라	출 23:20-33	출 23:25	출 22: - 28:
	9	생명 부흥의 달	35	생명을 걸고 기도하라	출 33:1-23	출 33:9	출 29: - 35:
			36	부흥의 감격을 누려라	출 35:30-31:7	출 35:7	출 36: - 40:
			37	사랑의 언어를 회복하라	아 2:1-17	아 2:10	아 1: - 8:
			38	항상 주를 찬송하자	시 84:1-12	시 84:4	시 78: - 84:
			39	예배 찬송을 회복하자	시 86:1-17	시 86:12	시 85: - 91:
4학기	10	말씀 부흥의 달	40	말씀의 감동으로 찬양하라	시 98:1- 9	시 98:9	시 92: - 98:
			41	주의 은혜로 성장하라	시 103:1-22	시 103:5	시 99: - 105:
			42	빛 된 삶을 살아가자	시 111:1-110	시 111:1	시 106: - 112:
			43	말씀이 길, 진리이다	시 119:1-16	시 119:9	시 113: - 119:
	11	감사 배가의 달	44	감사로 영성을 재충전하자	고전 1:1-25	고전 1:4	고전 1: - 7:
			45	감사 찬송 회복하라	고전 8:-135:	시 135:2	고전 8: - 14:
			46	자유와 평화를 감사하라	시137:1-9	시 137:1	고전 15: - 고후5:
			47	감사와 선행으로 살자	고후 9:1-15	고후 9:15	고후 6: - 12:
	12	성탄 예배의 달	48	찬송의 기쁨을 회복하라	고후13:1-13	고후 13:13	고후 13: - 갈6:
			49	복음 중의 복음을 전하라	엡 1:1-22	엡 1:7	엡 1: - 빌1:
			50	화평의 복음을 전하라	골 1:9-29	골 1:20	빌 2: - 골4:
			51	성탄이 최고의 복음이다	살전 1:1-10	살전 1:6	살전 1: - 살후3:
			52	주님의 크신 사랑 찬양하라	딤전 2:1-15	딤전 3:16	딤전 1: - 딤후4:
절기	55. 감 사 절			마음으로, 물질로 감사하자	시 107:1-22	시 107:1	시 101: - 107:
	56. 성 탄 절			기쁨의 좋은 소식 전하라	눅 2:1-20	눅 2:10	마 1:-2:, 눅 1:-2:

* 절기 · 예식 예배 공과내용은 본문 내용의 마지막 부분에 있습니다.
(고난주간, 부활절, 감사절, 성탄절 / 설날(구정), 중추절, 추모 예배, 입관식, 장례식, 하관식)

섬김과 전도로 부흥하는 구역

성장하는 교회

섬김과 전도로 부흥하는 구역

섬김과 전도로 부흥하는 구역

구역부흥은 교회부흥

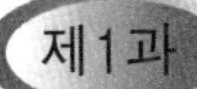

매일 예배로 시작하라

찬송 / 550, 25, 292 / 통일 248, 25, 415
성경 / 요한계시록 4:1-11
요절 / 요한계시록 4:10
"이십사 장로들이 보좌에 앉으신 이 앞에 엎드려 세세토록 살아 계시는 이에게 경배하고 자기의 관을 보좌 앞에 드리며 이르되"
목표 / 새해는 무슨 일을 시작하든 예배로 시작한다.

시작하는 말

하나님께서 보실 때 세상에서 가장 아름다운 모습이 무엇일까요? 그 중의 하나는 홍수로 세상을 다 쓸어버리셨을 때, 방주를 제치고 나와 하나님께 먼저 예배드리는 노아와 그 가정 모습이었을 것입니다. 타락한 인간이 에덴을 잃어버리자 '예배생활'과 멀어졌습니다. 에덴동산을 떠난 인간들은 일부러 하나님을 멀리하며 살아갑니다. 이것이 인간의 불행의 시작이었습니다. 하나님과의 관계회복의 길은 '예배'입니다. 인간은 '예배'를 통하여 하나님을 가까이 하여 그분의 성품을 깨닫고 하나님께 순종하며 살아가는 것이 행복의 지름길입니다.

오늘의 말씀

1. 성도는 항상 하늘 보좌를 바라보고 살아야 합니다(계 4:1~3).

본문 1절 말씀을 보십시오. 사도 요한은 열린 문을 보았습니다. 그가 본 것은 하늘로부터, 즉 하나님께로부터 나오는 것이었습니다. 성도는 어디를 가나 항상 하나님을 바라보며 살아가야 합니다. 요한계시록에는 세 가지 문이 나옵니다. ① '복음전도와 선교를 위한 열린 문'(계 3:8)인데, 하나님께서 주 예수 그리스도의 영광스러운 복음을 증거 하라고 교회들에게 열어 놓으신 문이요, ② 사람의 '마음 문'(계 3:20)은 믿는 자들이 복음의 말씀을 이웃에게 전해 줄 때, 마음 문을 열고 그 복음을 받아들이는 문입니다. ③ '계시의 문'(계 4:1)은 일단 마음 문을 주님께 열면, 주님께서는 자신과 하나님과 천국에 대한 놀라운 비밀들을 보여주시는 '계시의 문'입니다. 요한은 성령에 감동되어 하늘로 올라오라는 부름을 받고, 하늘보좌에 안내되었습니다(계 4:1). 금년 한해도 늘 하늘보좌를 바라보며 살아가시기 바랍니다.

· 함께 읽어요 : 요한계시록 4장 1절

"1 이 일 후에 내가 보니 하늘에 열린 문이 있는데, 내가 들은 바 처음에 내게 말하던 나팔 소리 같은 그 음성이 이르되 이리로 올라오라 이 후에 마땅히 일어날 일들을 내가 네게 보이리라 하시더라."

2. '하늘 예배 광경'을 바라보시기 바랍니다(계 4:4~6).

본문 2절을 읽습니다. "내가 곧 성령에 감동되었더니 보라 하늘에 보좌를 베풀었고, 그 보좌 위에 앉으신 이가 있는데" 3절을 함께 읽습니다. "앉으신 이의 모양이 벽옥과 홍보석 같고, 또 무지개가 있어 보좌에 둘렸는데, 그 모양이 녹보석 같더라." 천국은 성령에 감동된 자들이 '예배드리는 처소'입니다. 하나님의 보좌는 높은 곳에 위치해 있습니다.

보좌에 앉으신 이의 모습이 너무나 영광스럽고 위엄에 차 있어서 그분을 묘사할 수 없었습니다. 그분은 가장 고귀한 보석에서 나오는 찬란한 빛으로 묘사됩니다. 그분의 용모는 벽옥처럼 빛났고(완전성과 성결), 불타는 듯 한 붉은 보석 같고(하나님의 공의), 보좌에 둘린 무지개는 녹

보석 같아(자비와 인간에게 주신 은혜의 새 언약) 보였습니다.

여러분! 하나님의 보좌는 구원의 모든 것을 담고 있습니다. 가장 완전하고 성결하신 하나님께서 하나님의 영광에 이르지 못하는 인간을 그의 공의와 심판, 자비와 은혜, 그의 빛으로 인간을 사랑하십니다. 하늘 예배 광경을 바라보면서 하늘 영광의 빛으로 살아가시기 바랍니다.

· 함께 읽어요 : 요한복음 3장 16절

"16 하나님이 세상을 이처럼 사랑하사 독생자를 주셨으니 이는 그를 믿는 자마다 멸망하지 않고 영생을 얻게 하려 하심이라."

3. 보좌 주위 네 생물과 장로들은 '예배'를 드립니다(계 4:6~9).

하늘 보좌의 배치와 모습들은 곧 '하늘 예배'의 모습입니다. 이 모습은 에덴동산에서 잃어버린 낙원의 모습을 회복하신 것입니다. 이를 위해서 하나님께서 세상을 '이처럼 사랑하사 독생자를 보내주신 것'입니다. 범죄한 인간이 하나님께 나아가는 방법은 구약에 제시된 '희생 제사'가 아니라 예수 그리스도께서 십자가에서 흘려주신 보혈로 우리 인간들의 허물과 죄악을 사하시고, 하늘 예배에 초청해 주신 것입니다.

요한은 마음과 영이 이 땅에서 하늘로 끌어올려진 채 황홀경에 빠져 하나님과 하나님의 보좌를 보았습니다. 그리고 보좌에 둘러 앉아 있는 이십사 장로의 모습을 보았습니다. 장로들은 흰 옷을 입고, 금 면류관을 쓰고서 섬김의 의무를 다하고 있었습니다. 하나님의 보좌는 위엄에 차 있었습니다. 그 보좌로부터 번개처럼 빠른 속도와 뇌성과 같은 웅장함으로 선포됩니다. 하나님 가장 가까이에 네 생물 즉 사자(가장 높은 지위), 황소(송아지, 힘 상징), 사람(지성), 독수리(민첩함)의 모습으로 찬양의 주 임무를 수행하고 있습니다. 이십사 장로들은 복종과 순종의 모습으로 보좌 앞에 엎드려 경배합니다. 천상에서 이렇게 예배드릴 것입니다. 예수님은 '영과 진리로 예배'할 것을 가르쳐주셨습니다.

· 함께 읽어요 : 계시록 4장 11절

“우리 주 하나님이여 영광과 존귀와 권능을 받으시는 것이 합당하오니 주께서 만물을 지으신지라 만물이 주의 뜻대로 있었고, 또 지으심을 받았나이다하더라.”

정리하는 말

사랑하는 성도 여러분! 천년 속에 태어나서 천년 속에 다 못 살고 새 천년을 맞이하여 살고 있으니 이 얼마나 크신 은혜입니까? 돌아보면 지난 세월 흠도 많고 티도 많았습니다. 요한이 성령에 감동하여 하늘예배에 참석한 것처럼 금년 한 해 ‘예배의 삶’으로 살아가기를 소원합니다.

평가와 결심

1. 사도 요한이 어디에 이끌려 올라갔습니까?
   (계 4:1~4. 하늘 하나님의 보좌 있는 곳, 하나님 계신 곳)
2. 하나님의 보좌가 있는 그곳에 이끌려가 무엇을 보았습니까?
   (계 4:2~9, 보좌에 앉으신 하나님, 24장로, 4생물의 예배광경)
3. 금년 한해는 어떻게 살아야 합니까?(계 4:2~11)
   (언제, 어디서, 무엇을 하든지 예배의 삶으로 살아야함)

주간 경건의 시간 <1> · 날마다 말씀과 함께

요일 / 내용	주일/월(Mon)	화(Tue)	수(Wed)	목(Thu)	금(Fri)	토(Sat)
찬송	21동 / 93동	130 / 42	143/141	144 / 144	204 / 379	246/ 221
성경	계 1: /계 2:	계 3:	계 4:	계 5:	계 6:	계 7:
적용	계시 / 네 편지	세 교회 편지	하늘의 예배	책과 어린양	일곱 봉인 심판	14만 4천 인 치심

* 영혼은 생명의 우두머리요, 지배자이다. < 살루스티우스, B.C. 86~34 >

*매일 찬송 숫자에서, 앞 숫자는 새 찬송가 / 그 오른쪽은 통일찬송가 장수이다.
숫자 다음 ‘동’자는 새찬송가 장수와 통일찬송가 장수가 같다는 뜻이다.

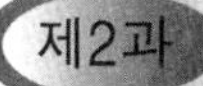
제2과

살아있는 말씀으로 예배하라

찬송 / 285, 273, 272 / 통 209, 331, 330
성경 / 히브리서 4:12-13
요절 / 히브리서 4:12
"하나님의 말씀은 살아 있고 활력이 있어 좌우에 날선 어떤 검보다도 예리하여 혼과 영과 관절과 골수를 찔러 쪼개기까지 하며 또 마음의 생각과 뜻을 판단하나니"
목표 / 시대의 변화를 이겨내는 말씀으로 예배하는 태도를 기른다.

시작하는 말

요즘은 강단이 하나님의 말씀 선포보다 탤런트의 공연무대로 전락하는 느낌이 들어 안타깝기조차 합니다. 성도들조차 예배에 무관심합니다. 교회가 대형화되면서 예배시간이 잘 짜여진 쇼 프로그램처럼 다음 대기자들을 위해 구성된 시간을 꼭 지켜야 하기 때문에 설교 25분, 기도 3분 원고를 읽어가면서 시간에 맞추어 가려고 합니다. 가족들의 삶의 패턴이 서로 달라 가정예배를 드리기가 쉽지 않습니다. 이 시대야 말로 '하나님의 계명과 예수께 대한 믿음을 지켜가며' 예배드리는 자들을 찾아보기 힘든 세상입니다. 여러분! '예배가 무너지면 신앙이 무너집니다.' 살아있는 말씀으로 예배드리기 바랍니다.

오늘의 말씀

1. 하나님의 말씀은 활력(活力)이 있습니다(히 4:12).

하나님의 말씀인 성경은 본질적으로 살아 있는 말씀입니다. 하나님의 말씀이 살아있다는 것은 그 말씀이 어느 시대에 어느 특정인이나 어느 사건에만 적용되는 말씀이 아니라 시대가 변하든지 인물이 누구이든 어떤 환경이든지 적용되고 살아서 힘이 있다는 뜻입니다.

성경을 통해서 인간에게 주시는 4마디 말씀이 있습니다. ① 내가 너를 지었노라. ② 내가 너를 사랑하노라. ③ 내가 너를 구속하였노라. ④ 내가 너희를 위하여 영원한 집을 준비하였노라. 바로 성경 말씀을 통하여 예수 그리스도를 발견하고 힘 있게 살 수 있기 바랍니다.

· 함께 읽어요 : 요한복음 20장 31절

"31 오직 이것을 기록함은 너희로 예수께서 하나님의 아들이심을 믿게 하려 함이요. 또 너희로 믿고 그 이름을 힘입어 생명을 얻게 하려 함이니라."

2. 성경 말씀을 통해 마음을 치유해 주십니다(히 4:12).

12절을 보세요. 하나님의 말씀은 좌우에 날선 어떤 검보다도 예리하다고 했습니다. 칼이란 말은 '싸운다' '다툰다' '경쟁한다'는 뜻이 있습니다. 스코틀랜드 의사 제임스 프스에게 어떤 이가 "선생님, 일생 중에 가장 큰 발견이 무엇입니까?"라고 질문하자 그는 "내가 죄인 괴수요, 예수가 내 구주임을 성경에서 발견했다."고 대답했습니다. 성경을 읽으므로 내 자신을 발견하고 내 속에 숨은 죄악까지 분명히 깨달아 알도록 마음을 판단하게 합니다.

하나님의 말씀이 '혼과 영과 및 관절과 골수를 찔러 쪼개기까지 한다'는 말은 '해부한다.'는 말입니다. '감찰한다'는 말은 법학 상의 용어로 '판단한다.'는 말입니다. 우리가 예배를 드리면서 듣는 하나님의 말씀을 통하여 우리의 마음과 영혼이 해부되고, 판단 받을 때에 마음이 치유되어, 회개운동이 일어나게 되며 심령이 살아나게 되는 것을 믿으시기 바랍니다.

· 함께 읽어요 : 시편 107편 19~20절

"19 이에 그들이 그들의 고통 때문에 여호와께 부르짖으매 그가 그들의 고통에서 그들을 구원하시되 20 그가 그의 말씀을 보내어 그들을 고치시고 위험한 지경에서 건지시는 도다."

3. 하나님의 말씀인 성경은 '영원한 말씀'입니다(사 40:8).

세상에는 많은 책들이 있지만 하나님의 말씀인 성경은 모든 시대를 위해 기록한 '영원한 말씀'입니다. 예수님은 '천지는 없어져도 내 말은 일점일획이라도 없어지지 아니하리라'고 말씀하셨습니다. 이사야 선지자는 "풀은 마르고 꽃은 시드나 우리 하나님의 말씀은 영원히 서리라 하라."(사 40:8)고 했습니다.

1953년 대영제국의 엘리자베스 여왕의 대관식 때 스코틀랜드 장로교회의 총회장이 여왕에게 성경을 기증하는 순서에서 이렇게 말하면서 성경을 주었습니다. "그대의 왕위를 지키기 위하여 하나님의 복음과 율법을 정부와 모든 인간생활의 법으로써 항상 주의를 기울여 준수하도록 교회는 그대에게 이 책을 주노라. 이것은 이 시대에 주어진 것 중 최고의 것이니 여기에 지혜가 있고, 이것이 곧 대영제국의 법률이며 또한 이것은 하나님의 살아 있는 명령이니라." 성경은 인간 심령의 욕구를 다 만족하게 채워 주는 영원한 말씀이므로 학자나 정치가에게도 교육자에게도 노동자에게도 고독한 자에게도 새로운 양식이며 힘이 되는 영원한 말씀입니다.

사랑하는 성도 여러분! 하나님께서 우리 인간에게 주신 최고의 선물이 바로 성경입니다. 예배 때만이 아니라 가정에서 직장에서 쉼터에서 병원이나 요양원 그 어디든 하나님의 말씀인 성경이 놓여있어야 합니다. 예배 때에 하나님의 말씀 성경은 최고의 권위로 강단에서 전해져야 합니다. 예배를 드리는 곳마다 언제나 읽혀지고 전달되어져야 합니다.

· 함께 읽어요 : 요한계시록 1장 3절

"3 이 예언의 말씀을 읽는 자와 듣는 자와 그 가운데에 기록한 것을 지키는 자는 복이 있나니 때가 가까움이라."

정리하는 말

사랑하는 성도 여러분! 여러분들이 어디서든 드려지는 예배가 하나님의 말씀을 중심으로 이루어지기를 바랍니다. 말씀이 담긴 찬송을 부르시고, 말씀으로 기도하며, 말씀으로 축복하시기 바랍니다. 여러분들의 생활 중심에 '말씀 중심 예배'가 드려지도록 해야 합니다. '예배'란 단순한 명상이나 정신통일을 하기 위한 방편이 아니라 전능하사 천지를 만드신 하나님께 여러분들 몸과 맘과 뜻을 다해 드리는 것입니다.

평가와 결심

1. 예배에서의 하나님의 말씀의 특징 첫째가 무엇입니까?
   (히 4:12, 하나님의 말씀에 활력이 있음)
2. 설교에서의 하나님의 말씀의 특징이 무엇입니까?
   (히 4:12, 찔러 쪼개는 해부의 능력 치유의 능력이 있음)
3. 하나님의 말씀의 일반적인 특징이 무엇입니까?
   (사 40:8, 하나님의 말씀은 만인에게 영원한 영적 양식)

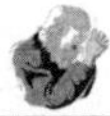

주간 경건의 시간 <2> · 날마다 말씀과 함께

요일 / 내용	주일/월(Mon)	화(Tue)	수(Wed)	목(Thu)	금(Fri)	토(Sat)
찬송	93동 / 91동	90 / 98	19 / 44	278 / 336	317 / 353	369 / 487
성경	계8: / 계9:	계 10:	계 11:	계 12:	계 13:	계 14:
적용	일곱째 인/ 일곱 나팔들	책을 삼킴	두 증인 죽임	어린아이 보호	두 짐승 멸망	선포된 심판들

* 앞으로 닥칠 사건은 그 그림자를 미리 드리운다.

<토머스 캠벨, 1777~1844> 영국 시인

1단원 예배 부흥의 달

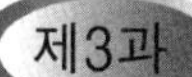

예배의 열정을 회복하라

찬송 / 197, 196, 191 / 통 178, 174, 427
성경 / 요한계시록 21:1-27
요절 / 요한계시록 3:19
"무릇 내가 사랑하는 자를 책망하여 징계하노니 그러므로 네가 열심을 내라 회개하라."
목표 / 가정마다 교회마다 무기력에서 벗어나 예배 열정을 회복하는 태도를 기른다.

시작하는 말

무슨 일이든 열정을 잃어버리면 문제가 발생합니다. 사람의 체온도 1℃도가 떨어지면 면역력은 30% 떨어지고, 1℃가 올라가면 면역력이 500%~600% 올라간다고 합니다. 무슨 일이든 열정이 떨어지면 재미도 없고 하기도 싫어집니다. 예배가 필수적으로 아무리 좋다고 하지만 '예배의 열정'이 떨어지면 교회 나가기 싫고 성도의 교제도 싫어집니다. 초대교회의 신앙은 '예배의 열정'이 대단했습니다. 핍박에도 불구하고 그들은 날마다 마음을 같이하여 성전에 모이기를 힘쓰고, 성찬의 떡을 떼면서 기쁨과 순전한 마음으로 음식을 먹고 하나님을 찬미하며 온 백성에게 칭송을 받았습니다. 이런 '예배 열정'을 회복하시기 바랍니다.

오늘의 말씀

1. 새 하늘과 새 땅은 하나님께 예배로 살아갑니다(계 21:1~8).

지금 우리가 살아가는 하늘과 땅은 없어지고 하나님께서 ① 새 하늘과 새 땅을 만드실 것입니다. 온갖 자연재난, 즉 지진, 화산 폭발, 무서운 재난이 없는 완벽한 새 땅을 만드셔서 번성하고 많은 산물을 낼 것입니다. ② 새 하늘과 새 땅의 중심엔 거룩한 도성인 새 예루살렘이 있을 것입니다. ③ 하나님의 장막이 땅 위에 세워져, 하나님과 직접 교제할 것입니다. '예배의 열정'이 회복될 것입니다. 성도들은 자신의 삶을 하나님께 의탁함으로, 하나님과의 교제와 인생의 모든 충만한 것을 경험하게 될 것입니다. 새 땅에서는 하나님의 임재와 영광이 사람들과 항상 함께할 것입니다.

④ 새 하늘과 새 땅에서는 만물이 새롭게 되어 온전케 될 것입니다. 인간의 몸도 환경도 땅도 온전케 될 것이기 때문에 더 이상 마음의 상처나 실망, 후회나 범죄, 열등감이나 결함, 무능함, 아픈 것이나 곡하는 것이나 죽음이 없을 것입니다. 처음과 나중 되신 주님이 '생명수를 값없이 주실 것'입니다. 하나님과의 온전한 관계가 회복될 것입니다(계 21:6~ 7). 그러나 불행하게도 이런 복에서 제외 될 자들도 있을 것입니다(8절).

· 함께 읽어요 : 요한계시록 21장 8절

"8 그러나 두려워하는 자들과 믿지 아니하는 자들과 흉악한 자들과 살인자들과 음행하는 자들과 점술가들과 우상 숭배자들과 거짓말하는 모든 자들은 불과 유황으로 타는 못에 던져지리니 이것이 둘째 사망이라."

2. 새 예루살렘에 대한 묘사입니다(계 21:9~21).

새 하늘과 새 땅에는 하나님의 임재가 중심이 되고, 예수 그리스도께서 거하시며 우주를 통치하실 특별한 장소인 성읍이 있을 것입니다. 그 성읍 이름을 '새 예루살렘'이라고 말합니다. 성경은 실제 그 성읍에 대해 몇 가지의 이름을 말해 주고 있습니다. '새 예루살렘'(계 21:2, 3:12), '하늘의 예루살렘'(히 12:22), '거룩한 성'(계 21:2, 22:19), '거룩한 성 예루살렘'(계 21:10), '하나님의 성'(계 3:12) 등 입니다.

그 성읍에는 하나님의 영광이 있고(11절), 성곽은 안전하며(12절), 열두 문이 있고(12~13절), 열두 기초석 위에 사도들의 이름이 새겨졌습니다(14절). 15~17절엔 그 성읍의 형태와 규모, 18~21절엔 성읍 건축 재료들을 소개하고 있습니다.

· 함께 읽어요 : 요한계시록 21장 21절

"21 그 열두 문은 열두 진주니 각 문마다 한 개의 진주로 되어 있고, 성의 길은 맑은 유리 같은 정금이더라."

3. 예배와 영광은 하나님과 어린양께 드립니다(계 21:22~27).

새 예루살렘 하늘의 도성에는 성전이 없을 것입니다. 그 이유는 하나님과 그리스도께서 거기 계시기 때문입니다. 그래서 거기에는?

1) 성읍에는 예배가 있을 것입니다. 그분의 임재로 그분의 영으로 충만할 것입니다. 모든 사람이 하나님의 영으로 충만함이 분명히 나타날 것입니다. 모든 사람이 하나님의 영과 임재로 충만하고도 완전한 지식으로 가득할 것입니다. 하나님과 그리스도에 대한 예배와 대화, 그리고 교제가 끊어지지 않을 것입니다. 생각하는 것이 기도로 응답될 것입니다.

2) 성읍에는 하나님과 어린 양이신 그리스도의 빛이 있습니다(23절). 새 하늘과 새 땅에는 하나님과 그리스도의 보좌가 있는 성읍이 세워질 것입니다. 지금 하늘에 하늘의 새 예루살렘이 준비되고 있을 것입니다.

3) 성읍에는 새 예루살렘의 시민이 있습니다. 그들은 ① 하나님의 영광의 빛 ② 하나님을 아는 지식 ③ 완전한 빛 ④ 완전한 순결 ⑤ 완전한 의 ⑥ 완전한 지혜 가운데 다닐 것입니다. 하늘의 도성에 들어갈 수 있는 사람은 그들의 이름이 어린양의 생명책에 기록된 자들뿐입니다.

· 함께 읽어요 : 요한계시록 21장 27절

"27 무엇이든지; 속된 것이나 가증한 일 또는 거짓말하는 자는 결코 그리로 들어가지 못하되 오직 어린 양의 생명책에 기록된 자들만 들어가리라."

정리하는 말

사랑하는 성도 여러분! 주님이 인정하시고, 받으시는 신앙생활은 우리의 편의대로 살아가는 그런 신앙생활이 아닌 것입니다. 삶이 어렵고 힘들더라도 생활 속에서 열정적으로 '예배' 드려져야 합니다. '예배'란 단순한 명상이나 정신통일을 하기 위한 방편이 아닙니다. 전능하시고 천지를 만드신 만군의 주 하나님께 여러분들의 마음과 정성을 다해 찬양과 기도 그리고 온전한 예물이 드려지기를 간절히 소원합니다.

평가와 결심

1. 새 하늘과 새 땅은 누구와 함께 살아가는 세상입니까?
   (계 21:1~8, 하나님과 어린 양과 함께 살아가는 세상)
2. 새 예루살렘의 모습은 어떠하며, 무엇이 있습니까?
   (계 21:11~14, 하나님의 영광이 있고, 성곽은 안전하며, 열두 진주 문 있음)
3. 모든 예배와 영광은 누구에게 드려집니까?
   (계 21:22~27, 하나님과 어린 양께 드려짐)

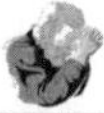

주간 경건의 시간 <3> · 날마다 말씀과 함께

요일 / 내용	주일/월(Mon)	화(Tue)	수(Wed)	목(Thu)	금(Fri)	토(Sat)
찬송	91동 / 23동	91 / 91	90 / 98	249 / 249	250 / 182	260 / 194
성경	계15: / 계16:	계 17:	계 18:	계 19:	계 20:	계21:-22:
적용	준비된 재앙/ 하나님 진노	음녀멸망 선포	음녀멸망 시행됨	큰 왕의 축제	마귀 사망과의 투쟁	새 하늘 새 땅 건축

* 예배는 사람에게는 애정이며, 신에게는 존경의 표시이다. <그릴파 제어 >

제4과

일상 예배자로 살아가라

찬송 / 10, 21, 89 / 통 34, 21, 89
성경 / 창세기 6:13-22
요절 / 창세기 6:22
"노아가 그와 같이 하여 하나님이 자기에게 명하신 대로 다 준행하였더라."
목표 / 일상생활에서 항상 예배하는 자로 살아가는 삶의 태도를 기른다.

시작하는 말

요한 계시록에서 천상예배(天上禮拜) 광경을 보았습니다. 하늘나라는 예배드림으로 '영원한 삶과 기쁨을 누리는 곳'일 것입니다. 에덴동산의 잃어버린 예배가 회복될 것입니다. 창조주 하나님을 모시고 얼굴을 대하며 친밀한 교제를 하던 관계가 깨어진 것은 인간이 하나님을 무시하며 떠나 불의하고 경건치 않은 사람들로 인하여 경건한 자들마저 부도덕하고, 정욕대로 더럽게 살아가기 때문입니다. 세상이 하나님의 뜻과 요구를 망각하고 죄악이 가득 차 수차 경고에도 불구하고, 범죄를 일삼는 세상을 심판하여 쓸어버리시기로 했습니다. 인류의 중시조(中始祖)[1] 노아는 여호와께 은혜를 입었습니다(창 6:7)

오늘의 말씀

1. 노아가 살던 시대는 참으로 극난한 때였습니다(창 6:1~12).

1) 중시조(中 始祖) : 쇠퇴한 세상을 중흥시킨 조상.

아담 이후 인류의 역사는 범죄와 부패로 인하여 마침내 하나님께서 대홍수로 멸망시키기로 작정하시는 데 이르렀습니다. 노아는 인류 역사상 아마 가장 어려운 시기를 살았을 것입니다. 그러나 그는 시대적인 약점을 '예배'를 통하여 보완해 갔던 것입니다. 인간은 부패하고 사악해졌습니다. 땅에는 경건한 사람이 없었으며, 참으로 어렵고 힘든 상황 하에서 의(義)를 전파하는 노아(벧후 2:5)의 믿음은 더욱 빛이 났습니다.

하나님은 120년간의 회개 기간을 주셨지만 이를 무시한 인간들이 마침내 대홍수를 불러왔던 것입니다. 인간의 죄성(罪性)이란 이렇게 무서운 것입니다. 어느 시대나 불의와 죄악은 하나님의 심판을 자초합니다. 하나님께서는 가장 심각한 수준의 경고인 '하나님의 영(靈)'을 거두시기로 했습니다. 다윗은 "나를 주 앞에서 쫓아내지 마시며 주의 성령을 내게서 거두지 마소서"(시 51:11)라고 기도했습니다. 하나님께서는 예배를 통해서만 하나님을 만날 길을 열어 놓으셨습니다. 예배를 통해 경건해지고, 죄악의 근성을 퇴치할 수 있습니다. 주님의 십자가 보혈로 죄악의 독성을 제거하고 치유 받을 수 있게 되는 것입니다.

· 함께 읽어요 : 창세기 6장 3절
"3 여호와께서 이르시되 나의 영이 영원히 사람과 함께 하지 아니하리니 이는 그들이 육신이 됨이라 그러나 그들의 날은 백 이십년이 되리라 하시니라."

2. 그러나 노아에게 보통 사람들과 다른 특징들이 있었습니다(창 14:9~12).

보통 사람들 같으면 "세상이 다 그런데 뭐……." 하고 충분히 넘겨 버릴 수 있는 그런 문제들과 상황 속에서도 노아에게는 확실히 차별성이 있었습니다. 당시 그의 주변에 살아가는 사람들과 확실히 달랐다는 말입니다. 본문 9절~10절에 노아라는 인물을 이렇게 정리하고 있습니다. ① 의로운 자였습니다. ② 완전한 자였습니다. ③ 하나님과 동행하였습니다. ④ 경건한 가정을 이루었습니다.

성경 역사에서 보면 언제나 하나님께서 그 세상을 멸하시기 전 먼저 경고를 하셨습니다. 그 상황을 선지자나 선각자들을 통해서, 아니면 자연재해나 전염병, 지진 등의 자연현상을 통해 엄중하게 경고하시며 통보하시는 것입니다. 그러나 노아 시대의 형편은 하나님조차 진노의 손을 거둘 수 없었습니다. 그런 중에도 폭우 속에 아침 햇살 같은 빛줄기가 있었으니, 바로 노아를 향한 하나님의 관심이 있었습니다.

· 함께 읽어요 : 창세기 6장 9절
"9 이것이 노아의 족보니라 노아는 의인이요 당대에 완전한 자라 그는 하나님과 동행하였으며."

3. 노아는 그에게 준 하나님의 준엄한 명령을 다 준행했습니다(창 14:13~22).

보통 사람들이 믿을 수 없는 그런 때에 노아와 그의 가족은 하나님께서 말씀하신 것을 믿고, 그분의 말씀을 수용했습니다. 하나님께서 말씀하신 내용은? ① 인간과 땅을 멸하실 것이며(13절) ② 하나님의 명령인 방주를 지을 것과(14~16절) ③ 하나님의 심판 방법은 홍수요(17절) ④ 하나님께서 인간 구원하실 것을 약속하셨습니다(18절). ⑤ 땅 위 생물 두 쌍씩 구하라고 명령하시면서(19~21절) ⑥ 순종하고 준행하라(22절)는 명령을 노아는 다 준행했습니다.

사랑하는 성도 여러분! 우리가 살아가는 세상이 노아 때와 같이 죄악이 세상에 가득하고 사람들의 생각이나 모든 계획이 항상 악할지라도 노아처럼 '그러나'의 삶이 필요합니다. 하나님께서 그들을 지었음을 한탄하는 지경에 이르렀을 때에 '그러나' 여호와 하나님께 은혜를 입어야 합니다. 세대가 아무리 악할 지라도 예배[2]를 통하여, 하나님께 자신을 드리면서 말씀을 믿고 순종하는 법을 배워야 하는 것입니다(창 8:20).

마지막 때에 큰 환난이 있겠고 "그 날들을 감하지 아니하면 모든 육체가 구원을 얻지 못할 것이나 그러나 택하신 자들을 위하여 그 날들을 감하시리라"(마 24:22)고 했습니다.

2) 예배: 구약의 번제였다. 번제는 완전히 자신을 드리는 헌신의 표로 드린다.

· 함께 읽어요 : 창세기 6장 22절
"노아가 그와 같이 하여 하나님이 자기에게 명하신 대로 다 준행하였더라."

정리하는 말

사랑하는 성도 여러분! 노아 가정의 특징은 하나님의 말씀과 명령을 준행했다는 것입니다. 어떤 학교나 직장이든 조회시간이 있어서 하루 생활에 필요한 정보와 해야 할 일들을 지시하고, 주의를 하달 받는 시간이 있습니다. '예배시간'은 그 보다 더 소중한 하나님의 명령과 말씀을 듣고, 깨달으며 새롭게 다짐하며 만유 주 하나님께 경배와 찬양을 드리는 자발적인 시간인 것입니다. 예배를 통하여 인간은 거듭나며, 새로워집니다.

평가와 결심

1. 노아시대의 극악한 죄악상의 결과 초래된 결과가 무엇입니까?
(창 6:3, 주의 영이 영원히 사람과 함께하지 아니하리라고 하심)
2. 그러나 여호와께 은혜를 입은 노아는 어떠했습니까?
(창 6:9, 노아는 의인이요, 완전한 자라 하나님과 동행하였음)
3. 마지막 때에 성도들이 인내로 지켜야 할 것이 무엇입니까?
(계 14:12, 하나님의 계명과 예수에 대한 믿음을 지키는 것)

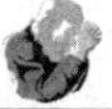

주간 경건의 시간 <4> · 날마다 말씀과 함께

요일 / 내용	주일/월(Mon)	화(Tue)	수(Wed)	목(Thu)	금(Fri)	토(Sat)
찬송	89동 / 88동	151 / 138	176 / 163	191 / 427	347 / 382	209 / 247
성경	창1: / 창2:	창 3:	창 4:	창 5:	창 6:	창 7:
적용	천지 창조/ 에덴동산	불순종과 심판 선언	가인과 아벨	아담의 계보	사람의 죄악	대 홍수

* 양심은 어떠한 과학의 힘보다도 강하며 현명하다. <미상 >

2단원 기도 부흥의 달

제5과

장소를 정해 기도하라

찬송 / 88, 303, 310 / 통일 88, 403, 410
성경 / 창세기 8:1-022
요절 / 창세기 8:20
"노아가 여호와께 제단을 쌓고 모든 정결한 짐승과 모든 정결한 새 중에서 제물을 취하여 번제로 제단에 드렸더라."
목표 / 정한 장소를 택하여 규칙적으로 기도를 드리도록 한다.

시작하는 말

성경 역사를 살펴보면 위대한 일들을 남긴 자들은 '기도의 사람'이었습니다. 그리고 그들은 기도드리던 장소가 있었습니다. 장소를 정해 기도를 드렸다는 말씀입니다. 비상적인 상황 하에서야 어디든 꿇어 엎드려 기도드리고, 때로는 그냥 서서, 걸어가면서도 기도했습니다. 아브라함 링컨은 남북전쟁 시 어려운 상황 속에서 쉬지 않고 기도했습니다. "우리가 하나님 편에 있게 해 달라"고 말입니다. 하나님은 '기도의 사람'을 사랑하사 찾고 계십니다. 어려운 상황 하에서 살아남을 수 있는 길은 오직 주님께 기도하는 길 밖에 없습니다. 장소를 정하여 기도하시기 바랍니다.

오늘의 말씀

1. 홍수 중에도 하나님은 노아를 잊지 않으셨습니다(창 8:1~5).

본문 1절 말씀을 함께 읽겠습니다. "하나님이 노아와 그와 함께 방주에 있는 모든 들짐승과 가축을 기억하사….” 여러분! 누군가 여러분을 기억해 준다면 참으로 뿌듯할 것입니다. 하나님께서는 노아와 가족, 그리고 함께 방주에 있는 들짐승과 가축까지도 기억하셨습니다.

하나님은 홍수 중에도 노아의 자취를 놓치지 않으셨고, 노아를 위한 구원 계획과 시간계획표도 잊지 않으셨습니다. 하나님은 결단코 노아를 잊지 않으시고 때가 되자 홍수를 그치게 하시고, 지면의 물을 점점 감하시고, 노아를 안전하게 마른 땅에 내려 놓으셨습니다. 그렇습니다. 하나님께서는 노아를 끝까지 감찰하셨습니다. 하나님은 오늘날 주님의 성도들을 한 사람 한 사람 기억하시고, 그들의 처소와 상황에 따라 하나님께서 보호하시고 인도해 주십니다(이사야 41:10).

· 함께 읽어요 : 이사야 41장 10절

“10 두려워하지 말라 내가 너와 함께 함이라 놀라지 말라 나는 네 하나님이 됨이라 내가 너를 굳세게 하리라. 참으로 너를 도와주리라 참으로 나의 의로운 오른손으로 너를 붙들리라.”

2. 홍수가 그치고 노아와 가족을 방주에서 나오게 하십니다(창 8:6~19).

본문 6절을 읽겠습니다. “사십일을 지나서 노아가 그 방주에 낸 창문을 열고” 이제 하나님께서는 홍수 후에 깊음의 샘과 하늘의 창문이 닫히고 비가 그치며 물이 땅에서 물러가게 하십니다. 그래서 일곱째 달 열이렛날 방주가 아라랏 산에 머물게 했습니다. 물이 점점 줄어 산들의 봉우리가 보였습니다.

40일이 지나 노아는 방주의 창문을 열고 까마귀를 내놓자 까마귀가 땅에 물이 마르기까지 날아 왕래했습니다. 다음에는 비둘기를 내놓았으나 발붙일 곳을 찾지 못하고 방주로 돌아왔습니다. 7일 후 비둘기를 다시 내 놓자 감람나무 새잎사귀를 물고 돌아왔습니다. 그 다음 7일 후 비둘기를 내 놓자 다시 돌아오지 아니했습니다.

둘째 달 스무 이렛날에 땅이 말랐습니다. 본문 8장 16-17절을 함께 읽겠습니다. "너는 네 아내와 네 아들들과 네 며느리들과 함께 방주에서 나오고 너와 함께 한 모든 혈육 있는 생물 곧 새와 가축과 땅에 기는 모든 것을 다 이끌어내라 이것들이 땅에서 생육하고 땅에서 번성하리라." 이 말씀대로 그들은 다 방주에서 나와 새로운 삶을 시작했습니다.

· 함께 읽어요 : 창세기 8장 18절
"18 노아가 그 아들들과 그의 아내와 그 며느리들과 함께 나왔고"

3. 노아가 방주에서 나와 먼저 예배를 드렸습니다(창 8:20~22).

본문 20절에서 우리는 왜 하나님께서 노아와 그 가족들을 사랑하셨는가 하는 점을 알게 됩니다. 우리는 긴 장마 후에 가장 먼저 무엇을 합니까? 일 년 넘게 햇빛을 보지 못해 곳곳에 곰팡이가 피고 냄새가 코를 찔렀을 것을 생각하면 맨 먼저 방주 밖으로 가재도구들을 끌어냈을 것입니다. 햇빛에 널어놓고 나서 배고픔을 해결할 것입니다. 그러나 노아는 방주에서 나오자마자 어떻게 했습니까? 번제를 드릴 준비를 하고 예배드렸습니다. 구약의 예배는 짐승이나 새를 잡아 쪼개어서 번제 단에 올려놓고 태워드리는 방법입니다. 이 '번제'는 온전한 헌신을 의미합니다.

초등학교 시절 학교에서 돌아올 때면 배가 무척이나 고팠습니다. 그 때 눈앞엔 보리밥 한 주먹입니다. 그 보리밥을 앞에 놓고 눈시울이 뜨거워지며, 손을 모으고 기도를 드리던 모습을 떠올려봅니다. 찬물에 말아서 '게 눈 감추듯 삼키고' 나서 "한 수저만 더 남겨 두시지……." 하고 눈에서 방울진 눈물이 흘러내렸습니다. 그런데 노아와 그의 식구들은 '번제'를 드리면서 제물을 몽땅 태워서 하나님께 드렸습니다. 노아에게는 보통사람과 다른 특별한 점이 있었습니다. 여러분들은 하나님께 하루 몇 번씩 어디서 어떻게 기도를 드리십니까? 기도의 습관을 드리기 위해서 여러분들은 시간과 장소를 정하시고, 기도드리시기 바랍니다.

· 함께 읽어요 : 다니엘 6장 10절

"10 다니엘이 이 조서에 왕의 도장이 찍힌 것을 알고도 자기 집에 돌아가서는 윗방에 올라가 예루살렘으로 향한 창문을 열고 전에 하던 대로 하루 세 번씩 무릎을 꿇고 기도하며 그의 하나님께 감사하였더라."

정리하는 말

사랑하는 성도 여러분! 신앙생활은 그렇게 어려운 게 아닙니다. 언제 어디서나 살아계신 하나님의 말씀을 묵상하고, 찬송하며 기도드리면 여러분들의 찬송과 기도를 들어주시고 응답해 주십니다. 기도의 습관을 들이기 위해서 조용한 장소와 시간을 정해 기도드리시기 바랍니다.

평가와 결심

1. 홍수 중에 하나님께서는 노아를 어떻게 하셨습니까?
   (창 8:1~3. 노아와 그의 가족과 들짐승 가축까지 기억하심)
2. 홍수 후에 처음 비둘기를 내 놓았을 때 어땠습니까?
   (창 8:9, 발붙일 곳을 찾지 못하고 방주로 돌아왔음)
3. 노아가 방주에서 나와 맨 먼저 무엇을 했습니까?(창 8:20~21)
   (정결한 짐승과 정결한 새를 제물로 취해 번제 드림)

주간 경건의 시간 <5> · 날마다 말씀과 함께

요일 / 내용	주일/월(Mon)	화(Tue)	수(Wed)	목(Thu)	금(Fri)	토(Sat)
찬송	25동 / 27동	29 / 29	54 / 61	40 / 43	39 / 39	19 / 44
성경	창 8: /창 9:	창10:	창 11:	창 12:	창 13:	창 14:
적용	홍수 그침 / 언약을 세움	노아 족보	바벨 탑	아브람 부르심	롯이 떠남	롯을 구함

* 모든 죄악은 열등감, 즉 다른 말로 하면 야심이라는 것에 근원을 둔다. <C. 파베세>

2단원 기도 부흥의 달

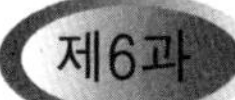
제6과

기도에 믿음을 더하라

찬송 / 246, 77, 412 / 통 221, 335, 469
성경 / 창세기 15:1-21
요절 / 창세기 15:6
"아브람이 여호와를 믿으니 여호와께서 이를 그의 의로 여기시고"
목표 / 성도의 삶에서 기도에 믿음을 더하는 태도를 기른다.

시작하는 말

신구약 성경의 역사에서 줄기차게 흐르고 있는 명제는 '믿음'입니다. 사탄 마귀의 유혹은 '믿음' 없이도 살아갈 수 있다는 '불신' 세계를 만드는 것입니다. 신학자들 중에도 이런 '사탄 신학'을 주장하는 자들이 많아지고 있습니다. 본문에서 믿음의 조상 아브람의 경우는 그의 삶이 보통사람들과는 다른 것을 발견합니다. 조카 롯이 떠난 후에 하나님께서는 '땅'의 약속을 주십니다. 본문에서 "나는 네 방패요, 너의 지극히 큰 상급이니라."고 하실 때 아브람은 "나의 상속자는 다메섹 엘리에셀이니이다."라고 합니다. 그러나 하나님은 "네 몸에서 날 자가 네 상속자가 되리라." 하시며 밖에 나가 하늘의 뭇별을 보이시며 '네 자손이 이와 같으리라'고 말씀하십니다. 그때 아브람은 여호와를 그대로 믿었습니다.

오늘의 말씀

1. 불신앙에서 나와 '신앙'으로 점점 나아가야 합니다(창 15:1~5).

본문에서 아브라함과 하나님의 만남 가운데, 대화의 핵심은 반신반의

하는 아브람의 믿음의 상태가 여호와를 만남으로 점점 확실한 신앙으로 변화되어져 간다는 사실을 보게 됩니다. 분명히 하나님께서는 "아브람아 두려워하지 말라 나는 네 방패요 너의 지극히 큰 상급이니라."고 하십니다. 그러나 아직 아브람에게는 그대로 받아드릴 만한 믿음이 없었습니다. 보이는 것은 엘리에셀 뿐이었습니다(보이는 것을 믿는 초보적인 신앙). 그래서 집에서 키운 다메섹 사람 엘리에셀이라고 답합니다.

그러나 여호와께서는 "네 몸에서 날 자가 네 상속자가 될 것이다"라고 말씀해 주실 때, 보이지는 않지만 바로 '여호와의 말씀을 믿는 신앙'이 싹트고 있었습니다.

· 함께 읽어요 : 창세기 15장 5절

"5 그를 이끌고 밖으로 나가 이르시되 하늘을 우러러 뭇별을 셀 수 있나 보라 또 그에게 이르시되 네 자손이 이와 같으리라."

2. 아브람은 여호와를 믿었습니다(창 15:6~11).

기도는 깊은 지하에 보이지 않는 생수 물줄기를 찾아 점점 깊이 파 들어가 찾는 작업인 것입니다. 기도에 희망과 믿음의 등불을 달아야 더 깊이 들어갈 수 있는 것입니다. '아브람의 작은 믿음을 의(義)로 여겨' 주신 것입니다.

그러면서 역사를 뒤돌아 말씀하십니다. "나는 이 땅을 네게 주어 소유를 삼게 하려고 너를 갈대아인의 우르에서 이끌어 낸 여호와니라"(7절). 아브람은 호기심 어린 태도로 "내가 이 땅을 소유로 받을 것을 무엇으로 알리까?" 하고 표증을 요구합니다. 그때 하나님께서는 예배의 응답을 통한 방법을 제시합니다. 여러분들은 매일 드리는 예배를 통하여 하나님께로부터 응답의 확증을 받으십니까? 아니면 '주시겠지' 하는 미적지근한 신앙으로 넘겨버리십니까? 아브람은 여호와를 믿었습니다. 여러분! 말씀하신 하나님, 그 하나님의 말씀을 믿으십시오. 눈에는 아무 증거 아니 뵈어도 믿음만을 가지고서 늘 한 걸음 한 걸음 걸어가세요. '응답'이 보일 것입니다. 실수가 있을지라도 고쳐주시고 가르쳐 주실 것입니다.

· 함께 읽어요 : 창세기 15장 9절

"9 여호와께서 그에게 이르시되 나를 위하여 삼년 된 암소와 삼년 된 암염소와 삼년 된 숫양과 산비둘기와 집비둘기 새끼를 가져올지니라."

3. 예배(제사)의 응답과 함께 사명이 따릅니다(창 15:12~21).

제사를 드리던 아브람에게 여호와 하나님의 응답이 쉽게 임하지 않았습니다. 그 모든 제물의 중간을 쪼갰지만 새는 쪼개지 아니 했고, 솔개가 그 사체 위에 내릴 때에 아브람이 쫓았습니다. 해 질 때에 아브람에게 깊은 잠과 함께 큰 흑암과 두려움이 그에게 임했습니다.

그리고 메시지가 임합니다. 13-14절을 함께 읽겠습니다. "여호와께서 아브람에게 이르시되 너는 반드시 알라 네 자손이 이방에서 객이 되어 그들을 섬기겠고, 그들은 사백 년 동안 네 자손을 괴롭히리니 그들이 섬기는 나라를 내가 징벌할지며 그 후에 네 자손이 큰 재물을 이끌고 나오리라." 민족의 장래사를 아브람에게 알려주십니다.

15-16절을 함께 읽겠습니다. "너는 장수하다가 평안히 조상에게로 돌아가 장사될 것이요. 네 자손은 사대 만에 이 땅으로 돌아오리니 이는 아모리 족속의 죄악이 아직 가득 차지 아니함이니라." 그리고 그의 후손이 애굽 땅에서 4백 년 동안 종살이하고 출애굽 할 것 등, 미래에 다가올 후래사(後來史)를 알려주십니다. 그리고 언약식을 행하십니다. '연기 나는 화로가 보이며, 타는 횃불이 쪼갠 고기 사이로 지남'을 통해 언약식이 절정에 달합니다. 아브람의 제사(예배)가 응답 된 것입니다.

· 함께 읽어요 : 창세기 15장 17절

"17 해가 져서 어두운 때에 연기 나는 화로가 보이며 타는 횃불이 쪼갠 고기 사이로 지나더라."

정리하는 말

사랑하는 성도 여러분! 하는 일마다 이루어지는 일이 없고, 답답할 때 먼저 하나님께 드려진 찬송과 기도, 예배가 하나님께서 기쁘게 받으셨는지 점검해 보아야 합니다. 믿음의 조상 아브람도 확증을 보고 싶어 여호와 하나님의 지시와 명령대로 제사(예배)를 드렸지만 응답이 더디자 졸았습니다. 쪼개지 않은 작은 새도 점검해 보아야 합니다. 하나님께서는 정확하신 분이십니다. 항상 기도에 믿음을 더하기 바랍니다.

평가와 결심

1. 하나님께서 상속자를 말씀하실 때 누구를 생각 했습니까 ?
   (창 15:2, 아브람의 집에서 길린 다메섹 엘리에셀)
2. 아브람의 장점이 무엇입니까?
   (창 15:4~7, 여호와 하나님의 말씀을 듣고 여호와를 믿었음)
3. 아브람의 제사에서 배울 점이 무엇입니까?
   (창 15:12~17, 끝까지 제사 응답<횃불 언약>을 기다림)

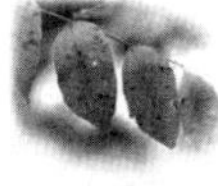

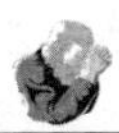

주간 경건의 시간 <6> · 날마다 말씀과 함께

요일 / 내용	주일/월(Mon)	화(Tue)	수(Wed)	목(Thu)	금(Fri)	토(Sat)
찬송	74동 / 73동	154/139	92 / 97	90 / 98	216 / 356	215 / 354
성경	창15:/창16:	창 17:	창 18:	창 19:	창 20:	창 21:
적용	의로 여기심/ 이스마엘	할례 언약	득남 예고	소돔 죄악	아비멜렉	이삭 낳음

* 한 에이커(acre)의 이행은 약속의 온 세상보다 더 가치가 있다.

<제레마이어 브라운 하우엘, 1772~1822> 미국 상원의원

2단원 기도 부흥의 달

제7과

대상자를 정해 기도하라

찬송 / 365, 364, 575 / 통4842, 482, 302
성경 / 창세기 27:1-29
요절 / 창세기 27:23
"그의 손이 형 에서의 손과 같이 털이 있으므로 분별하지 못하고 축복하였더라."
목표 / 맹목적이 아니라 대상자를 정해 기도하는 태도를 기른다.

시작하는 말

신앙에서 가장 중요한 것은 누구를 믿느냐 하는 것입니다. 그래서 신앙의 골격을 소개하고 있는 '사도신경'이 중요한 것입니다. 긍정적인 신앙이 자칫 잘못하면 '나의 신념' 또는 '힘' 또는 그 무엇을 믿느냐 하는 혼돈에 빠져 긍정적 사고가 참된 '신앙'인 것처럼 착각에 빠지는 일일 것입니다. 본문에 보면 야곱이 노쇠하여 시력이 약하여 외모를 볼 수 없어 손으로 만져 형 에서와 야곱을 분별하는데, 리브가가 시킨 대로 짐승의 가죽을 씌운 야곱의 목덜미나 팔을 만지고 에서인줄 착각하고 축복해 주는 오류를 범합니다. 기도 할 때 대상자를 바로 알고 기도하는 것이 무엇보다 중요합니다. 여러분은 누군가를 위해 기도해야 합니다.

오늘의 말씀

1. 이삭과 리브가의 잘못과 죄가 있었습니다(창 27:1~18).

오늘날과 같이 라식 수술이 있었더라면 이삭의 시력을 회복할 수 있었을 것입니다. 그러나 당시에는 어두워진 노안을 막을 길이 없었습니다. 이삭의 가정은 이미 부부간의 편애로 갈라져 있었습니다. 이삭은 사냥을 잘 하는 에서를 좋아했고, 리브가는 곁에서 늘 시중을 잘 드는 야곱을 편애했습니다. 그래서 본문 1~5절에 보면 가장인 아버지 이삭의 잘못이 드러나 보입니다. ① 하나님이 말씀하신 대로 행하지 아니하고 자기가 원하는 대로 ② 조급하게 ③ 비밀리에 행하여 ④ 에서의 무책임한 행위를 간과하며 ⑤ 축하연을 베풀던 관습을 좇았습니다.

어머니 리브가의 잘못도 나타납니다. 하나님의 때가 되기 전 하나님의 뜻을 이루려고 이삭이 장남 에서에게 하는 얘기를 곁에서 듣고 일을 꾸몄습니다. 에서처럼 위장하는 수법으로 ① 인간적인 계획을 실행하여 ② 야곱을 에서처럼 이삭에게로 들여보냈습니다. 이런 면에서 차남 야곱과 어머니 리브가는 잘못을 함께 범하는 공범이었습니다.

· 함께 읽어요 : 창세기 27장 13절

"13 어머니가 그에게 이르되 내 아들아 너의 저주는 내게로 돌리리니 내 말만 따르고 가서 가져오라."

2. 무엇보다 야곱의 잘못이 큽니다(창 27:19~25).

본문에서 야곱의 위치는 아브라함에서 이삭을 거쳐 야곱에 이르는 3대 족장의 복을 이어가는 입장입니다. 오늘날 많은 사람들이 세상일을 하다가 실패하면 하나님의 종이 되겠다고 나섭니다. 이러한 경향은 비정상적인 기독교 교육에서 그 원인을 찾아야 할 것입니다. 언제나 하나님께서는 비상적인 방법으로 일하시는 것처럼 착각을 합니다. 그렇지 않습니다. 지구가 자전하고 태양 주위를 공전하듯 정상적인 운행 속에서 세상의 절기가 바뀌고 곡식이 자라며 열매를 맺고 그 열매를 양식으로 동물들이 살아갑니다.

본문에 보면 당사자인 야곱의 잘못은 '하나님의 복'을 그릇된 방법으로 얻으려고 ① 어머니의 그릇된 계획을 따르고(아버지를 속임), ② 하나님께서 도와주셨다고 거짓말을 하였으며, ③ 에서라고 속였고, ④ 하나님의 때를 기다리지 않았습니다.

불행을 만나면 언제나 남에게 탓을 돌리고 시대를 원망합니다. 정상적인 신앙인이라면 그래서는 안 됩니다. 큰 안목을 가지고 하늘과 땅, 우주를 운행하시는 하나님의 크고 놀라운 계획을 찬송해야 합니다.

성경의 주제의 흐름을 이해하십시오. 성경전체의 흐름과 원리는 '창조,' '타락,' '메시야 약속,' '강림,' '구속,' '부활,' '승천,' '재림,' '심판,' '영생'의 원리를 따라 진행되는 것입니다. 좀 답답하고 일이 더딜 지라도 하나님의 때를 기다릴 줄 알아야 합니다.

· 함께 읽어요 : 베드로후서 3장 9절

"9 주의 약속은 어떤 이들이 더디다고 생각하는 것같이 더딘 것이 아니라 오직 주께서는 너희를 대하여 오래 참으사 아무도 멸망하지 아니하고 다 회개하기에 이르기를 원하시느니라."

3. 에서가 속으면서 야곱에게 축복했습니다(창 27:27~29).

오늘날 많은 종교들이 저마다 자기 교파나 교주에게 와서 축복을 받아야 복을 받는다고 값싼 선전을 합니다. 여기에는 회개가 없는 값싼 은혜를 돈으로 바꾸기도 하고, 몸을 팔아서라도 복을 받으려는 헛된 욕망 때문에 사이비 종교 교주들이 한 몫들을 챙깁니다.

마치 에서가 돌아오기 전에 축복을 받아야 하는 시간적인 절박함을 가미하여 시대가 불안정 할수록 극성을 부립니다. 오늘날 대형교회들이 휘청거리는 것은 무엇 때문일까요? 다 값싼 은혜를 돈을 지불하고라도 받으려고 하기 때문입니다.

이사야 선지자는 일찍이 "오호라 너희 모든 목마른 자들아 물로 나아오라 돈 없는 자도 오라 너희는 와서 사 먹되 돈 없이, 값없이 와서 포도주와 젖을 사라."(사 55:1)고 했습니다. 다시 한 번 읽겠습니다.

· 함께 읽어요 : 이사야 55장 1절

"1 오호라 너희 모든 목마른 자들아 물로 나아오라 돈 없는 자도 오라 너희는 와서 사먹되 돈 없이, 값없이 와서 포도주와 젖을 사라."

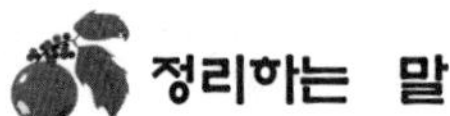

정리하는 말

사랑하는 성도 여러분! 여러분은 지금 야곱의 우물 가의 여인처럼 목마르시죠? 배고프시죠? 생수의 주인, 대상자를 분명히 알고 기도하십시오. 우리 주님께서 사마리아 여인에게 주신 '생수'를 여러분에게 주실 것입니다. 전도의 대상자, 은혜 받아야 될 대상자를 정해 놓고 기도하시기 바랍니다. '여호와 이레'의 하나님! 만군의 주 하나님께 여러분의 가정과 자신을 위해 기도하시기 바랍니다.

평가와 결심

1. 이삭과 리브가의 잘못이 무엇입니까?
   (창 27:6, 하나님의 뜻을 무시하고 자기들 뜻대로 이루려고 함)
2. 야곱의 잘못된 이유가 무엇입니까?
   (창 27:19~26, 하나님의 복을 잘못된 방법인 줄 알면서도 따르면서 받음)
3. 우리가 기도할 때에 지켜야 할 내용이 무엇입니까?
   (창 27:28, 복 주시는 분, 기도 대상자를 분명히 알고기도 해야 함)

주간 경건의 시간 <7> · 날마다 말씀과 함께

요일 / 내용	주일/월(Mon)	화(Tue)	수(Wed)	목(Thu)	금(Fri)	토(Sat)
찬송	90동 / 88동	347 / 382	348/ 388	314 / 511	315 / 512	309 / 409
성경	창22:/ 창23:	창 24:	창 25:	창 26:	창 27:	창 28:
적용	여호와이레/ 막벨라 굴	이삭 아내 리브가	아브라함 죽음	이삭이 그랄 거주	야곱에게 축복함	라반 집에 간 야곱

* 약속을 하는 사람은 약속한 사람에게 빚을 지고 있는 것이다. <탈무드>

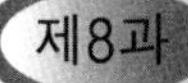
제8과

일하면서 기도를 계속하라

찬송 / 368, 369, 370 / 통 486, 487, 455
성경 / 창세기 35:1-22
요절 / 창세기 35:1
"하나님이 야곱에게 이르시되 일어나 벧엘로 올라가서 거기 거주하며 네가 네 형 에서의 낯을 피하여 도망하던 때에 네게 나타났던 하나님께 거기서 제단을 쌓으라 하신지라."
목표 / 계속 기도하며 일하는 태도를 기른다.

시작하는 말

성경역사에서 야곱이란 인물은 삶의 여정에서 기복이 아주 심한 편에 속합니다. 세상에서 성도들의 삶도 그렇습니다. 영적으로 뒤집어지고 엎어지고, 말도 아니게 상처를 받고 살아가는 것이 신자들입니다. 그래서 야곱이란 인물이 가깝게 다가오는가 봅니다. 교회는 부흥을 필요로 합니다. 본문에서 하나님께서 야곱을 부르셔서 벧엘로 올라가라고 하셨습니다. 그의 인생을 갱신시키고 싶어서일 것입니다. 찬송과 기도가 멈추고, 말씀 묵상하는 일이 뜸해지면 문제가 생기는 것입니다. 그래서 하나님께서는 일하면서 '믿음의 기도'를 계속하기를 원하십니다.

오늘의 말씀

1. 하나님의 인자하신 부르심이 있었습니다(창 35:1).

개인의 심령이나 교회마다 부흥하기를 원합니다. 부흥의 첫 번째 특징은 '하나님의 부르심'입니다. 하나님께서는 야곱을 부르시고, 그의 심령을 부흥케 하셨습니다. 지금 야곱에게는 가정적으로 참을 수 없는 고통과 절망감에 몸부림치고 있었습니다. 딸 디나가 지역 왕자에게 강간을 당했고, 그의 보복으로 아들들은 그 지역 남자들을 죽였으며, 도시를 약탈하고, 여자와 아이들을 노예로 잡아왔습니다. 보복 당할 처지에 놓여, 두려움에 휩싸여 있었습니다. 야곱의 상태는 ① 자녀들에게 영적 모범을 보이지 못했습니다. ② 가나안 땅에 돌아온 지 9~10년이 지났음에도 벧엘에서 했던 서원을 지키지 못했고, ③ 집 안에서 우상 숭배를 허용하고 있는 형편이었습니다. 그에게 회개의 돌파구가 필요했습니다.

· 함께 읽어요 : 창세기 35장 1절
"1 하나님이 야곱에게 이르시되 일어나 벧엘로 올라가서 거기 거주하며 네가 네 형 에서의 낯을 피하여 도망하던 때에 네게 나타났던 하나님께 거기서 제단을 쌓으라 하신지라."

2. 하나님이 야곱에게 주신 메시지는 분명했습니다(창 35:2~3).

하나님이 사랑하시는 자녀들에게는 항상 하나님께서 떠나시지 않고 기억하시며, 잘못 가는 길이면 회개를 촉구하시는 것입니다. 하나님께서 야곱에게 '벧엘로 올라가라'고 하셨습니다. 벧엘은 그가 형 에서의 칼날을 피하여 도망하던 때에 해가 져서 돌베개하고 자다가 하늘로 뻗친 사닥다리를 보니 천사가 오르락내리락 하던 모습을 보았던 은혜의 장소였습니다.

여러분은 그런 은혜의 장소가 있습니까? 다행히도 야곱에게는 벧엘(하나님의 집)이란 은혜 받은 장소가 지척 간에 있었습니다. 그럼에도 그는 주변 왕국의 이방문화와 동화되는 듯 위기에 처했습니다. 이때 하나님께서는 그를 부르셔서 ① 이방 신상을 버려라. ② 자신과 가족 모두 정결케 하라. ③ 의복을 바꾸라. ④ 벧엘로 올라가라고 하셨습니다.

· 함께 읽어요 : 창세기 35장 2절
"2 야곱이 이에 자기 집안사람과 자기와 함께한 모든 자에게 이르되 너희 중에 있는 이방 신상들을 버리고 자신을 정결하게 하고 너희 의복을 바꾸어 입으라."

3. 야곱은 가족들에게 하달하고 그대로 지켰습니다(창 35:5~7).

벧엘 부흥의 특징은 하나님께 대한 전적인 순종과 하나님의 특별한 임재와 구원을 얻게 되었습니다. 그 과정은 자신들이 그렇게 아껴 간직했던 이방 신상들, 귀 고리들을 다 빼어 야곱에게 주매 야곱은 그것들을 세겜 근처 상수리나무 아래에 묻어버렸습니다. 거기를 떠날 때 주변 고을들로 크게 두려워하게 하셨으므로 야곱의 아들들을 추격하는 자가 없었습니다(5절).

부흥의 과정은 철저하게 회개하는 일이 선행되어야 합니다. 그들은 밧담 아람을 떠나 가나안 땅에 돌아왔을 때까지 그들이 지니고 있었던 이방 신상들, 장신구, 즉 귀고리 등을 몸에 지니고 있었습니다.

사랑하는 성도 여러분! 혹시 여러분들 중에 부적이나 호신구들을 지니고 마치 그런 것들이 여러분들을 지켜 주리라고 믿는 미신 속에 살아가시는 분들 있으십니까? 이제 예수 그리스도의 보혈로 구속 곧 죄 사함을 받았으면 이제 과감하게 다 버리십시오. 찬송을 부르십시오.

♬ 주의 보혈 능력 있도다! 주의 피 믿으오./ 주의 보혈 그 어린양의 매우 귀중한 피로다. ♬ 그리스도의 보혈의 능력을 힘입어 과감하게 떨쳐 버리시기 바랍니다. 그리고 찬송과 기도를 멈추신 분들 계십니까? 일하면서라도 기도를 계속하십시오. 삶에서 찬송을 쉬지 마세요.

♬ ① 찬송을 부르세요. 찬송을 부르세요./ 놀라운 일이 생깁니다. 찬송 부르세요. ② 기도를 드리세요. 기도를 드리세요./ 놀라운 일이 생깁니다. 기도드리세요. ♬ 삶에서 찬송과 기도가 멈추면 생명의 박동이 멈춘 것과 같습니다. 다시 찬송과 기도생활을 회복하시기 바랍니다.

· 함께 읽어요 : 데살로니가전서 5장 16~18절
"16 항상 기뻐하라 17 쉬지 말고 기도하라. 18 범사에 감사하라. 이것이 그리스도 예수 안에서 너희를 향하신 하나님의 뜻이니라."

정리하는 말

사랑하는 성도 여러분! 살다가 야곱 같은 비상적인 상황을 당하지 않는다고 누가 장담하겠습니까? 요즘 성범죄의 연령이 점점 낮아지고 있습니다. 아이들 혼자 두거나 밖에 내보내기가 무서운 세상입니다. 어떻게 자녀들의 꽁무니를 따라다니며 지키겠습니까? 하나님께 맡기고 직장에서 가정에서 일하시면서 찬송과 기도를 계속하시기를 주님의 이름으로 부탁드립니다.

평가와 결심

1. 벧엘 부흥의 첫 번째 특징이 무엇입니까?
   (창 35:1, 여호와 하나님의 부르심입니다.)
2. 하나님께서 야곱에게 주신 메시지가 무엇입니까?
   (창 35:1, 일어나 벧엘로 올라가서 하나님께 제단을 쌓으라.)
3. 벧엘 부흥의 총괄적 특징이 무엇입니까?
   (창 35:12, ① 부르심에 응답 ② 철저한 회개 ③ 말씀대로 순종)

주간 경건의 시간 <8> · 날마다 말씀과 함께

요일 / 내용	주일/월(Mon)	화(Tue)	수(Wed)	목(Thu)	금(Fri)	토(Sat)
찬송	89동 / 27동	68 / 32	67 / 31	191 / 427	347 / 382	426 / 215
성경	창29:/ 창30:	창31:	창32:	창33:	창34:	창35:
적용	천지 창조/ 에덴동산	불순종과 심판 선언	가인과 아벨	아담의 계보	사람의 죄악	대 홍수

* 사랑에는 눈물이 있고, 행운에는 기쁨이 있고, 용맹에는 영예가 있고, 야망에는 죽음이 있다. <윌리엄 셰익스피어, 1564~ 1616, 영국 시인 극작가>

3단원 전도 부흥의 달

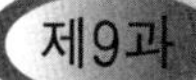

제9과

동료의 영혼을 사랑하라

찬송 / 550, 372, 375 / 통일 248, 420, 421
성경 / 창세기 37:1-25
요절 / 창세기 37:11
"그의 형들은 시기하되 그의 아버지는 그 말을 간직해 두었더라."
목표 / 함께 사는 세상에서 동료의 영혼을 사랑하는 습관을 가지도록 한다.

시작하는 말

인간의 근본적인 문제는 육신적인 것이 아니라 영혼의 문제입니다. 우리 주님께서 세상에 계실 때 당시 군중들의 빵문제를 해결하려고 했더라면 인기가 대단했을 것입니다. 질병의 치유를 주업으로 했더라면 굉장했을 것입니다. 우리 주님의 관심은 의식주나 치병문제가 아니었습니다. 사마리아 여인과의 대화에서도 다름 아닌 '생수', 즉 그녀의 영혼의 갈증 문제였습니다. 오늘날 물질은 풍요해도 진정한 행복과 먼 것은 다름 아닌 영혼의 기갈 함에 있는 것입니다. 본문에 나오는 요셉의 꿈의 근원지는 가족들을 살리시기 원하는 만유의 주 하나님께서 주신 것입니다. 여러분! 영혼 문제에 더 큰 관심을 가지시기를 바랍니다.

오늘의 말씀

1. 아브라함의 증손자 요셉은 꿈의 사람이었습니다(창 37:1~5).

세상에서 꿈을 꾸는 사람은 항상 따돌림 당하기 쉽습니다. 본문 요셉의 경우도 예외는 아닙니다. 오늘 요셉은 창세기에 나오는 아브라함, 이삭, 야곱을 잇는 네 번째 족장입니다. 요셉은 아버지 야곱의 사랑을 독차지했으며, 형제들에게 너무 솔직하여 형제들에게 미움을 받았습니다. 그러나 요셉은 꿈의 사람이었습니다. 하루는 그가 꿈을 꾸고 형제들에게 이야기하기를, '우리가 밭에서 곡식 단을 묶는데, 내 단은 일어서고 형들의 단은 내 단을 둘러서서 절하더이다.'라고 서슴없이 꿈 이야기를 했습니다. 형들은 속으로 '미운 것이 미운 애기만 한다.'고 생각했을 것입니다. 여러분! 요셉처럼 무슨 일이든 주님께 이야기해 보십시오.

· 함께 읽어요 : 창세기 37장 8절

"8 그의 형들이 그에게 이르되 네가 참으로 우리의 왕이 되겠느냐 참으로 우리를 다스리게 되겠느냐 하고 그의 꿈과 그의 말로 말미암아 그를 더욱 미워하였더라."

2. 두 번째 꿈은 미래를 예측하는 꿈이었습니다(창 37:9~11).

하나님은 꿈을 통해 자신의 뜻을 전달하기도 합니다(욥 33:15~16). 지혜로운 사람은 이럴 때 무의식중에 주신 꿈이라도 기억하여 교훈으로 삼습니다. 하나님은 '기도하는 사람'에게 꿈을 주십니다.

본문에 요셉은 두 번째 꿈을 꾸고 아버지와 형들에게 이야기 합니다. '내가 또 꿈을 꾼즉 해와 달과 열 한 별이 내게 절하더이다.'라고 이야기하자 아버지는 '네가 꾼 꿈이 무엇이냐 나와 네 어머니와 네 형들이 참으로 가서 땅에 엎드려 네게 절하겠느냐?'라고 꾸짖었습니다. '형들은 시기하되 그의 아버지는 그 말을 간직해 두었더라'고 했습니다.

세상 사람들은 자신들의 불안한 미래를 위해 점괘를 보거나 꿈을 해몽하여 예측하기도 합니다. 그러나 참 신앙인은 성경말씀을 읽고 이를 삶의 길과 진리로 삼아 살아갑니다. 꿈보다 더 확실하고 신실한 약속을 믿고 기도하며, 창조주 하나님이 주시는 복을 놓치지 않고 행복메뉴로 삼아 살아가는 것입니다. 그래서 참 신앙인은 이렇게 찬송 부릅니다.

♬ 예수 예수 믿는 것은 받은 증거 많도다./ 예수 예수 귀한 예수 믿음 더욱 주소서. ♬ (새찬 542/ 통찬 340 후렴)

신구약 성경의 말씀이야 말로 가장 확실한 예언인 것입니다.

· 함께 읽어요 : 베드로후서 1장 21절

"21 예언은 언제든지 사람의 뜻으로 말미암아 낸 것이 아니요 오직 성령의 감동하심을 받은 사람들이 하나님께 받아 말한 것임이라."

3. 형들과 아버지는 미래를 위해 기도해야 했습니다(창 37:12~36).

역사의 주인은 하나님이십니다. 가정불화로 20여년을 외삼촌 집에서 외롭게 살아야 했던 야곱은 이방 풍속에 젖어 일부다처로 자녀들과 재산을 모아 돌아왔지만 그에게 자식들 때문에 걱정이 끊일 날 없었습니다. 말년에 얻은 아들 요셉이 애굽에 팔려간 줄도 모르고 속아 살았습니다. 그러나 마음에 간직했던 요셉의 꿈 이야기가 현실로 다가오고 있었습니다. 꿈이 이루어지는 과정은 참으로 가슴조이는 장면들의 연속이었습니다. 요셉이 형들 손으로 애굽에 종의 몸으로 팔려갑니다. 형들 안부를 물으러 보냈던 요셉! 옷이 벗겨지고, 그 옷에 짐승의 피를 묻혀 짐승에게 물려 죽은 것처럼 속였습니다. 요셉이 떠난 가나안 땅은 기근이 심해졌습니다. 야곱은 애굽에 양식이 있다는 소식에 갖은 보물들과 함께 양식을 마련하도록 보냅니다. 두 번째 베냐민을 또 잃을까봐 걱정돼 보내지 않다가 최후 그도 식구들 양식 구하기 위해 애굽에 보냈다가, 돌아올 때 요셉이 살아있다는 소식을 접하고, 요셉이 자기를 위해 보낸 수레를 보고서 기운이 소생하여 소유를 이끌고 온 식구가 애굽으로 떠납니다.

· 함께 읽어요 : 창세기 45장 9절

"9 당신들은 속히 아버지께로 올라가서 아뢰기를 아버지의 아들 요셉의 말에 하나님이 나를 애굽 전국의 주로 세우셨으니 지체 말고 내게로 내려오사"

정리하는 말

사랑하는 성도 여러분! 여러분들의 생애에 사건은 있고, 사람들의 발자취는 있는데, 기도의 발자국이 없는 장면을 생각해 보셨습니까? 거기에 주님의 발자국이 보이지 않는다는 사실을 생각해 보십시오. 기도가 없는 사람의 생애 속에 주님이 계시지 않습니다. 동료들과 가족들의 영혼 위해 기도하십시오. 시간을 두고 동료 영혼위해 기도하시기 바랍니다.

평가와 결심

1. 아브라함의 증손자 요셉은 어떤 사람이었습니까?
   (창 37:5~9. 꿈꾸는 사람이며, 기도의 사람)
2. 요셉이 두 번 꾼 꿈의 내용은 무엇입니까?
   (창 37:5~10, 아버지 어머니 형제들이 요셉에게 절하는 꿈)
3. 꿈의 사람은 꿈과 겸해서 무엇을 계속해야 합니까?
   (창 37:12~36, 꿈을 바라보면서 계속 사랑으로 기도해야 함)

주간 경건의 시간 <9> · 날마다 말씀과 함께

내용 \ 요일	주일/월(Mon)	화(Tue)	수(Wed)	목(Thu)	금(Fri)	토(Sat)
찬송	23동 / 25동	420/ 212	419 /478	421 / 210	423/ 213	428/ 488
성경	창36: /창37:	창 38:	창 39:	창 40:	창 41:	창 42:
적용	에서 자손/ 요셉의 꿈	유다와 다말	요셉이 유혹 당함	관원장의 꿈 해몽	바로의 꿈 해몽	요셉 형들 애굽 행

* 주기도문은 종교와 윤리의 총 결산이다. <웰링턴, 1769~1852> 영국 장군, 공작

3단원 전도 부흥의 달

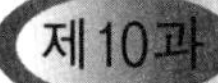
제10과

직장 영혼들을 사랑하라

찬송 / 376, 78, 377 / 통 422, 430, 451
성경 / 창세기 46:1-7, 28-34
요절 / 창세기 46:3
"하나님이 이르시되 나는 하나님이라 네 아버지의 하나님이니 애굽으로 내려가기를 두려워하지 말라 내가 거기서 너로 큰 민족을 이루게 하리라."
목표 / 나와 가족만이 아니라 직장 동료를 위해서도 기도하는 태도를 기른다.

시작하는 말

이번 공과는 지난 공과에 이어지는 내용입니다. 창세기의 내용은 1~11장까지는 천지창조와 인류의 시작, 12장부터는 선택된 민족의 4대 족장의 기사입니다. 아브라함, 이삭, 야곱, 요셉에 이르는 4대 족장의 역사입니다. 여기서 하나님은 선택된 이스라엘 민족의 역사 속에서 세계 열방을 구원하시려는 거대한 계획을 펼쳐 가십니다. 여러분들은 직장에서 세계 선교를 향한 꿈을 가지고 기도하십니까? 가족전도를 위해 어떤 계획들을 실천해 가시고 계십니까? 하나님은 갈대아 우르(바벨론)에서 아브람을 불러내어 가나안에서 애굽까지 보내, 족속에서 이스라엘의 대 민족으로 성장시켜 가시면서 '영혼 구원의 주자'로 삼으셨습니다.

오늘의 말씀

1. 야곱 가족이 애굽으로 내려갑니다(창 46:1~4).

야곱은 요셉이 살아있다는 소식을 접하고서 눈이 번쩍 뜨였습니다.

기운이 소생하여 그는 모든 소유를 이끌고 떠나 남쪽 브엘세바에 이르러 아버지 이삭의 하나님께 희생 제사(예배)를 드렸습니다. 그 밤에 이상 중에 야곱에게 나타나 부르십니다. 그때 하나님께서는 "나는 하나님이라. 네 아버지의 하나님이니 애굽으로 내려가기를 두려워하지 말라 내가 거기서 너로 큰 민족을 이루게 하리라."(3절)고 말씀하십니다. 사랑하는 성도 여러분! 야곱은 이제 벧엘에서 새로 받은 '이스라엘'(하나님과 겨루어 이긴 자)이라는 이름으로 불리고 있습니다. 이름이 새롭게 불리면서 그의 생애가 '승리의 생애'로 이어져 가는 것을 보게 됩니다. 여러분들이 어디를 가든지 '성도', '크리스천' 이란 이름에 부끄럽지 않은 생애를 살아가시기 바랍니다. 그러려면 여러분들은 이웃을 위해서 꾸준히 기도하고, 직장 동료 영혼을 위해 사랑으로 기도해야 합니다. 이 땅 위에 그리스도의 나라가 이루어 질 때까지 간절히 기도해야 합니다.

· 함께 읽어요 : 창세기 46장 2절

"2 그 밤에 하나님이 이상 중에 이스라엘에게 나타나 이르시되 야곱아 야곱아 하시는지라 야곱이 이르되 내가 여기 있나이다하매"

2. 세미한 신음소리도 놓치지 않으시고 들으시는 하나님이십니다(창 46:5~7).

여러분! 이런 장면을 상상해 보셨습니까? 야곱이 짐승에게 찢겨 죽었다고 포기해 버릴 수 없었을 것입니다. 한 밤을 지내고 나면 요셉이 문을 열고 들어오는 모습을 그리며 반색을 하다가 '꿈이구나' 하고 일장춘몽[1]의 꿈으로 살았던 세월이 헛것이 아니었음을 인정하게 되었습니다. 이는 곧 야곱의 끈질긴 신음소리를 하나님께서 기억하시고 들어 주셨다는 사실입니다. 여기서 우리는 영혼을 위한 기도를 쉬지 않고 계속해야 할 필요성을 발견하게 됩니다. "쉬지 말고 기도하라"(살전 5;17)는 말씀은 우리에게 영혼을 위한 하나님의 관심을 이루기 위한 수단이어야 함을 가르쳐 줍니다. 하나님을 떠난 인간들의 음탕한 아우성은 사람을 지으셨음을 한탄하시도록 만들었습니다(창

1) 일장춘몽(一場春夢): 한바탕의 봄꿈처럼 헛된 영화를 말함.

6:6). 그러나 구속의 역사는 지금도 하나님 보좌 우편에서 중보의 기도를 계속하시는 주님을 통해 이루어지고 있음을 보여줍니다. 하도 기가 막힐 때는 울음도 나오지 않습니다. 기도도 나오지 않습니다. 신음소리만 낼 뿐입니다. 하나님께서는 신음소리조차도 빠짐없이 들으시고 응답해 주신다는 사실을 잊지 마시기를 바랍니다.

· 함께 읽어요 : 출애굽기 2장 23절

"23 여러 해 후에 애굽 왕은 죽었고 이스라엘 자손은 고된 노동으로 말미암아 탄식하여 부르짖으니 그 고된 노동으로 말미암아 부르짖는 소리가 하나님께 상달된지라."

3. 야곱 일행이 애굽 고센 땅에서 기거하게 됩니다(창 46:28~34).

하나님의 손길은 참 기묘합니다. 형들에게 미움을 받아 팔려간 요셉을 통해 그 가족들을 구원하시고, 큰 민족을 이루기까지 애굽 고센 땅에 거하게 합니다. 당시 애굽 사람들은 가축을 키우는 자들을 천하게 여겨 자신의 자녀들과 결혼시키지도 않고, 상종치도 않았습니다. 이 점을 이용하여 하나님께서는 이스라엘 민족의 순수성을 지키도록 하신 것입니다(창 46:31~34).

여기에 일조를 한 것은 요셉의 지혜로움이었습니다. 기도하는 사람은 언제나 하나님의 지혜가 충만하여 하나님의 뜻을 성취해 가도록 이끌어 가는 것입니다. 요셉의 뚜렷한 애국정신은 물론 애굽 관리 동료들조차 요셉의 지혜롭게 처리하는 정사(政事)[2]를 따를 수 없었습니다. 바로가 '내가 너보다 높은 것은 내 왕좌뿐이니라'(창 41:40)고 얘기한 것처럼 말입니다. 여러분! 하나님의 백성들은 직장에서나 사회생활을 하면서 그들의 영적인 제사장으로서의 삶을 살아가야 합니다. 그들의 영혼을 위해 기도하고, 사랑해 주어야 합니다,

---

2) 정사(政事)-정치상의 일, 행정상의 사무

· 함께 읽어요 : 요한계시록 14장 12절

"성도들의 인내가 여기 있나니 그들은 하나님의 계명과 예수에 대한 믿음을 지키는 자니라.

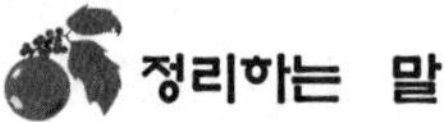

정리하는 말

사랑하는 성도 여러분! 여러분들은 사회생활을 하면서 직장에서나 근무지에서 어떻게 살아갑니까? 하나님께서는 여러분의 직장 동료나 상사, 그리고 주변 사람들의 영혼문제들까지 가장 소중하게 생각하십니다. 따라서 그 영혼들의 신음소리를 들으시고 응답해 주십니다. 직장 영혼들을 사랑하고, 왕 같은 제사장이 되십시오. 그들을 위해 간절히 기도하시기 바랍니다.

평가와 결심

1. 야곱이 가족과 함께 애굽으로 내려가기 전 무엇을 했습니까?
   (창 46:1, 브엘세바에서 하나님께 희생제사<예배> 드림)
2. 하나님께서는 어떤 소리조차 놓치지 않으시고 들으십니까?
   (출 2:23~24, 탄식 소리, 신음 소리조차 놓치지 않으시고 들으심)
3. 야곱과 그의 가정의 돋보이는 점이 무엇이라 생각하십니까?
   (창 46:1~4, 문제의 해결 자이신 벧엘의 하나님께 기도함)

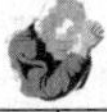

주간 경건의 시간 <10> · 날마다 말씀과 함께

요일 / 내용	주일/월(Mon)	화(Tue)	수(Wed)	목(Thu)	금(Fri)	토(Sat)
찬송	39동 / 37동	303 / 403	304/404	305 / 405	310 / 410	312 / 341
성경	창43: /창44:	창 45:	창 46:	창 47:	창 48:	창 49:
적용	베냐민 / 은잔 시험	요셉 신분	야곱가족 애굽 행	야곱이 유골부탁	야곱 축복	야곱의 유언

* 우리가 기도한 내용을 행실로 취소하는 일이 없도록 장부에 기록해 놓을 필요가 있다. < 매튜 헨리, 1662~1714 > 영국 목사, 성경 주석가

3단원 전도 부흥의 달

영·육 건강을 모두 챙겨라

찬송 / 379, 380, 381 / 통 429, 424, 425
성경 / 요한일서 2:15-29
요절 / 요한삼서 1:2
"사랑하는 자여! 네 영혼이 잘됨 같이 네가 범사에 잘되고 강건하기를 내가 간구하노라."
목표 / 전도를 위해 가정 이웃의 영·육간 건강을 챙기는 태도를 기른다.

시작하는 말

1세기에 나타난 이단 가운데 '영지주의'가 있었습니다. 영지주의는 피조세계는 악하며, 지존하신 하나님이 계신 영적 세계와 피조세계는 완전히 분리되며 배치된다고 주장합니다. 오늘날도 이렇게 신앙과 물질 세계를 완전히 2분 적으로 생각하여 멀리하는 자들이 있습니다. 그러나 성경은 하나님의 피조세계는 선과 악이 공존하지만, 하나님의 섭리 가운데 길과 진리로 잘 운행되어져 간다고 가르칩니다. 본문에서 '영혼'이 잘되고, '범사'도 잘되고, 강건하기를 기도하고 있습니다. 전도가 잘 되게 하려면 이 세 가지가 병행하여 잘되도록 기도하고, 이끌어주는 것이 필요합니다. 여러분들 모두 영·육간에 잘되고 건강하시기 바랍니다.

오늘의 말씀

1. 영적이고 사랑받는 지도자가 되어야 합니다(요삼 1:1~).

교회 안에서 지도력은 매우 중요합니다. 교회 지도자들은 성도들을 예수 그리스도께로 인도하기 위하여 택함 받은 자들입니다. 그러므로 지도자들이 어떻게 살며 행하는가 하는 문제는 무엇보다 중요합니다. 즉 그들의 삶이 온 교회 교우들의 삶에 영향을 준다는 것입니다. 그들의 행동은 믿는 자들의 영적 성장에 결정적인 역할을 하며, 교회가 그리스도를 위해 역동적인 사역을 하도록 결정적인 영향을 미치기 때문입니다. 요한삼서에 세 명의 지도자가 등장합니다. 그중에 첫 번째 나오는 사랑받는 지도자가 가이오입니다. 그는 도움을 필요로 하는 자들에게 다가가서 도움을 줌으로써 교회로 인도하는 자였습니다.

· 함께 읽어요 : 요한삼서 1장 1절
"1 장로인 나는 사랑하는 가이오 곧 내가 참으로 사랑하는 자에게 편지하노라."

2. 가이오에게 한 기도는 한 편의 축복 시(祝福 詩)입니다(요한삼서 1:2~).

요한은 네 차례(1, 2, 5, 11절)나 가이오를 '사랑받는 자'라고 부릅니다. 가이오는 요한이 몹시 사랑하는 자였습니다. 그들의 관계는 바로 그리스도로 인한 사랑이었습니다. 가이오는 예수 그리스도를 자신의 구주로 믿었으며, 하나님께서 그에게 주신 소명에 충실했습니다. 그는 교회의 지도자로서 자신에게 주어진 일을 잘 감당했습니다. 그는 그리스도를 위해 살았으며, 그리스도와 교회를 위해 자신의 역할을 잘 수행했습니다. 요한은 가이오가 절친한 친구요, 그리스도의 위대한 종이었기에 그를 사랑했습니다.

① 요한은 가이오의 영혼이 잘되기를 기도했습니다. 이는 그가 영적으로 그리스도 안에서 성령의 열매 안에서 더욱 강하게 성장하기를 기도했습니다.

② 범사에 잘되고 강건하기를 기도했습니다. 말하자면 가정과 일터에서, 대인관계에서, 지도력에서, 교회에서, 맡은 모든 일에서 잘 되기를 원했습니다.

· 함께 읽어요 : 요한삼서 1장 2절
"2 사랑하는 자여 네 영혼이 잘됨 같이 네가 범사에 잘 되고 강건하기를 내가 간구하노라."

3. 부흥하는 구역은 기도와 축복을 계속해야 합니다(요삼 1:3~15).

위대한 인물 배후에는 어머니의 기도가 있었습니다. 자녀들에게 늘 축복하는 기도를 하십시오. 이웃을 축복하십시오. 구역을 위해 하루 한 번씩 축복 시처럼 '영혼이 잘 됨 같이 범사에 잘되고, 강건하기를 기도'하십시오. 구역이 잘되면 가정도 복 받고, 교회도 부흥하는 법입니다.

본문 9절 이하에 보면 디오드레베라는 교회 분열을 일으키는 지도자가 있었습니다. 그는 ① 분열을 일으키며, ② 사역자를 비판하고 비난했습니다. ③ 사역자 후원하는 자를 대적했습니다. ④ 징계를 받아야 했습니다. 반면에 데메드리오는 ① 믿는 자들 가운데 확실한 증거를 가진 자요, ② 진리 가운데 행하는 확실한 증거를 가진 자요, ③ 매우 존경 받는 자였습니다.

우리가 교회 생활을 하면서 이런 확실한 증거를 가지고 신자들에게 모범이 되는 자가 있으면 복음 전도에 매우 유익합니다. 이런 자들이 저절로 되는 것이 아니라 큰 재목을 키우듯 기도로, 축복으로 양육해야 되는 것입니다. 바울은 믿음의 아들 디모데를 믿음으로 낳아 길렀습니다.

디도데는 루스드라와 이고니온에 있는 형제들에게 칭찬 받는 자였습니다(행 16:2). 사도행전 초대교회 7집사를 세울 때, ① 성령과 지혜가 충만한 자, ② 칭찬 듣는 자를 택하라고 했습니다(행 6:3).

전도로 부흥하며, 계획전도를 실행하고자 하는 교회는 지도자나 일꾼을 세울 때 명예나 재력, 언권이 센 사람보다는 '기도 생활' 꾸준히 하고, '성령과 지혜가 충만한 사람', '각 지역에서 칭찬 받는 사람'을 세울 필요가 있습니다. 그러면 자연히 전도의 길이 활짝 열릴 것입니다.

· 함께 읽어요 : 사도항전 6장 3절

"형제들아 너희 가운데서 성령과 지혜가 충만하여 칭찬 받는 사람 일곱을 택하라 우리가 이 일을 그들에게 맡기고"

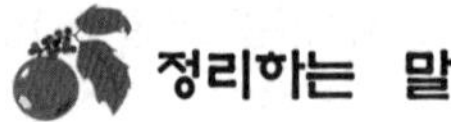

정리하는 말

사랑하는 성도 여러분! 신앙생활을 하다보면 참 앞길이 막막하고 기가 막힐 때가 있습니다. 그러나 전도하는 입장에서 보면 그때가 바로 전도하기에 최적기인 것입니다. 여러분! 복음으로 영혼과 육체의 건강을 증진시킬 수 있는 접촉점을 찾아 꾸준히 기도하고 전도하기를 바랍니다.

평가와 결심

1. 요한 삼서의 수신자 가이오는 어떤 지도자였습니까?
   (요삼 1:1, 영적이고 사랑받는 지도자)
2. 요한의 가이오를 위한 기도 내용은 무엇입니까?
   (요삼 1:2, ①영혼이 잘됨 ②범사가 잘되고, ③강건하기를 기도함)
3. 본서에 등장하는 디오드레베는 어떤 인물입니까? (요삼 1:9~11,
   (교회에 분열 일으키며, 사역자를 비판 비난하고, 사역 후원자 대적함)

주간 경건의 시간 <11> · 날마다 말씀과 함께

요일 / 내용	주일/월(Mon)	화(Tue)	수(Wed)	목(Thu)	금(Fri)	토(Sat)
찬송	74동 / 73동	70 / 79	69 / 33	66 / 20	65 / 19	64 / 13
성경	요일1:/요일2:	요일 3:	요일 4:	요일 5:	요이 1:	요삼 1:
적용	생명의 말씀/ 대언자 예수	행함과 진실함	적 그리 스도 영	세상이기 는 믿음	진리와 사랑	범사에 잘되고

* 기도는 모든 유혹을 물리치는 효능을 가지고 있다.

<성 베르나르, 1091~1153> 프랑스 성직자

3단원 전도 부흥의 달

제12과

시험을 기쁘게 이겨내라

찬송 / 382, 383, 384 / 통 432, 433, 434
성경 / 야고보서 1:1-17
요절 / 야고보서 1:2
"내 형제들아 너희가 여러 가지 시험을 만나거든 온전히 기쁘게 여기라."
목표 / 일상생활에서 시험을 기쁘게 이겨내는 태도를 기른다.

시작하는 말

본문의 저자는 예수님의 형제 중 한 사람인 자신을 '하나님과 주 예수 그리스도의 종' 야고보(James)라고 표현합니다. 그는 각처에 흩어져 있는 믿는 자들 사이에서 너무도 분명히 잘 알려져 있었으므로 자신의 이름 외에는 다른 소개를 할 필요가 없었습니다. 전도에서 가장 중요한 것은 복음이며, 그 복음의 전달자의 인지도(認知度)[3]에 따라서 파장의 속도가 달라집니다. 여러분은 주님의 복음 전도자로서 지명도가 얼마나 됩니까? 한때 지성인이라 자처하는 분이 개신교로 입교함으로 많은 젊은이들이 복음의 영향력을 받게 되었습니다. 닥쳐오는 시련도 만만치 않았습니다. 전도자에게 닥쳐오는 시련을 기쁘게 이겨내시기 바랍니다.

오늘의 말씀

1. 말로만의 믿음, 정신적인 믿음은 위험성이 있습니다(약 1:1~4).

아직 추위가 가시기 전 밖에 핀 수선화가 아름다웠습니다. 그래서 수

3) 인지도(認知 度): 인정하여 알아주는 정도를 말함.

선화를 실내에서 감상하려고 수선화를 화분에 잘 옮겨 따스한 실내에 놓았습니다. 그런데 수선화의 잎이나 꽃대가 너무 못자라서 보기 사납게 늘어진 모습을 보았습니다. 그렇습니다. 아직 얼음이 꽁꽁 어는 눈바람 속에서 혹한을 이기고 자라 올라오는 수선화의 노란 꽃잎이 그렇게 우아하고 아름다울 수가 없습니다. 자연환경에서의 악조건 속에서 이겨낸 다음에 피운 수선화 꽃이 아름다운 것처럼 우리 인생에 있어서도 마찬가지 이치라는 것입니다. 요즘 역경을 이겨내고 수준급의 정상 성악가 못지않게 가창력을 가지고 청중들의 인기를 독차지하는 사례를 보게 됩니다. 하나님은 우리 인생들에게 시험과 역경을 통해서 우리의 인격과 성품을 연단시키고 보다 우아하고 아름답게 만들어 주십니다.

· 함께 읽어요 : 로마서 5장 3~4절
"3 다만 이뿐 아니라 우리가 환난 중에도 즐거워하나니 이는 환난은 인내를,
4 인내는 연단을, 연단은 소망을 이루는 줄 앎이로다."

2. 시련과 시험을 이기는 길이 있습니다(약 1:5~8).

세상을 살다보면 누구에게나 시련과 시험이 닥쳐옵니다. 어떤 사람은 질병이 오면 면역력이 없어 매우 위독합니다. 그러나 어떤 사람은 쉽게 지나가는데, 그 방법은 예방주사를 맞는 방법입니다. 우리의 신앙생활에서도 시련과 시험을 예방하고 잘 이겨내는 좋은 방법이 있습니다. 겨울에 단골손님인 감기를 이겨내려면 평소 피부를 건강하게 유지하는 방법을 실천하는 것처럼 말입니다. 시련과 시험을 이겨내려면 '기도하라'고 하십니다. 그러면 시련과 시험을 이겨내는 지혜를 주시겠다고 약속하습니다. 구체적으로 시련과 시험을 이겨내려면 어떻게 해야 할까요?

1) 하나님께 지혜를 구해야 합니다. 2) 믿음으로 기도해야 합니다. 의심하는 사람은 바람에 밀려 요동하는 물결 같아 주님으로부터 아무것도 받지 못합니다. 의심하는 사람은 두 마음을 품어 정함이 없는 사람 같습니다.

3) 인내함으로 받는 상을 기대하는 것입니다. 이것이 이기는 길입니다.

· 함께 읽어요 : 야고보서 1장 5절
"5 너희 중에 누구든지 지혜가 부족하거든 모든 사람에게 후히 주시고, 꾸짖지 아니하시는 하나님께 구하라 그리하면 주시리라."

3. 자신이 처한 상태에서 처신하는 방법이 있습니다(약 1:9~18).

사람들은 자신이 처한 상황에서 단점만을 부각시켜 부정적인 시각으로 삶과 희망의 싹을 짓밟습니다. 시련과 시험을 이겨가는 방법은 무엇입니까?

① 주 안에서 기뻐해야 합니다. 주님은 낮은 자를 위로하고, 가장 어려울 때 찾아오셔서 승리하도록 도우시는 분이십니다(사 41:10).

② 믿는 자는 낮아짐도 기뻐해야 합니다. 높은 위치에 있다하더라도 하나님에 의해서 낮아짐을 당해도 기뻐해야 합니다. 생활이 부유할 때 생활고(生活苦)에 시달리는 사람들을 긍휼이 여기고 물질적인 도움을 주어야 합니다.

인내함으로 어떤 시험도 극복해야 합니다(12절). 시험을 극복하는 자가 이 생에서 받는 복은 무엇입니까?

① 내적으로 영적 기쁨과 만족을 누릴 것입니다.

② 장차 올 세상에서 '생명의 면류관'을 받을 것입니다.

③ 축복을 받을 것입니다. 이를 위해 인내는 절대적 필수요건입니다.

그러면 시련과 시험의 근원지는 어디입니까?(13~18절)

① 시험은 하나님으로부터 오는 것이 아닙니다(13절).

② 시험은 인간의 욕심에서 비롯된 것입니다(14~16절).

욕심이 잉태한즉 죄를 낳고, 욕심과 미혹의 결과는 사망입니다.

③ 시험은 하나님의 본성과 상관없는 것입니다(17~18절).

· 함께 읽어요 : 야고보서 1장 17절
"온갖 좋은 은사와 온전한 선물이 다 위로부터 빛들의 아버지께로부터 내려오나니 그는 변함도 없으시고 회전하는 그림자도 없으시니라."

정리하는 말

사랑하는 성도 여러분! 본 과에서 야고보 사도는 신앙생활에서 아주 실질적인 문제의 해결방법을 제시하고 있습니다. 아무리 시련과 시험이 어렵고 힘들다 하더라도 주님께 지혜를 구하고, 인내하며 잘 참고 이겨내면 결국은 '복'과 '생명의 면류관'을 주신다는 것입니다. 전도하면서 받는 시련과 시험들을 잘 참고 이겨내시기 바랍니다. 그리하여 '복'과 '생명의 면류관'을 받으시기를 주님의 이름으로 축복합니다.

평가와 결심

1. 하나님께서 우리게 시련과 시험을 주시는 이유가 무엇입니까?
   (약 1:2~3, 참고 이기게 하여 복과 생명의 면류관을 주시려 하심)
2. 시련과 시험을 이기는 방법이 무엇입니까?
   (약 1:5~8, ①지혜를 구함. ②믿음으로 기도함 ③인내로 받을 상 기대함)
3. 좋은 은사 온전한 선물이 누구로부터 오는가?
   (약 1:17, 빛들의 아버지께로부터)

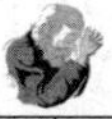

주간 경건의 시간 <12> · 날마다 말씀과 함께

요일 / 내용	주일/월(Mon)	화(Tue)	수(Wed)	목(Thu)	금(Fri)	토(Sat)
찬송	93동 / 91동	209/ 247	208/ 246	242 / 233	252 / 184	251 / 137
성경	약1: / 약2:	약 3:	약 4:	약 5:	유 1:	창 50:
적용	믿음 지혜/ 죽은 믿음	위로 난 지혜	비방하지 말라	인내와 기도	거짓 교사	야곱의 장례

* 순간적인 기쁨은 여러 달의 고통을 빚어낸다.

<윌리엄 셰익스피어, 1564~1616 > 영국 시인 , 극작가

제13과

전도에 열정을 더하라

찬송 / 386, 387, 388 / 통일 439, 440, 441
성경 / 베드로후서 3:1-18
요절 / 베드로후서 3:9
"주의 약속은 어떤 이들이 더디다고 생각하는 것 같이 더딘 것이 아니라 오직 주께서는 너희를 대하여 오래 참으사 아무도 멸망하지 아니하고 다 회개하기에 이르기를 원하시느니라."
목표 / 주의 복음전도에 열정을 더하는 태도를 갖게 한다.

시작하는 말

베드로후서의 마지막 부분의 주제는 '그리스도의 재림과 종말'입니다. 이 주제는 문자 그대로 많은 사람들의 관심을 끄는 내용입니다. 신자들 측면에서는 사람이 하나님의 아들을 영접하기 위하여 그리스도의 재림을 준비해야 합니다. 그렇지 않으면 멸망에 처하게 될 것이기 때문입니다. 말세의 징조는 말세에 기롱(조롱)[4]하는 자들이 온다는 사실을 먼저 알아야 합니다. 이런 것들이 전도에 열정을 더해야 할 이유입니다.

오늘의 말씀

1. 주님의 재림을 기다리며 일깨워야 합니다(벧후 3:1~2).

본문 1절 말씀을 함께 읽습니다. "사랑하는 자들아 내가 이제 이 둘

4) 조롱(嘲弄)은 비웃거나 깔보고 놀림, 기롱(欺弄)은 속이어 농락함을 말한다.

째 편지를 너희에게 쓰노니 이 두 편지로 너희의 진실한 마음을 일깨워 생각나게 하여" 그렇습니다. 이 말씀은 이 서신이 기록된 이유이기도 합니다. '진실한 마음을 일깨워 생각하게 하려고' 이 서신서가 기록된 것입니다. 일깨워 정신을 차리고, 두 가지 일에 관심을 가져야 합니다.

① 선지자들이 예언한 말씀을 기억해야 합니다.

② 사도들이 전하고 가르친 명령을 기억해야 합니다. 성경에서 주님의 재림에 관하여 수없이 가르쳤습니다. 사도들이 번갈아 그분의 가르침을 사람들에게 전했습니다.

우리는 사도신경에서 '저리로서 산 자와 죽은 자를 심판하러 오시리라'라고 예배 때마다 고백합니다. 주님은 부활하신 후 40일 동안 제자들에게 보이시며 하나님 나라 일을 말씀하시고, 승천하실 때 흰 옷 입은 두 사람이 그들 곁에서 '다시 오신다'고 분명히 말했습니다.

· 함께 읽어요 : 사도행전 1장 11절

"11 이르되 갈릴리 사람들아 어찌하여 서서 하늘을 쳐다보느냐 너희 가운데서 하늘로 올려지신 이 예수는 하늘로 가심을 본 그대로 오시리라 하였느니라."

2. 말세에는 기롱(조롱)하는 사람들이 나타날 것입니다(벧후 3:6~7).

말세에는 그리스도의 재림을 조롱하는 자들이 온다는 사실을 알아야 합니다. 예수 그리스도께서 세상에 처음 오신 것은 인류 역사의 전환점이었습니다.

예수 그리스도께서 이 세상에 오신 후 역사는 '말세'로 접어들었습니다. 그리스도의 초림과 재림 사이의 기간은 '은혜의 때'로 불립니다.

'말세'라는 의미는 시대의 종말이 아니라 새로운 세상으로 재창조 된다는 의미입니다. 마지막 때와 마지막 날이 소멸되는 것이 아니라 완료된다는 것을 의미합니다(윌리엄 바클레이).

· 함께 읽어요 : 베드로후서 3장 7절

“7 이제 하늘과 땅은 그 동일한 말씀으로 불사르기 위하여 보호하신바 되어 경건하지 아니한 사람들의 심판과 멸망의 날까지 보존하여 두신 것이니라.”

3. 재림의 때가 늦어지는 것이 아니라 오래 참으심입니다(벧후 3:8~10).

초대교회 시대나 2천년이 지난 지금 사람들은 주님의 재림이 실현되지 않음으로 재림이 지연되고, 이루어지지 않음을 조롱하는 자들이 이미 나타났으며, 앞으로도 생길 것입니다.

그러면 왜 그리스도께서는 왜 아직 재림하시지 않는 것입니까?

1) 하나님께서는 사람과 같은 방법으로 시간을 측정하지 않으시기 때문입니다. ① 시간의 길이라는 측면에서 하나님께는 천년이 단 하루와 같습니다. ② 시간의 내용이라는 측면에서 하나님과 함께하는 하루는 천년과 같습니다.

2) 하나님께서는 한 사람도 멸망당하는 것을 원치 않으십니다. 하나님은 다 회개하기를 원하십니다.

3) 영광스러운 사실은 그분이 재림하신다는 사실입니다. 그날이 가까워 올수록 우리가 해야 할 일이 있습니다.

예수 그리스도의 재림이 가까워오니 믿는 사람들은 ① 더욱 거룩하고 경건한 삶을 살아야 합니다. ② 하나님의 날을 바라보고 간절히 사모해야 합니다. ③ 새 하늘과 새 땅을 바라보아야 합니다. ④ 힘써 그리스도의 오심을 준비해야 합니다. 마음과 몸을 정결케 하여 신랑을 맞을 준비해야 합니다. 새 하늘과 새 땅에 함께 들어가야 할 믿음의 식구들을 전도하여 하나님의 나라에 알곡들로 채워지도록 솔선수범하시기 바랍니다.

· 함께 읽어요 : 베드로후서 3장 12~13절

“12 하나님의 날이 임하기를 바라보고 간절히 사모하라 그 날에 하늘이 불에 타서 풀어지고 물질이 뜨거운 불에 녹아지려니와 13 우리는 그의 약속대로 의가 있는 곳인 새 하늘과 새 땅을 바라보도다.”

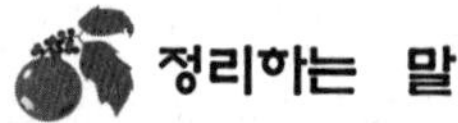

정리하는 말

사랑하는 성도 여러분! 주님께서 부활 승천하신 후, 세상에 다시 오실 것입니다. 당신의 믿음의 신부들을 맞으러 오실 것입니다. 우리들은 '성도들의 옳은 행실'인 세마포를 준비하고 주님을 기다려야 합니다. 천국창고에 들일 '전도의 열매'인 알곡들로 천국창고를 가득 채울 준비를 해야 할 것입니다. 날마다 주님을 고대하면서 여러분! 모두 나 자신으로부터 가정마다 구역마다 전도에 열정을 더하시기 바랍니다.

평가와 결심

1. 베드로후서를 기록한 목적이 무엇입니까?
   (창 8:1~3. 진실한 마음을 일깨워 생각하게 하려고)
2. 주님의 재림 시기가 왜 아직 오지 않는 것입니까?
   (벧후 3:9, 아무도 멸망치 않게 하시려고 오래 참으심)
3. 재림 전 성도들은 무엇을 해야 합니까?(벧후 3:20~21)
   (경건한 삶, 하나님의 날 바라보며, 전도의 열매 맺어야 함)

주간 경건의 시간 <13> · 날마다 말씀과 함께

요일 / 내용	주일/월(Mon)	화(Tue)	수(Wed)	목(Thu)	금(Fri)	토(Sat)
찬송	39동 / 36동	420 / 212	419 /476	433 / 490	438 / 495	447 /448
성경	벧전1:/벧전2:	벧전 3:	벧전 4:	벧전 5:	벧후 1:	벧후2:~3:
적용	산 소망 / 산 돌	아내와 남편	선한 청지기	영광의 관	성경의 예언	하나님의 날

* 명성도 좋지만 덕을 쌓는 일은 더욱 중요하다. < 미상 >

복음의 씨앗을 뿌려라

찬송 / 496, 495, 500 / 통 260, 271, 258
성경 / 로마서 1:1-17
요절 / 로마서 1:17
"복음에는 하나님의 의가 나타나서 믿음으로 믿음에 이르게 하나니 기록된바 오직 의인은 믿음으로 말미암아 살리라 함과 같으니라."
목표 / 성도로서 날마다 믿음으로 복음의 씨앗을 뿌리는 태도를 기른다.

시작하는 말

사도 바울은 자신을 소개하기를 '사도'로 부르심을 받아 '하나님의 복음'을 위하여 택정함을 입었다고 했습니다. 바울은 '복음'을 위하여 구라파를 누비며 전하다가 드디어 구라파의 행정 중심이라 볼 수 있는 '로마'에 입성을 한 것입니다. 그래서 당시 최고위 황제 가이사 집 관리인들에게 복음을 전하게 된 것입니다(빌 4:21~23). 우리는 복음의 씨앗을 뿌리되 시간과 장소를 불문하고 때가 되면 언제든지 복음의 씨앗을 뿌려야 합니다. 여러분들은 공원에 산책을 가든, 기차를 타고 긴 여행을 가든 복음의 씨앗을 뿌릴 준비를 해야 합니다. 좋은 땅을 만날 수도 있고, 척박한 땅을 만나더라도 복음의 씨앗을 뿌려야 하는 것입니다.

오늘의 말씀

1. 바울은 예수 그리스도의 종으로서 복음을 전했습니다(롬 1:1~4).

바울은 그리스도의 종(둘로스, δοῦλος)이었습니다. '종'이란 주인에 의해 완전히 예속된 종이란 의미입니다. 또한 바울은 '하나님의 사도'였습니다. '사도'(아포스톨로스, ἀπόστλος)란 파견된 사람이나 보내어진 사람을 의미합니다. 말하자면 한 나라를 대표해서 다른 나라에 보내어지는 대표자요, 대사입니다. ① 그는 자신을 보낸 자에게 소속되어 있습니다. ② 그는 위임 받고 파송됩니다. ③ 그는 자신을 파견한 자의 모든 권위와 권세를 가지게 됩니다. 바울은 사도로 부르심을 받아 그가 가는 곳마다 '복음'을 전했습니다. 바울이 전한 복음은 어떤 복음입니까?

· 함께 읽어요 : 로마서 1장 2절

"2 이 복음은 하나님이 선지자들을 통하여 그의 아들에 관하여 성경에 미리 약속하신 것이라."

2. 바울은 하나님의 은혜와 직분을 받았습니다(롬 1:5~7).

바울은 '하나님의 은혜와 직분'을 받았다는 이 점을 지금 자기 자신뿐만이 아니라 믿는 자들 모두에게 적용하고 있습니다.

① 우리는 하나님의 큰 은혜를 받았습니다. ② 어떠한 대가도 없이, 값없이 우리를 구원하셨습니다. ③ 날마다 우리를 돌보시고 살피십니다. ④ 영원한 구원의 영광스런 약속, 즉 우리가 변화되는 것과 완전하게 되는 것, 그리고 경배와 예배 가운데 그분과 함께 사는 삶이라는 큰 특권을 누리게 되었습니다.

바울은 다른 사람들의 종 됨을 인정했습니다. 믿는 자들은 ① 그리스도의 '부르심을 입은 자'들입니다. ② 하나님의 사랑을 입고, 다가가 그분의 깊은 사랑을 받습니다. ③ '성도'로 부르심을 받았습니다. ④ 하나님의 은혜와 평강을 받았습니다. 그러므로 우리 성도들은 세상에서 환난과 핍박을 당할지라도 담대하게 복음을 전해야 합니다.

· 함께 읽어요 : 로마서 1장 7절

"7 로마에서 하나님의 사랑하심을 받고 성도로 부르심을 받은 모든 자에게 하나님 우리 아버지와 주 예수 그리스도로부터 은혜와 평강이 있기를 원하노라."

3. 바울은 로마와 온 세상에 복음의 씨앗을 뿌리기 원했습니다(롬 1:8~15).

바울은 당시의 세계 수도인 로마에 복음을 전하고 온 세상에 복음의 씨앗을 뿌리기를 소원했습니다. 그러나 로마 교회는 귀로 들은 것밖에 없었지만 그리스도를 매우 열심히 증거 하여, 그들의 증거가 온 세상에 전파되고 있었던 것입니다. 그래서 바울은 전도 여행을 하는 곳곳마다 그 교회의 능력에 대하여 익히 들었던 것입니다. 로마 교회를 그렇게 강하게 한 것은 무엇이었겠습니까?

① 부도덕하고 비열하며 불의한 사회에서 믿는 자들은 '순결한 삶'을 살고 있었습니다.

② 믿는 자들은 그리스도를 충성스럽게 섬기며, 주님을 향하여 항상 부지런히 일하고 있었습니다. 그 헌신도가 얼마나 컸던지 그 중 몇 사람의 이름이 온 세상에 알려질 정도였습니다.

로마교회는 모든 교회의 모범이 되었습니다. 그들은 세상과 다르게,

① 그리스도를 위하여 견고히 서있었습니다. ② 그리스도를 전파하고 섬겼습니다. 그들의 중심에 성령님께서 운동력을 가지고 역사했습니다.

복음은 바울로 하여금 하나님의 아들에게 순복하게 했습니다. 사람들은 모두 자신의 마음을 주님을 향하고 하나님의 아들께 순복해야 합니다. 왜 그렇습니까? 복음, 즉 그리스도는 '예수 안에 있는 영광스러운 구원'을 주시기 때문입니다. 다시 말해 죄와 사망, 지옥으로부터 '구원'받기 때문입니다.

믿는 자들은 그리스도의 보혈로 값 주고 산 것이기 때문에 주님을 위해 일하고 봉사해야 합니다. 자신의 심령과 몸으로 하나님을 섬겨야 합니다. 바울은 복음의 씨앗을 뿌리기 위해 혼신을 다했습니다.

· 함께 읽어요 : 로마서 1장 16절

"16 내가 복음을 부끄러워하지 아니하노니 이 복음은 모든 믿는 자에게 구원을 주시는 하나님의 능력이 됨이라. 먼저는 유대인에게요 그리고 헬라인에게로다."

정리하는 말

사랑하는 성도 여러분! 민들레꽃은 지고나면 홀씨가 바람에 날려 세상 어디든 날아가 씨앗이 움터 뿌리를 내리고 싹을 냅니다. 사도 바울은 복음의 씨앗을 뿌리기 위해 구라파(유럽)를 누볐습니다. 간질병이나 풍토병, 아니면 혼자 사는 고통도 컸을 것입니다. 그러나 그보다는 동족이 복음을 받아들이지 않아 고통이 컸다고 합니다. 성도 여러분! 가족을 위해 동족을 위해 복음을 전해야 하는 사명감으로 영적인 산통을 느끼시기를 바랍니다.

평가와 결심

1. 바울은 자신을 어떻게 표현하고 소개합니까?
   (롬 1:1~2, 예수 그리스도의 종, 사도)
2. 그리스도로 말미암아 바울이 받은 것은 무엇입니까?
   (롬 1:5~7, 은혜와 사도직분을 받음)
3. 사도 바울이 무엇을 하기 위해 가장 애썼습니까?
   (롬 1:14~16, 헬라인 야만인이나 복음전하기 위해)

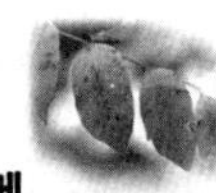

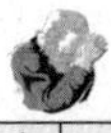

주간 경건의 시간 <14> · 날마다 말씀과 함께

요일 / 내용	주일/월(Mon)	화(Tue)	수(Wed)	목(Thu)	금(Fri)	토(Sat)
찬송	74동 / 36동	90/98	91 / 91	180/ 168	195 / 175	202 / 241
성경	롬 1:/롬 2:	롬 3:	롬 4:	롬 5:	롬 6:	롬 7:
적용	복음/ 하나님 심판	하나님의 의(義)	아브라함 언약	아담과 그리스도	의의 종	하나님의 법(法)

* 돈을 그대의 신으로 삼아라. 결국 그 돈이 그대를 악마처럼 괴롭힐 것이다.

< 헨리 필딩, 1707~1754 > 영국 소설가

4단원 생명 구원의 달

복음의 싹을 잘 길러라

찬송 / 501, 502, 503 / 통 255, 259, 373
성경 / 로마서 8:28-39
요절 / 로마서 8:37
"그러나 이 모든 일에 우리를 사랑하시는 이로 말미암아 우리가 넉넉히 이기느니라."
목표 / 자나 깨나 악을 이기고, 복음의 싹을 잘 기르는 태도를 기른다.

시작하는 말

집에서 콩나물을 기르는 사람은 밤낮으로 물을 줍니다. 하물며 하나님의 생명의 복음의 싹을 기르는 사람이라면 밤낮 복음을 위해서 기도하며 돌봐야 할 것입니다. 그러나 우리들의 모습은 어떠합니까? 그저 총동원 전도하라니까 마지못해서 전도하고, 한번 데려다 놓으면, 저절로 크라고 돌보지도 아니 한다면 그 복음의 싹이 제대로 자라겠습니까?

전도 대상자를 정하는 순간부터 우리는 복음의 싹을 위해 기도해야 합니다. 하나님의 말씀을 제대로 받아 그 생명이 자라는가? 돌봐야 합니다. 한국교회가 양적 부흥이 멈췄다고 합니다. 그러나 '복음의 씨앗을 뿌리며, 복음의 싹을 잘 기르는 교회는 날마다 부흥하고 잘 됩니다.

오늘의 말씀

1. 복음의 싹이 잘 자라나게 하려면 절대적인 도움이 필요합니다(롬 8:28~33).

인간은 자신의 내적 · 외적으로부터 오는 압박과 그 세력에 맞서서 필사적으로 싸워야 합니다. 복음의 싹을 키우며 자라나게 하는 이치도 마찬가지입니다. 그런데 본문에 나타난 영광스런 메시지는 하나님께서 그리스도를 통하여 싸움과 고난으로부터 해방(자유)을 확증해 주신다는 것입니다. 하나님께서 복음사역자들을 위하여 어떻게 역사하십니까?

① 자신을 사랑하는 자들을 위하여 일하십니다.

② 믿는 자를 위한 자신의 뜻을 이룰 것을 예정하셨습니다.

③ 믿는 자를 단번에 영화롭게 하십니다.

④ 믿는 자를 위해 역사하십니다. 그분은 우리 구주이시며, 공급자이시며, 의롭게 해 주시는 분이십니다. 우리들을 통해 복음의 싹들을 자라도록 여건을 마련해 주시고, 인도 보호하시고, 끝까지 보살펴주십니다.

· 함께 읽어요 : 로마서 8장 30절

"30 또 미리 정하신 그들을 또한 부르시고 부르신 그들을 또한 의롭다 하시고 의롭다하신 그들을 또한 영화롭게 하셨느니라."

2. 그리스도께서 보호 인도하심을 확증해 주셨습니다(롬 8:34~39).

본문에서 강조하고 있는 것은 복음의 최대 적인 사탄이 복음 사역자들에게 '당신도 죄인이오.', '죄인'이 무슨 전도냐고 다그칩니다. 당신의 남편도 신앙생활에 담을 쌓고 있는데, 무슨 전도냐고 우리를 괴롭힙니다.

사랑하는 성도 여러분! 그리스도께서는 다음 사항을 확증하셨습니다.

그리스도께서는 ① 믿는 자들을 정죄치 않으십니다. ② 극한 환경으로부터 믿는 자들을 보호하십니다. ③ 극한 경험과 세력들로부터 믿는 자를 보호해 주십니다. 복음을 위해 일하고자 하는 자들을 붙들어 이기도록 역사하십니다.

· 함께 읽어요 : 로마서 8장 37절

"37 그러나 이 모든 일에 우리를 사랑하시는 이로 말미암아 우리가 넉넉히 이기느니라."

3. 복음을 위해 그리스도께서 악에서 구해 주십니다(롬 8:38~39).

우리 성도들은 예배를 드리면서 꼭 '사도신경'을 암송하고 신앙을 고백합니다. 그 내용에 '다만 악에서 구하옵소서'라는 기도를 드립니다. 악(惡)은 마귀요 사탄에게서 나옵니다. 악한 자는 사탄 마귀의 조정을 받습니다. 그러나 복음을 전하는 전도자는 성령의 인도함을 받습니다.

여러분들이 가정 예배를 드리도록 계획하는 그 순간부터 사탄은 초비상을 걸어 온갖 방법으로 예배를 방해할 것입니다. 여러분들이 복음의 씨앗을 뿌리는 그 순간, 복음의 싹들을 보살피려고 마음먹은 그날부터 훼방을 놓을 것입니다. 그러므로 너희는 '이렇게 기도하라'고 가르쳐 주십니다.

"하늘에 계신 우리 아버지여! 이름이 거룩히 여김을 받으시오며, 10
나라가 임하시오며, 뜻이 하늘에서 이루어진 것 같이 땅에서도 이루어지
이다. 11 오늘 우리에게 일용할 양식을 주시옵고, 12 우리가 우리에게
죄 지은 자를 사하여 준 것 같이 우리 죄를 사하여 주시옵고, 13 우리를
시험에 들게 하지 마시옵고 다만 악에서 구하시옵소서. (나라와 권세와
영광이 아버지께 영원히 있사옵나이다 아멘)(마 6:9~13).

여기서 복음을 위해서 씨를 뿌리고, 복음의 싹이 자라기 위해 일하는 자들은 주기도문처럼 기도해야 합니다. ① 기도에는 복종과 인정이 있습니다(마6:9). ② 기도에는 간구와 탄원이 있습니다(마6:10~13). ③ 기도에는 찬양과 헌신이 있습니다(마6:13). 지금 여러분은 복음을 위해 하나님께 복종하고 인정하며, 간구와 탄원과 찬양과 헌신이 있어야 합니다.

무엇보다 하나님의 사랑이 복음의 싹을 잘 자라게 하십니다. 하나님의 사랑이 우리를 강권하여 복음을 위해 일하도록 하십니다.

· 함께 읽어요 : 로마서 8장 38~39절

"38 내가 확신하노니 사망이나 생명이나 천사들이나 권세 자들이나 현재 일이
나 장래 일이나 능력이나 39 높음이나 깊음이나 다른 어떤 피조물이라도 우리를
우리 주 그리스도 예수 안에 있는 하나님의 사랑에서 끊을 수 없으리라."

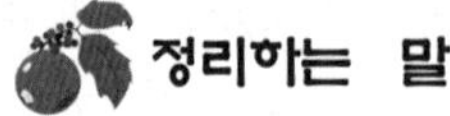

정리하는 말

사랑하는 성도 여러분! 여러분은 어렸을 때 아기가 어머니의 젖꼭지를 빨고 젖을 먹을 때 얼마나 감성이 예민한지 아십니까? 인공 젖꼭지를 물리면 대부분의 아가들은 절대로 빨지 않고 밀어냅니다. 젖병 안의 우유나 젖의 온도가 조금만 내려가도 빨지 않고 밀어내는 것을 보게 됩니다. 왜 그렇습니까? 온도가 조금만 내려가도 금방 알아차린 다는 것입니다. 하나님의 사랑은 그리스도 예수 안에 있는 보혈의 사랑이기 때문에 진정한 사랑이 감지되는 온도가 느껴져야 하는 것입니다. 그리스도 안에서 느끼는 사랑의 온도를 유지하며 복음의 싹을 잘 기르시기 바랍니다.

평가와 결심

1. 복음의 싹이 자라려면 무엇이 있어야 합니까?
   (롬 8:28~33, 하나님의 보살핌과 사랑이 있어야 함)
2. 복음 사역에서 넉넉히 이김의 확증을 누가 주십니까?
   (롬 8:34~39, 하나님의 복음이신 그리스도께서 주심)
3. 복음 사역에서 그리스도께서 하시는 일은 무엇입니까?
   (롬 8:38~39, 악에서 건져 구해 주심)

주간 경건의 시간 <15> · 날마다 말씀과 함께

요일 / 내용	주일/월(Mon)	화(Tue)	수(Wed)	목(Thu)	금(Fri)	토(Sat)
찬송	93동 / 91동	347 / 382	348/ 388	314 / 511	315 / 512	309 / 409
성경	롬 8:/ 롬 9:	롬 10:	롬 11:	롬 12:	롬 13:	롬 14:
적용	성령의 법 / 약속의 자녀	믿음의 의(義)	이스라엘 남은 자	새 생활	세상 권세	죽어도 주를 위해

* 성공해서 만족하는 것은 아니다. 만족하고 있었기 때문에 성공하는 것이다. <알랑>

4단원 생명 구원의 달

제16과

복음 나무를 사랑으로 가꾸라

찬송 / 504, 505, 507 / 통 266, 268, 273
성경 / 로마서 16:1-27
요절 / 로마서 16:16
"너희가 거룩하게 입맞춤으로 서로 문안하라 그리스도의 모든 교회가 다 너희에게 문안하느라."
목표 / 애써 기른 복음 나무를 사랑으로 가꾸는 태도를 기른다.

시작하는 말

'복음'은 자라는 나무와 같습니다. 처음에는 작은 씨앗이 싹터 점점 재목으로 자라가는 것입니다. 국가에서 어린이 교육을 중시하는 이유가 여기 있습니다. 이들을 국가의 동량지재(棟梁之材)[5]로 키워내는 일이 무엇보다 중요합니다. 교회학교(주일학교) 교육의 중요성이 바로 여기 있는 것입니다. 한 생명을 전도하여 교회로 이끌면 '복음의 씨앗'이 점점 자라나 '복음 나무'가 생장합니다. 그럴 때면 바울 사도는 '거룩한 입맞춤'이라는 용어를 사용하여 '사랑의 양육'을 촉구하고 있습니다. 우리는 애써 '복음 나무'를 사랑으로 가꾸어야 할 사명을 다해야 합니다.

오늘의 말씀

1. 그리스도인에게는 형제애(兄弟 愛)가 있어야 합니다(롬 16:1~17).

본문에서처럼 그리스도의 자녀들은 남녀성별에 관계없이 모두 그리

5) 동량지재(棟梁之材): 한 집이나 한 나라를 맡아 다스릴 만한 인재.

스도의 지체들을 소개하고 있습니다.

① 뵈뵈라는 여성을 바울이 추천함은 당시 상황 속에서 그녀가 얼마나 주님의 복음에 충성 봉사했는가를 짐작할 수 있는 대목입니다. 초대교회의 여성은 봉사와 교회 화목과 교제 등 중요한 역할을 감당했습니다. ② 브리스가와 아굴라는 죽음을 무릅쓰고 그들의 마음을 열고 집(house)을 개방했습니다. ③ 최초의 개종자 에베네도, ④ 복음을 위해 바울과 함께 갇혔던 안드로니고와 유니아, ⑤ 사랑받은 자 암블리아, 스다구, ⑥ 동역자 우르바노, ⑦ 인정함을 받은 자 아벨레, ⑧ 바울의 친척 헤로디온, ⑨ 주 안에 있는 자들 나깃수의 권속, ⑩ 참 주인을 섬기는 종들 아리스도불로의 권속, ⑪ 많이 수고한 두 여인 드루배나와 드루보사, ⑫ 많이 수고하고 사랑받은 자 버시, ⑬ 성도인 루포, ⑭ 하나님의 일꾼들의 어머니, 루포의 어머니, ⑮ 알려지지 않은 일꾼들이 있었습니다. 바울은 문안 인사를 기록하며 자신이 받은 은혜에 보답하기를 원했습니다.

· 함께 읽어요 : 로마서 16장 2절

"2 너희는 주 안에서 성도들의 합당한 예절로 그를 영접하고 무엇이든지 그에게 소용되는 바를 도와줄지니 이는 그가 여러 사람과 나의 보호자가 되었음이라."

2. 하나님의 복음의 사자의 최후 경고가 있습니다(롬 16:17~20).

직장에서나 교회에서 특별히 경계해야 할 것이 있습니다. 분쟁과 죄악은 항상 각 지역교회에 위협이 됩니다. 믿는 자나 믿지 아니하는 자나 문제를 가지고 있다는 것은 세상은 불완전하고 사탄 마귀의 운동장이기 때문입니다. ① 분열시키는 자들을 살피고 그들에게서 떠나야 합니다. ② 선한 것을 살펴서 악에 물들지 말아야 합니다. 복음을 위해 하나님께서 속히 이기실 것입니다. 하나님께서는 믿는 자들의 발을 사용하셔서 사탄을 상하게 하십니다. 바른 복음은 영적 전쟁에서 가장 큰 '의의 병기'입니다. 영적 전쟁에 승리한 자들에게 의의 면류관을 주실 것입니다.

· 함께 읽어요 : 디모데후서 4장 7~8절

"7 나는 선한 싸움을 싸우고 나의 달려갈 길을 마치고 믿음을 지켰으니 18 이제 후로는 나를 위하여 의의 면류관이 예비 되었으므로 주 곧 의로우신 재판장이 그 날에 내게 주실 것이며 내게만 아니라 주의 나타나심을 사모하는 모든 자에게도 니라."

3. 복음의 동역자와 복음의 사자에게 주신 약속입니다(롬 16:21~27).

모든 사역자들과 믿는 자들에게 '주님을 잘 알고 신실하며 친밀한 동역자'가 있는 것은 천군만마를 얻은 것처럼 매우 유익하고 큰 힘이 되는 것입니다. 본문에 바울은 몇 몇 동역자들을 소개하고 있습니다.

① 디모데는 동역자이며, 의지가 되는 사람이었습니다(21절).
② 누기오, 야손, 소시바더는 바울의 친척이었습니다(21절)
③ 더디오는 겸손한 조력자였습니다(22절).
④ 가이오는 손님 대접을 잘하는 자였습니다(23절).
⑤ 에라스도는 시(市)의 재무관인 공직자였습니다(23절).
⑥ 구아도는 그리스도인의 형제였습니다(23절).

하나님께서는 당신의 사자에게 복을 주십니다. 믿는 자들은?

① 복음으로 견고케 됩니다(25절).
② 예수 그리스도를 전파함으로 견고케 됩니다(25절)
③ 하나님의 복음에 대한 비밀의 계시로 견고케 됩니다(26절).

여러분들의 강점이 무엇입니까? 바로 그리스도의 복음을 먼저 받아 가졌다는 사실입니다. 하나님의 축복을 지녔다는 것입니다. 이 축복을 찬양하고 영광 돌리시기 바랍니다.

· 함께 읽어요 : 로마서 16장 27절

"27 지혜로우신 하나님께 예수 그리스도로 말미암아 영광이 세세 무궁하도록 있을지어다."

정리하는 말

사랑하는 성도 여러분! 여러분들이 뿌린 복음의 씨앗이 자라 복음나무가 잘 자라고 있습니까? 아니라면 복음 나무를 위해 얼마나 힘써 가꾸고 있습니까? 옛날에 딸을 낳으면 오동나무 한 그루씩 심는다고 했습니다. 오동나무를 잘 키워 시집을 보낼 때 좋은 가구를 제작하여 시집보냈습니다. 여러분이 심어 가꾼 '복음 나무'가 얼마나 자라고 있습니까? '복음 나무'를 소중하게 생각하고 사랑으로 가꿔 하나님께 영광을 돌리시기 바랍니다.

평가와 결심

1. 그리스도인에게 복음을 위해 무엇이 있어야 합니까?
   (롬 16:16, 형제애가 있어야 함)
2. 복음의 사자에게 주신 최후 경고가 무엇입니까?
   (롬 16:1, 분열시키는 자에게서 떠나라. 선한 자 살펴서 악에 물들지 말라.)
3. 복음의 동역자와 복음의 사자에게 주시는 약속이 무엇입니까?
   (롬 16:12, ① 하나님의 복음과 ② 축복을 가졌다는 사실)

주간 경건의 시간 <16> · 날마다 말씀과 함께

요일 / 내용	주일/월(Mon)	화(Tue)	수(Wed)	목(Thu)	금(Fri)	토(Sat)
찬송	73동 / 27동	68 / 32	67 / 31	191 / 427	347 / 382	426 / 215
성경	롬15:/롬16:	딛 1:	딛 2:	딛 3:	몬 1:	히 1:
적용	선과 덕/ 사랑과 인사	그레데 디도 사역	합당한 말	영생의 상속자	사람의 죄악	그리스도와 천사들

* 모범처럼 전염성이 강한 것은 없다. <찰스 킹슬리, 1819-1875> 영국 목사, 소설가

제17과

복음 나무를 믿음으로 가꾸라

찬송 / 538, 539, 542 / 통 327, 483, 340
성경 / 히브리서 11:1-18
요절 / 히브리서 11:6
"믿음이 없이는 하나님을 기쁘시게 하지 못하나니 하나님께 나아가는 자는 반드시 그가 계신 것과 또한 그가 자기를 찾는 자들에게 상 주시는 이를 믿어야 할지니라."
목표 / 힘써 기른 복음 나무를 믿음으로 가꾸는 태도를 기른다.

시작하는 말

'복음'은 자라는 나무와 같습니다. 그래서 '복음 나무'라 불렀습니다. 히브리서 11장은 성경에 나오는 가장 위대한 장들 가운데 하나입니다 본 장은 하나님의 위대한 명예의 전당(God's Great Hall of Fame)으로 알려져 있습니다. 지금까지 수세기 동안 하나님을 믿어온 사람들은 하나님의 훌륭한 자녀들이 기록되어 있습니다. 천국의 동량(棟樑)[6]들의 보고입니다. 여러분들이 복음의 씨앗을 뿌려 가꾼 사람들이 천국의 동량들로 자라나도록, 믿음의 재목으로 자라도록 힘써 기도하고, 보살피시기를 바랍니다. 사랑과 믿음으로 가꾸는 사명을 다하시기 바랍니다.

오늘의 말씀

1. 복음 나무에 투자할 믿음은 어떤 믿음이어야 합니까?(힙 11:1~6).

1) 믿음의 본질은 '바라는 것들의 실상이요, 보이지 않는 것들의 증

6) 동량(棟梁, 棟樑) : 마룻대와 들보.

거'입니다(1절). 2) 믿음에 대한 상급은 '하나님께 인정받는 것'입니다(2절). 3) 믿음을 통해 알 수 있는 기본적인 지식은 '하나님께서 세상을 창조하셨다는 것'입니다(3절). 4) 믿음의 영적인 능력은 '하나님께서 태초부터 우리에게 주신 영광스러운 복음, 소망의 메시지'입니다(4~5절).

믿음을 통해 ① 의로운 자로 인정받게 하는 능력, ② 우리로 하여금 날마다 하나님과 동행하여 죽음으로부터 구원하는 능력을 얻어야 합니다.

믿음의 필수요소가 있습니다(6절). ① 믿음이 없이는 하나님을 기쁘시게 할 수 없습니다. ② 하나님께 나아가는 자는 반드시 두 가지를 믿어야 합니다. 소망(1절), 즉 하나님께서 약속하신 것을 바라고 주장함으로써 성장할 수 있습니다. 하나님을 열심히 찾음으로써(히 11:6) 성장할 수 있습니다.

· 함께 읽어요 : 히브리서 11장 1~2절

"1 믿음은 바라는 것들의 실상이요 보이지 않는 것들의 증거니 2 선진들이 이로서 증거를 얻었느니라."

2. 복음 나무를 키우는 믿음의 용사가 있습니다(힙 11:7~40).

1) 노아의 믿음은 하나님을 경외함으로 즉시 순종하는 믿음입니다(창 5:5~8:22). 노아의 방주는 신약교회를 의미합니다. 노아의 방주로 ① 그 집이 구원 받았습니다. ② 세상은 정죄 받았습니다. ③ 노아는 의롭다 여기심을 받았습니다(7절).

2) 아브라함은 하나님께 순종하고 그분께 소망을 둔 믿음입니다.

3) 사라의 믿음은 불가능한 것을 믿은 믿음입니다. 사라가 받은 상급은 약속의 아들과 나라를 상급으로 받았습니다(11~12절).

4) 족장들의 믿음은 보이지 않는 하늘의 본향을 추구하는 인내의 믿음입니다(13~16절). 족장들이 받은 상급은 하나님의 인정함을 받았고, 하나님께서 예비하신 성을 받았습니다. 그들의 믿음은 ① 확신하는 믿

음, ② 성장하는 믿음, ③ 행하는 믿음, ④ 인내하는 믿음이었습니다. 아브라함의 믿음은 어떤 대가를 치르더라도 하나님께 순종하는 믿음이었습니다. 그가 받은 상급은 '구원'(救援)입니다.

· 함께 읽어요 : 히브리서 11장 16절

"16 그들이 이제는 더 나은 본향을 사모하니 곧 하늘에 있는 것이라 이러므로 하나님이 그들의 하나님이라 일컬음을 받으심을 부끄러워하지 아니하시고 그들을 위하여 한 성을 예비하셨느니라."

3. 족장들의 믿음은 이스라엘 민족을 형성했습니다(히 11:21~27).

1) 야곱의 믿음은 죽음 앞에서도 하나님의 약속을 믿으며 그분을 경배한 믿음입니다(21절).

2) 요셉의 믿음은 ① 흔들리지 않는 믿음, ② 불가능한 가운데서도 믿은 믿음입니다(22절).

3) 모세 부모의 믿음은 두려워하지 않는 사랑의 믿음입니다(23절).

4) 모세의 믿음은 자기를 부인하는 믿음입니다(24~28절). ① 희생적인 믿음, ② 상 주심을 바라는 믿음, ③ 인내하는 믿음, ④ 구원하는 믿음입니다.

5) 이스라엘 백성의 믿음은 ① 불의한 세력에 맞서 하나님께 순종한 믿음, ② 구원하고 보호해준 믿음(29절), ③ 정복하는 믿음(30절)입니다.

6) 라합의 믿음은 자신과 가족을 구원하는 믿음입니다(31절).

위대한 신앙인들의 믿음은 훌륭한 믿음이었습니다(32~34절). 승리와 의를 행했고, 사자 입을 막기도 했으며, 불의 세력을 멸했고, 칼날을 피했으며, 강하고 용맹스러움을 상급으로 받았습니다(33~34절).

· 함께 읽어요 : 히브리서 11장 33~34절

"33 그들은 믿음으로 나라들을 이기도 하며 의를 행하기도 하며 약속을 받기도 하며 사자들의 입을 막기도 하며 34 불의 세력을 막기도 하며 칼날을 피하기도 하며 연약한 가운데서 강하게 되기도 하며 전쟁에 용감하게 되어 이방 사람들의 진을 물리치기도 하며"

정리하는 말

사랑하는 성도 여러분! 여러분들의 믿음은 '복음 나무'를 사랑으로 키우고 가꾸는데 기여할 만큼 성장해 있습니까? 믿음의 거목들이 되기 위해서는 기도도 많이 해야 하고, 특별히 예배를 통해 여러분들의 심령과 삶이 탄탄해져야 합니다. 햇볕에 끄슬린 구리 빛 피부처럼 말입니다. 여러분들 앞에 있는 '복음 나무'들을 큰 사랑의 손길로 가꾸시기 바랍니다.

평가와 결심

1. 믿음이 본질이 무엇입니까?
 (히 11:1, 믿음은 바라는 것들의 실상, 보이지 않는 것들의 증거)
2. 아브라함의 믿음은 어떤 믿음이었습니까?
 (히 11:1, 하나님께 순종하고, 그분께 소망을 둔 믿음)
3. 족장들의 믿음으로 이룬 성과가 무엇이라고 생각합니까?
 (히 11:33~40, 이스라엘 민족 형성과 복음 선포하는 민족이 됨)

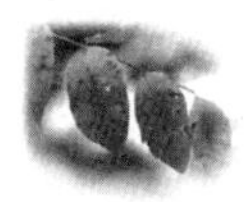

주간 경건의 시간 <17> · 날마다 말씀과 함께

요일 / 내용	주일/월(Mon)	화(Tue)	수(Wed)	목(Thu)	금(Fri)	토(Sat)
찬송	73동 / 74동	216 / 356	254 / 186	191 / 427	305 / 405	304 / 404
성경	힙 5:/힙 6:	힙 7:	힙 8:	힙 9:	힙 10:	힙 11:
적용	대제사장/ 확실한 약속	우월한 제사장	새언약의 대제사장	언약의 피	소망을 굳게	믿음의 선진

* 그렇게 어려운 일은 아무 것도 없다. 찾으면 발견할 수 있는 것들이다

<로버트 헤릭, 1591-1674> 영국 시인

5단원 가정 구원의 달

제18과

정을 고르게 나누어 주라

찬송 / 304, 305, 323 / 통일 404, 405, 355
성경 / 사무엘상 1:15-28
요절 / 사무엘상 1:27
"이 아이를 위하여 내가 기도하였더니 내가 구하여 기도한 바를 여호와께서 내게 허락하신지라."
목표 / 함께 사는 세상에서 동료의 영혼을 사랑하는 습관을 가지도록 한다.

시작하는 말

인간사의 모든 문제는 가정으로부터 파생되어집니다. 5단원은 '가정 부흥의 달'로 가정부흥을 위해 목회와 부흥의 전략을 세워야 합니다. 매달, 그리고 매일의 찬송과 기도와 묵상할 말씀의 범위까지 정해 주어야 합니다. 이것은 대단히 중요합니다. 교회의 공동체가 한 가족임을 예배생활을 통해서 날마다 인식해야 하는 것입니다. 그러면 교회의 전도나 행사를 일일이 엄청난 광고비를 투자하지 않더라도 잘 되는 것입니다. 가정과의 연계가 잘 되어 있으면 전천후(全天候)[1] 교회가 되어 계획하는 일마다 성공이요. 전도와 부흥이 잘 되는 것입니다.

오늘의 말씀

1. 예배의 예물로도 해결할 수 없는 답답함이 있었습니다(삼상 1:1~8).

1) 전천후(全天候): 어떠한 기상 조건에도 견딜 수 있음

사사들 당시 어두운 영적 위기의 시대에 한 줄기 햇살 같은 빛이 경건한 엘가나와 그의 아내 한나를 통해 비추어집니다. 하나님께서는 하나님을 섬기기 위해 헌신의 아들을 원하는 한나의 기도를 들으시고 자비를 베푸사 사무엘을 낳게 하셨습니다. 여기에 엘가나에게는 아들을 낳지 못하는 한나와 자식이 있는 브닌나라는 여인이 함께 살고 있었습니다. 여기에서 사랑의 공평한 분배문제가 난제로 등장합니다. 한나는 하나님께 간절한 심정으로 예배와 기도드리기 위해 매년 성전으로 올라갈 때 제물을 갑절이나 주어도 한나의 가슴의 한은 풀려지지 아니 했습니다.

· 함께 읽어요 : 사무엘상 1장 8절

"8 그의 남편 엘가나가 그에게 이르되 한나여 어찌하여 울며 어찌하여 먹지 아니하며 어찌하여 그대의 마음이 슬프냐 내가 그대에게 열 아들보다 낫지 아니하냐 하니라.

2. 엘가나가 아내에게 줄 수 없는 부분이 있었습니다(삼상 1:9~18).

엘가나의 특별한 배려에도 한나에게는 여전히 풀리지 않는 부분이 있었습니다. 이는 하나님만이 할 수 있는 일이었습니다. 우리 속담에 '진인사대천명'(盡人事 待天命)[2]이라는 말이 있습니다. 먼저 우리 인간이 해야 할 일을 다 하고 하늘의 도움을 기다려야 한다는 것입니다. 한나는 바로 이런 자세로 제사(예배)드리러 가서 가슴을 쥐어짜며 하나님께 자신의 한(恨)을 기도로 쏟아 놓은 것입니다.

사랑하는 성도 여러분! 여러분이 하루를 살아가면서 얼마나 이런 구구절절한 한을 가지고 하나님께 기도하고 있습니까? 의식주라든가 건강 등 그런 문제 말고 정말 필요로 하는 내용이 있습니다. 그것은 가족의 영혼구원을 위한 간구입니다. 어린 시절 아버님이 아직 교회와 신앙을 알지 못할 때 전도하기 위해 몸부림치며 철야기도하고, 주일 아침이면

---

2) 진인사대천명(盡人事待天命): 사람의 일을 모두 하고 하늘의 명을 기다린다.

잘 나가시는 주막(酒幕)[3] 집 담배 연기가 자욱한 그 방까지 가서 모시고, 교회로 갔던 일이 떠오릅니다. 결국 몸져누우신 후, 의자에 실려 예배당에 가시는 모습으로 가족전도의 꿈이 이루어졌습니다. 한나에게는 엘가나가 채워주지 못하는 가슴의 한이 있었습니다.

· 함께 읽어요 : 사무엘상 1장 15절

"15 한나가 대답하여 이르되 내 주여 그렇지 아니하니이다. 나는 마음이 슬픈 여자라 포도주나 독주를 마신 것이 아니요 여호와 앞에 내 심정을 통한 것뿐이오니"

3. 가정전도의 핵심은 정을 고르게 나눠줘야 합니다(삼상 1:19~28).

전도는 생명을 잉태하는 일과 같습니다. 누구나 전도하기를 원하지만 전도가 되지 않는 이유가 있습니다. 요사이 40이 되어도 결혼을 하지 아니하고 혼자 사는 독신녀들이 많습니다. 왜 결혼하지 않느냐고 하면 이상에 맞는 남자가 나타나지 않았다고 합니다. 그러나 그 심중에는 '무엇 하려고 결혼하느냐? 밥순이 역할, 애기 키우는 것이 싫다.' 그래서 결혼하지 않는 다는 것입니다. 근본적인 문제는 밥순이로 살기 싫고, 애기 키우는 것 귀찮아서 못하겠다는 것입니다. 그렇습니다.

주님의 지상명령인 전도와 양육은 아무나 하는 것 아닙니다. 영혼을 사랑하는 마음이 있어야 하고, 복음의 씨앗을 받아 자라가는 기쁨을 가지기를 원해야 되는 것입니다. 그러한 정을, 사랑을 갈급한 영혼들에게 나누어주고 싶은 사랑과 자비와 인내심이 있어야 합니다. "내가 야곱은 사랑하고"(롬9:13)라는 말씀처럼 영적 이스라엘인 우리들을 사랑하셨습니다.

· 함께 읽어요 : 예레미야 31장 1절

"1 여호와의 말씀이니라. 그 때에 내가 이스라엘의 모든 종족의 하나님이 되고 그들은 내 백성이 되리라."

---

3) 주막(酒幕) 집은 1950~1960년 대 농촌에서 농한기 때 막걸리 소주 팔 던 집.

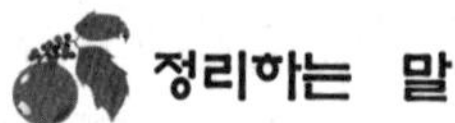

정리하는 말

사랑하는 성도 여러분! 만약에 여러분들의 가정과 사회에서 끈끈한 정과 사랑을 제외시켜 버린다면 어떤 일이 일어날까요? 세상은 얼마 가지 않아서 삭막하여 무너질 것입니다. 주님은 세상의 모든 영혼들을 살리시기 위해 하늘 보좌를 버리시고, 낮고 천한 세상에 오셨습니다. 엘가나의 가정에 오셔서 문제를 해결해 주신 하나님께서 여러분의 가정마다 정을 골고루 나눠주시기를 바랍니다.

평가와 결심

1. 한나에게 예물로도 해결할 수 없는 답답함이 무엇이었습니까?
   (삼상 1:12~18. 사랑과 정을 나눠줄 수 있는 아들이 없었음)
2. 엘가나가 해결할 수 없는 한나의 문제는 무엇이었습니까?
   (삼상 1:19~20, 가슴의 정을 나눠줄 수 있는 아들을 갖는 것)
3. 가정 전도의 핵심은 무엇이라고 생각하십니까?
   (삼상 1:12~20, 정과 사랑을 고르게 나누어주는 것)

주간 경건의 시간 <18> · 날마다 말씀과 함께

요일 / 내용	주일/월(Mon)	화(Tue)	수(Wed)	목(Thu)	금(Fri)	토(Sat)
찬송	144동 / 122동	323/ 355	322 /357	345 / 461	380/ 424	150/ 135
성경	룻 1: /룻 2:	룻 3:	룻 4:	삼상 1:	삼상 2:	삼상 3:
적용	모압땅에서/ 보아스의 들	타작마당에서	보아스 집에서	한나의 간구	한나의 찬양	사무엘 선택

* 날뛰는 야심은 도가 지나치면 저 편에 나가 떨어진다.

<윌리엄 셰익스피어, 1564~1616> 영국 시인, 극작가

5단원 가정 구원의 달

제19과

생활로 부모를 공궤하라

찬송 / 380, 420, 442 / 통 424, 212, 499
성경 / 룻기 2:1-23
요절 / 룻기 2:18
"그것은 가지고 성읍에 들어가서 시어머니에게 그 주운 것을 보이고 그가 배불리 먹고 남긴 것을 내어 시어미에게 드리매"
목표 / 생활로 부모를 공궤하는 태도를 기른다.

시작하는 말

5월은 어린이 주일, 어버이 주일 등과 함께 '가정의 달'로 지킵니다. 어버이주일은 어머니날을 제정하여 지키다가 아빠들이 섭섭해 하니까 '어버이 주일'로 바뀌었고 같이 지키니까 참 좋습니다.

본문의 '룻기'는 '사랑 이야기'입니다. 첫 장면은 모압 땅에서, 둘째 장면은 보아스의 들에서, 셋째 장면은 보아스의 타작마당에서, 넷째 장면은 보아스 들에서 이루어집니다. 오늘의 이야기는 시어머니를 잘 공경한 룻의 이야기로서 사사들이 치리하던 시대의 각박한 삶 가운데 한 폭의 아름다운 풍경화처럼 포근함을 더해 줍니다. 고무간의 갈등을 시어머니 사랑과 효도의 마음으로 해결해 간 지혜가 여기 있었습니다.

오늘의 말씀

1. 모압 땅으로 가 실패를 겪고 베들레헴으로 돌아옵니다(1:1~22).

베들레헴(떡집이란 뜻)에서 경제적인 어려움을 해결해 보려고 모압으로 내려갔지만 엎친데 겹친 격으로 나오미의 남편 엘리멜렉이 죽고, 두 아들 말론과 기룐이 그곳에서 결혼했는데, 그 아들 둘도 죽어 자부 둘과 나오미만 남았습니다. 참 기구한 인생입니다. 그러나 여기서 주목할 점은 큰 자부 오르바는 민족에게로 돌아갑니다. 그러나 이방 여인 룻의 민족을 초월한 여호와 하나님을 믿는 신앙이 돋보입니다(룻 1:16). 오르바는 그의 백성과 그의 신들에게로 돌아갔으나 룻은 시어머니 나오미를 붙좇았습니다. 그리고 다음과 같은 위대한 신앙고백을 합니다.

· 함께 읽어요 : 룻기 1장 16절

"16 룻이 이르되 내게 어머니를 떠나며 어머니를 따르지 말고 돌아가라 강권하지 마옵소서 어머니께서 가시는 곳에 나도 가고 어머니께서 머무시는 곳에 나도 머물겠나이다. 어머니의 백성이 나의 백성이 되고 어머니의 하나님이 나의 하나님이 되시리니"

2. 나오미 가정 실패 중에도 가정 구원과 효도를 하게 하십니다(룻 2:1~3:).

장면은 바뀌어 흉년들었던 베들레헴 들판에 풍년을 주셨습니다. 소식을 듣고 베들레헴에 다시 돌아온 나오미와 자부 룻의 가정은 가난하고 초라했지만 그의 가정에는 사랑과 평화가 넘치고 행복이 있었습니다.

룻은 시어머니에게 순종하여 이삭을 줍도록 친족 보아스의 밭으로 보내어집니다. 하루 종일 새참도 먹을 겨를 없이 이삭을 주워 시어머니에게 돌아옵니다. 시어머니는 은밀하게 룻의 신랑감으로 친족 보아스를 점찍어 두었습니다.

이삭을 주울 때도 그의 밭에 가서 줍도록 이릅니다. 룻은 순종하여 보아스의 밭에 가서 줍고, 돌아온 때에 보아스라는 분이 '기업 무를 분'이라는 것을 가르쳐 줍니다. 룻은 겸손하게 시어머니의 지시를 잘 따르고 순종했습니다.

· 함께 읽어요 : 룻기 3장 9절

"9 이르되 네가 누구냐 하니 대답하되 나는 당신의 여종 룻이오니 당신의 옷자락을 펴 당신의 여종을 덮으소서. 이는 당신이 기업을 무를 자가 됨이니이다 하니"

3. 룻의 순종은 구속받은 백성으로서 기업을 잇게 됩니다(룻 4:1~22).

본문에서 룻이라는 이방 모압 여인을 통한 하나님의 손길은 참 기묘하고 아름답습니다. 요즘 같으면 연하의 남자와 결혼하는 것을 자랑으로 내세우는 때인데, 글쎄 나이도 한참이나 나는 보아스와 만나 결혼하게 되는 것을 볼 때, 룻의 순종하는 삶을 통해 참된 효도가 무엇인가? 그리고 가문을 세우는 것이 얼마나 중요한 것인가를 배우게 됩니다.

룻은 자신의 뜻에는 마음에 없다할지라도 시어머님이 소개하는 보아스를 만남은 시어머니에 대해서, 그리고 시댁에 대한 최상의 효도라는 것을 기억하시기 바랍니다.

엘리멜렉의 가계에 믿음의 후대가 끊겨질 위기에 이르렀지만 룻의 헌신적인 봉사와 효도로 인하여 엘리멜렉의 가문이 살아나게 됩니다. 룻의 효도는 마음뿐만이 아니라 육신적인 봉양과 함께 가문을 세우는 일을 한 것입니다.

요즘은 자신에게 마음 드는 사람이나 이상형이 없다고 결혼 적년기를 넘기고 부모에게 폐를 끼치면서 살아가는 노총각 노처녀들이 얼마나 많습니까?

그러나 룻은 자신의 남편이 일찍 세상을 떠나 시모를 봉양할 사람이 없음에도 불구하고 그녀는 아들을 대신해서 시모님을 물질로 공궤(供饋)[4)]하고, 결혼을 통해 시댁의 가문을 세우는 큰 효도가 감동적이고 돋보입니다. 이제 룻이 속한 엘리멜렉의 가문은 다윗의 아버지인 이새의 아버지 오벳을 낳게 된 것입니다. 그래서 신약성경 마태복음 1장에 나오는 족보에서 본문 4장 18~22절의 이름들을 찾아보게 되는 것입니다.

· 함께 읽어요 : 요한계시록 14장 12절

“성도들의 인내가 여기 있나니 그들은 하나님의 계명과 예수에 대한 믿음을 지키는 자니라.

---

4) 공궤(供饋): 음식을 줌.

정리하는 말

사랑하는 성도 여러분! 여러분들의 가문은 누구 때문에 세워져 가고 있습니까? 기독교가 처음 한국에 들어왔을 때 예수를 믿는다고 가문에서 쫓겨나고, 족보에서 제명당하는 등 엄청난 불이익을 보면서까지 우리의 신앙의 선배들은 믿음을 지켰습니다. 사랑하는 성도 여러분! 우리가 하나님과 예수님의 신앙의 가문이 된 것은 이런 참 신앙의 선배들이 있었기 때문입니다. 나이가 들면 입맛도 짧아집니다. 마음을 기쁘게 해드리면서 생활로, 음식으로 부모를 공궤하시고, 효도를 다하시기 바랍니다.

평가와 결심

1. 엘리멜렉 가족이 모압으로 내려가 당한 환난이 무엇입니까?
   (룻 1:1~5, 엘리멜렉과 두 아들 말론과 기룐이 죽음)
2. 모압 지방에 내려가 얻은 두 자부들의 성품이 어떠했습니까?
   (룻 1:6~18, 오르바는 현실적, 룻은 신앙적이어서 시모의 신앙을 가짐)
3. 엘리멜렉의 가문이 누구로 인하여 세워집니까?
   (룻4:13~22, 룻을 통해서 메시아 족보에 들어감)

주간 경건의 시간 <19> · 날마다 말씀과 함께

요일 / 내용	주일/월(Mon)	화(Tue)	수(Wed)	목(Thu)	금(Fri)	토(Sat)
찬송	91동 / 93동	370 / 455	365/484	354 / 395	356 / 396	347 / 383
성경	삼상4:/삼상5:	삼상 6:	삼상 7:	삼상 8:	삼상 9:	삼상 10:
적용	법궤 뺏김 / 법궤 블레셋에	언약궤 돌아옴	사무엘의 통치	왕을 요구함	왕의 임명	왕에게 기름부음

* 사람은 최고의 정상에 도달할 수는 있다 그러나 그 자리에 오래 머물 수는 없다.

< 죠지 버나드 쇼, 1856~1950 > 영국 극작가, 비평가

찬송으로 치유함 받으라

찬송 / 486, 302, 500 / 통 474, 408, 258
성경 / 사무엘상 16:12-23
요절 / 사무엘상 16:23
"하나님께서 부리시는 악령이 사울에게 이를 때에 다윗이 수금을 들고 와서 손으로 탄즉 사울이 상쾌하여 낫고 악령이 그에게서 떠나더라.
목표 / 말씀과 기도 위에 찬송으로 치유함을 받는 태도를 기른다.

시작하는 말

오늘날과 같이 의학이 발달된 시대에도 여전히 고치지 못하는 질병이 있습니다. 특별히 정신신경계통의 질병은 아직도 치유하기가 힘듭니다. 예수 그리스도께서 복음을 전하실 때 병을 치유해 주셨습니다. 복음이 확산되던 1세기에 사도들에게도 복음전파와 함께 치유사역이 계속되었습니다. 오늘날 목회하는 현장에도 이런 치유현상이 나타납니다. 그러나 주지할 사실은 예수 그리스도께서 치유사역만을 강조하여 따로 취급하지 않았다는 사실입니다. 복음이 전파되는 곳에 자연히 치유의 역사가 병행된 것입니다. 여러분의 전도 현장에도 이런 치유가 나타나기를 바랍니다. 그리고 치유를 통해서 복음이 더욱 확산되기를 바랍니다.

오늘의 말씀

1. 하나님께서 사무엘에게 새로운 사명을 주셨습니다(삼상 16:1~3).

백성들의 요구에 의해서 세워진 사울 왕은 계속해서 하나님의 뜻을 거슬렀습니다. 하나님의 말씀을 자기 편의대로 해석하면서 하나님의 뜻을 거역했습니다. 그는 하나님께서 사무엘을 통하여 잘못을 지적해주셨지만 변명만 할 뿐 돌이키지 않았습니다. 이에 하나님께서는 사울을 버리시고 이미 예고하셨듯이, 그분의 마음에 맞는 한 사람을 택해 사울을 대신할 왕으로 예비하셨습니다. 사무엘은 하나님의 사명을 받고 위험을 무릅쓰고 이새의 집으로 갑니다. 다윗을 새로운 왕으로 예비하신 것은 예수 그리스도를 통해 인류를 구원하시는 하나님의 역사를 보여준 것입니다. 즉 인류를 구속하실 분은 바로 이 다윗의 혈통으로 오실 것입니다. 따라서 다윗은 구속 주 되신 예수 그리스도의 모형이 되십니다. 구약에 나타난 하나님의 복음사역인 것입니다. 하나님은 이새의 가정을 평강을 위한 제사(잔치)에 초청합니다.

· 함께 읽어요 : 사무엘상 16장 5절

"5 이르되 평강을 위함이니라. 내가 여호와께 제사하러 왔으니 스스로 성결하게 하고 와서 나와 함께 제사하자하고 이새와 그의 아들들을 성결하게 하고 제사에 청하니라."

2. 이새의 집에서 양 치던 다윗을 왕으로 기름 붓습니다(삼상 16:4~13).

사무엘은 사울과의 제사 드리는 문제로 영영 결별하게 됩니다. 제사 후에 사무엘은 사울 대신 하나님의 명령을 행합니다. 즉 포로로 잡아왔던 아말렉의 왕 아각을 처형한 것입니다. 그리고 하나님의 명령에 따라 거사(巨事)를 행하려고 베들레헴으로 갑니다. 사울이 다윗을 추격하고 있는 상황 하에서 성읍 장로들은 떨며 그를 영접합니다. "평강을 위하여 오시나이까?", "평강을 위함이니라. 내가 제사하러 왔으니, 스스로 성결하게 하고 와서 함께 제사하자"하고 이새와 그의 아들들을 성결하게 하고 제사에 청했습니다.

성도 여러분들이 복음전파하기 위한 현장의 상황은 위기의 연속임을 알아야 합니다. 그러나 악의 세력들은 이빨 빠진 호랑이처럼 위협사격 소리만 요란합니다. 이때 성도들에게 '찬송'은 큰 힘이 됩니다. 사무엘에게 기름 부음 받은 다윗의 영성은 사울 신하들에게까지 전해졌습니다. 다윗의 수금 타는 실력은 악령에 사로잡힌 사울에게 효험이 되었습니다. 여러분! 전도하기 위해서 기도하며, 찬송으로 연약한 자들을 치유하시기 바랍니다. 구역장을 감당하면서 귀신들려 고통을 당하는 자에게 말씀과 믿음의 찬송은 귀신을 쫓아내주고 맑은 정신으로 돌아오게 하는 묘책입니다. 여러분! 담대한 믿음으로 악의 세력에게 지지 말고 찬송의 능력으로 늘 승리하시기 바랍니다.

· 함께 읽어요 : 사무엘상 16장 16절

"16 원하건대 우리 주께서는 당신 앞에서 모시는 신하들에게 명령하여 수금을 잘 타는 사람을 구하게 하소서 하나님께서 부리시는 악령이 왕에게 이를 때에 그가 손으로 타면 왕이 나으시리이다 하는지라."

3. 기름부음 받은 다윗은 영이 충만하여 치유합니다(삼상 16:14~23).

여러분들은 구역이나 속회현장에서 귀신들려 심히 괴로워하는 자들을 만날 것입니다. 대부분 이런 분들을 만나면 교회에서 냉대합니다. 기도원으로 쫓아버리기도 합니다. 그러나 그들을 냉대하면 안 됩니다. 사랑으로 감싸주면서 여호와의 영에게 감동된 다윗처럼 그를 치유해 주십시오. 대부분 불화가 많은 가정에는 문제들이 많고 병원에 가서 종합검진을 해도 이유가 밝혀 지지 않는 질병으로 수년씩 고통을 겪습니다. 그런 가정의 가족들을 악령이 괴롭힙니다. 귀신들이 사로잡습니다. 사랑하는 성도 여러분! 여러분들의 가정에 성령이 충만하기를 기도하시기 바랍니다. 온 식구가 모여 기쁨으로 찬송을 부르시기 바랍니다.

♬ ① 찬송을 부르세요. 찬송을 부르세요./ 놀라운 일이 생깁니다. 찬송 부르세요. ② 기도를 드리세요. 기도를 드리세요./ 놀라운 일이 생깁니다. 기도드리세요. ♬ 여러분들은 온 몸의 세포들이 기쁘게 찬송에 깨어 복음 찬송을 함께 부르며 듣도록 하십시오. 치유의 역사가 펼쳐질 것입니다.

· 함께 읽어요 : 데살로니가전서 5장 16~18상반절

"16 항상 기뻐하라 17 쉬지 말고 기도하라 18 범사에 감사하라……."

정리하는 말

사랑하는 성도 여러분! 신앙생활은 노래를 부르는 사람처럼 리듬과 멜로디를 따라 기도로 호흡을 하고, 찬송하면서 살아가야 합니다. 찬송을 부르세요. 감사의 말을 하십시오. 앓는 자 병든 자 위해 기도하십시오. 성령님께서 역사하실 것입니다. 여러분과 가족들도 함께 치유함을 받을 것입니다.

평가와 결심

1. 사무엘이 받은 사명이 무엇이었습니까?
   (삼상 16:1~3, 사울 대신 이스라엘의 새로운 왕을 세우는 일)
2. 사무엘은 거사(巨事)를 이루기 위해 어떻게 합니까?
   (삼상 16:4~13, ①아각 왕을 처형함 ②다윗에게 기름을 부음)
3. 기름 부음 받은 다윗은 어떻게 활동합니까? (삼상 16:14~23)
   (여호와의 영에게 감동되어 사울왕의 악사로 왕을 치유하고, 근위병 노릇)

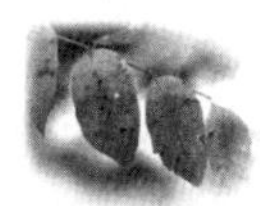

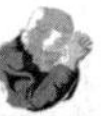

주간 경건의 시간 <20> · 날마다 말씀과 함께

요일 / 내용	주일/월(Mon)	화(Tue)	수(Wed)	목(Thu)	금(Fri)	토(Sat)
찬송	74동 / 73동	70 / 79	69 / 33	66 / 20	65 / 19	64 / 13
성경	삼상11:/삼상12:	삼상 13:	삼상 14:	삼상 15:	삼상 16:	삼상 17:
적용	암몬과 전쟁/ 사무엘 유언	사울에게 저주	하나님의 저주	버림당한 사울	사무엘과 다윗	다윗과 골리앗

* 인생에 있어서 가장 힘든 때는 자기가 하는 방법으로는 좀 더 쉽게 일을 처리할 수 없을 때이다. < 엘렌 글레스고우, 1874~1945 > 미국 소설

제21과

화목한 가정을 만들어라

찬송 / 519, 552, 433 / 통 251, 358, 490
성경 / 사무엘상 20:35-42
요절 / 시편 133:1
"보라 형제가 연합하여 동거함이 어찌 그리 선하고 아름다운고!"
목표 / 일상생활에서 가정을 화목하게 만들어가는 태도를 기른다.

시작하는 말

우리 속담에 '가화만사성'(家和萬事成)이란 말이 있습니다. 가정이 화목해야 모든 일을 이룬다는 말입니다. 그렇습니다. 되는 집의 특징은 가족들이 모이면 화기애애합니다. 서로가 상대방을 깔아뭉개지 않고 칭찬해 주고 위로해 주면서 사기를 북돋아줍니다.

본문에서 다윗과 요나단의 경우는 참 특이한 우정을 가진 자들입니다. 요즘으로 생각해 보면, 그들은 왕권을 누가 가지느냐하는 대권문제로 한 치도 양보할 수 없는 사이인데도 양보하면서 다윗을 챙겨줍니다. 이는 친구의 우정보다 더 진한 형제의 친밀함을 뛰어넘는 배려와 사랑입니다. 가정을 화목하게 만들어 하나님 사랑받는 가정되시기 바랍니다.

오늘의 말씀

1. 요나단은 아버지 사울 편인가? 다윗 편인가?(삼상 20:1~22).

오늘날과 같이 경쟁이 심한 사회적인 구조에서 여러분은 다른 사람이 자기를 앞질러 갈 때, 여러분은 어떤 기분이겠습니까? 자기가 승진해야 하는데, 다른 사람이 가로채 갔을 때 여러분들은 기뻐할 수 있습니까? 본문에서 사울 왕이 자기 생명을 해하려함을 요나단에게 이야기합니다. 친구에게 자신이 처한 어려움을 호소하고, 자신의 결백을 말합니다. 여러분은 자신이 어려울 때 이야기할 친구나 형제가 있습니까? 가족이란 자신이 어려움에 처할 때에 이야기하면 함께 울어주고 해결해 나가려는 형제간의 우애가 있어야 합니다. 다윗과 요나단은 피가 섞이지 않은 친구인데도 이런 우애가 있었습니다. 어째서 요나단은 다윗 편이었습니까? 다음 성경 구절을 읽으시면서 해답을 발견하시기 바랍니다.

· 함께 읽어요 : 잠언 16장 7절

"7 사람의 행위가 여호와를 기쁘시게 하면 그 사람의 원수라도 그와 더불어 화목 하느니라."

2. 다윗과 요나단은 이제 함께 어려움을 해결해 갑니다(삼상 20:23~34).

본문에서 어떻게 요나단이 다윗 편에 서서 왕권이나 대권을 떠나서 협력하고 함께 어려움을 해결해 가고 있는가를 차례로 살펴봅니다.

1) 다윗이 자신의 결백을 요나단에게 호소합니다(삼상 20:1~4).

화해나 평화에 있어서 가장 중요한 것은 자신이 결백해야 합니다.

2) 다윗과 요나단이 사울의 의중을 알아내기 위해 의논합니다(5~22).

① 다윗이 월삭에 빠짐으로 사울의 의중을 확인하려 합니다(5~9절).

② 요나단이 사울의 의중을 알려줄 것을 약속합니다(10~17).

③ 요나단이 사울의 의중을 알려주고 방안을 논의 합니다(18~22).

3) 요나단이 계획대로 사울의 의중을 알아봅니다(23~34).

① 다윗이 월삭에 일부러 참석하지 않습니다(23~29).

② 사울은 다윗이 참석하지 않음으로 요나단을 향해 진노합니다(30~31).

③ 요나단이 다윗을 위해 변호합니다(32절).

여기서 요나단의 행위는 단순한 친구의 우정이 아니라 생사를 건 국

정문제를 다윗에게 넘기고 있음을 우리는 감탄하게 됩니다.

④ 요나단은 사울이 다윗을 해하려는 의중을 파악합니다(33~34절).

결국 사울은 하나님께서 버리신 대로 자기 길로 가고 있고, 다윗은 지혜롭게 여호와 하나님을 기쁘시게 함으로 요나단을 얻습니다.

여러분은 세상을 어떻게 살아가십니까? 사울은 끝까지 자기 의지대로 하나님의 뜻과는 반대로 강퍅하게 굳어짐을 보게 됩니다.

· 함께 읽어요 : 사무엘상 20장 33절

"33 사울이 요나단에게 단창을 던져 죽이려 한지라 요나단이 그의 아버지가 다윗을 죽이기로 결심한 줄 알고 34 심히 노하여 식탁에서 떠나고 그달의 둘째 날에는 먹지 아니하였으니 이는 그의 아버지가 다윗을 욕되게 하였으므로 다윗을 위하여 슬퍼함이었더라."

3. 가정, 국정에서 화목함보다 더 좋은 무기는 없습니다(삼상 20:35~42).

미련한 사람은 화를 잘 내고 조급합니다. 남에게 자신의 마음을 열지 않습니다. 그러나 본문에서처럼 요나단과 다윗의 경우를 보면 지금 다윗은 이스라엘 왕으로 기름부음을 받은 상태입니다. 여호와의 영이 그와 함께 하십니다. 그렇지만 끝까지 비장의 무기를 사용하지 않습니다. 자기 목숨을 찾는 상황 하에서까지 부하가 죽이려는 그 손까지 막아 사울의 목숨을 살려줍니다(삼상 24:3~10). 이 장면에서 이미 왕권은 다윗에게로 넘어간 것이나 마찬가지입니다. 여러분들의 가정에서나 교회에서 누가 주인입니까? 양보하고 여호와 하나님을 기쁘시게 하는 자가 잃은 것 같지만 왕권을 쥔 것입니다. 양보해도 하나님께서는 다시 권리를 찾아주시는 것입니다. 하나님과 사람에게 화목하시기 바랍니다.

· 함께 읽어요 : 사무엘상 25장 29절

"29 사람이 일어나서 내 주를 쫓아 내 주의 생명을 찾을지라도 내 주의 생명은 내 주의 하나님 여호와와 함께 생명 싸개 속에 싸였을 것이요 내 주의 원수들의 생명은 물매로 던지듯 여호와께서 그것을 던지시리이다."

정리하는 말

사랑하는 성도 여러분! 본 과에서 느낀 점이 무엇입니까? 사울의 왕권 앞에 다윗은 초라한 목동에 불과했습니다. 그러나 하나님께서는 여호와 하나님을 기쁘시게 하니까 그를 들어 세우시고, 이스라엘의 가장 강한 왕권으로 세워주신 것입니다. 가정에서 윗사람을 공경하고, 형제간에 우애하며 온 가족이 화목하면 하나님께서 그 가정을 사랑하사 대성케 할 것입니다.

평가와 결심

1. 요나단은 과연 다윗 편입니까? 사울 편입니까?
   (잠언 16:7, 아버지 사울 편도, 다윗 편도 아니고, 하나님 편임)
2. 다윗과 요나단이 우정이 어떻게 형성되었습니까?
   (잠언 16:7, 여호와 하나님을 기쁘시게 하는 코드가 맞아 떨어진 것임)
3. 가정이나 국가나 기관 어디서든 가장 좋은 무기는 무엇입니까?
   (삼상 20:42, 형제 우애와 가정 화목)

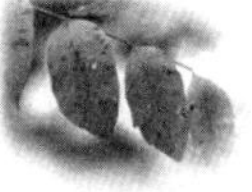

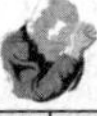

주간 경건의 시간 <21> · 날마다 말씀과 함께

요일 / 내용	주일/월(Mon)	화(Tue)	수(Wed)	목(Thu)	금(Fri)	토(Sat)
찬송	93동 / 91동	209/ 247	208/ 246	242 / 233	252 / 184	251 / 137
성경	삼상18/삼상19:	삼상 20:	삼상 21:	삼상 22:	삼상 23:	삼상 24:
적용	요나단우정/ 다윗 죽이려	요나단 맹세	다윗 도피생활	다윗이 아둘람 굴	그일라 구원함	사울을 살려줌

* 결국 칼은 정신에 의해 두들겨 맞는다.

< 나폴레옹 보나파르트, 1769~1821 > 프랑스 황제

6단원 애국 실천의 달

이웃 사랑을 넓혀 가라

찬송 / 567, 575, 310 / 통일 436, 302, 410
성경 / 사무엘상 24:1-22
요절 / 사무엘상 24:12
"여호와께서는 나와 왕 사이를 판단하사 여호와께서 나를 위하여 왕에게 보복하시려니와 내 손으로는 왕을 해하지 않겠나이다."
목표 / 교회생활이나 사회생활에서 이웃사랑을 넓혀가는 태도를 갖게 한다.

시작하는 말

십계명의 둘째 부분은 '이웃 사랑'에 대한 내용입니다. 6월 달에는 '애국 실천'을 위해 우리 성도들이 무엇을 어떻게 실천해야 할 것인가를 다루게 됩니다. 우리들은 개인이나 가정이나 교회가 잘 되기 위해 많이 기도합니다. 그러나 기도뿐이지 나라 사랑의 구체적인 실천에서는 소극적입니다. 왜 그렇습니까? 내 가정이나 가족도 살기도 어려운데, 국가나 세계를 위해 무엇을 어떻게 할 것인가 막연하기 때문입니다. 이번 6월에는 국가적으로도 잊지 못할 6.25사변을 겪은 달이기도 합니다. 솔선해서 애국을 실천해야 가정도 사회도 잘 살게 되는 것입니다.

오늘의 말씀

1. 다윗이 사울을 살려줬음에도 그때뿐이었습니다(삼상 24:1~7).

본문에 보면 사울이 블레셋을 따르다가 돌아오매 어떤 사람이 다윗이 엔게디 황무지에 있다는 소식을 듣고, 선택한 3천을 거느리고 다윗을 쫓는데, 사울이 굴속에 들어갔는데, 다윗과 측근들이 굴 깊은 곳에 있다가 다윗은 그를 단칼에 죽일 수도 있었지만 겉옷자락만 베고, 살려주었습니다. 그 과정을 살펴보면 이렇습니다.

① 사울이 다윗을 잡으러 엔게디 황무지로 갔습니다(1~3절).

② 다윗이 사울을 해칠 기회가 있었지만 해치지 않았습니다(4~7절). 여기서 중요한 것은 다윗이 자기 목숨을 찾는 사울의 생명을 소중히 여겼고, 자기 손으로 해치지 않았다는 점과 오히려 다윗은 사울의 옷자락을 벤 것조차 마음이 찔렸다고 했습니다. 다윗의 영성은 빛이 났습니다.

· 함께 읽어요 : 사무엘상 24장 5절

"5 그리 한 후에 사울의 옷자락 벰으로 말미암아 다윗의 마음이 찔려 6 자기 사람들에게 이르되 내가 손을 들어 여호와의 기름 부음을 받은 내 주를 치는 것은 여호와께 금하시는 것이니 그는 여호와의 기름 부음을 받은 자가 됨이니라 하고"

2. 다윗이 자신의 결백을 주장합니다(삼상 24 : 8~15).

사울이 굴을 나간 후에 다윗은 베어낸 사울의 겉옷 자락을 증거로 자신의 결백을 주장합니다. 다윗에게는 조금도 해칠 의도가 없음을 전한 것이었습니다. 그리고 멀리 갔을 때 "내 주 왕이여!" 하매 뒤를 돌아보니 엎드려 절하면서 "보소서 다윗이 왕을 해한다고 하는 사람들의 말을 왕은 어찌 들으시나이까?", "여호와께서 굴에서 왕을 내 손에 넘기신 것을 왕이 아셨을 것입니다. 어떤 사람이 왕을 죽이라 하였으나 내가 왕을 아껴 말하기를 나는 내 손을 들어 내 주를 해하지 아니하리니 그는 여호와의 기름부음을 받은 자이기 때문이라 하였나이다." 참으로 다윗의 이웃을 사랑하는 마음은 여호와께서 인정할 만합니다.

여러분의 이웃 사랑의 폭은 얼마 만큼입니까? 다윗처럼 이웃 사랑의 폭을 넓혀 가시기를 바랍니다.

· 함께 읽어요 : 사무엘상 24장 12절
"12 여호와께서는 나와 왕 사이를 판단하사 여호와께서 나를 위하여 왕에게 보복하시려나와 내 손으로는 왕을 해하지 아니하겠나이다."

3. 나라 사랑하고 지키는 길은 이웃을 사랑하는 일입니다(삼상 24:16~22).

여러분들이 나라를 사랑하는 길이 꼭 총을 메고 전쟁에 나가서 나라를 위해 목숨이라도 바쳐야 애국인 것처럼 착각할 때가 있습니다. 그것도 애국이겠지만 보통 때에 가까운 이웃을 사랑하는 일이야 말로 애국의 길입니다.

가정에서 형제끼리 우애하는 것이 가정을 지키는 일이요. 효도하는 길인 것처럼 말입니다. 월남전 때 월남이 그 많은 병사와 원조물자를 가지고도 소수의 월맹에게 망한 이유가 무엇이겠습니까? 내면으로 스며든 적군의 간첩들이 정부의 곳곳에 들어와 월맹을 위해 이롭도록 동료들끼리 서로를 믿지 못하게 하고 불화하도록 만들었기 때문입니다. 폭탄을 장진하여 자기 동족들에게 정부 청사를 조준하여 폭탄을 쏟아 부은 것입니다. 무서운 세상이 따로 없었습니다.

혼자만 잘 살겠다고 돈이나 물자를 저장하여 배를 타고 고국을 떠났습니다. 그러나 받아주는 곳이 없어 떠돌다가 망망대해에서 죽어간 것입니다. 사랑하는 성도 여러분! 앞으로의 영적 전쟁에서도 같은 일이 벌어질 수 있습니다. 믿는 형제 자매들 끼리 서로 사랑하고 아껴주어야 할 이유가 여기에 있는 것입니다. 내 식구, 내 교회만 살찌우는 얌체족이 되어서는 안 됩니다. 이웃이 무너지면 머지않아 우리도 무너집니다. 이웃은 바로 내 몸이며 지체인 것을 잊지 마시기를 바랍니다.

· 함께 읽어요 : 사무엘상 24장 20절
"20 보라 나는 네가 반드시 왕이 될 것을 알고 이스라엘 나라가 네 손에 곧고히 설 것을 아노니"

정리하는 말

사랑하는 성도 여러분! 여러분들의 이웃 사랑의 폭은 얼마나 됩니까? 이웃 사랑의 깊이는 얼마나 됩니까? 이웃 사랑의 정도를 더 심도 있게 실천하시기 바랍니다. 복음으로 하나님의 사랑의 폭을 온 세상 끝까지 넓게 펼치시기를 바랍니다. 주님이 주신 십자가 사랑은 끝이 보이지 않습니다. 여러분도 애국애족하다 순교한 선열들의 사랑을 본받으시기 바랍니다.

평가와 결심

1. 다윗이 사울을 살려준 사랑은 어떤 사랑입니까?
   (삼상 24:1~7. 자기를 해하려는 원수까지 사랑한 사랑임)
2. 다윗이 자신의 결백을 어떻게 증거 하였습니까?
   (삼상 24:4~7, 사울의 겉옷자락을 베어 증거를 삼음)
3. 나라 사랑하는 길은 바로 무엇과 같습니까?
   (삼상 24:16~24, 이웃을 내 몸같이 사랑함과 같음)

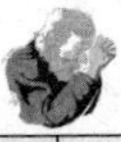

주간 경건의 시간 <22> · 날마다 말씀과 함께

요일 / 내용	주일/월(Mon)	화(Tue)	수(Wed)	목(Thu)	금(Fri)	토(Sat)
찬송	39동 / 36동	420 / 212	419 /476	433 / 490	438 / 495	447 /448
성경	삼상25:/삼상26:	삼상 27:	삼상 28:	삼상 29:	삼상 30:	삼상 31:
적용	사무엘 임종/ 사울 살려줌	블레셋 도피	신접한 여인구함	다윗의 곤경	아말렉 침	사울·요나단 최후

* 열심은 불과 같아서 일거리를 주고 끝까지 돌봐야 한다. < W. G. 베넘 >

이웃의 아픔을 함께하라

찬송 / 580, 438, 445 / 통 371, 495, 502
성경 / 사무엘하 3:27-39
요절 / 사무엘하 3:36
"온 백성이 보고 기뻐하며 왕이 무슨 일을 하든지 무리가 다 기뻐하므로"
목표 / 성도로서 이웃의 아픔을 함께하는 태도를 기른다.

시작하는 말

본문에서 이스라엘 초대 왕 사울 왕가와 둘째 왕 다윗 왕가 사이에 전쟁이 오래 지속되었습니다. 그러면서 확연하게 다윗 집안은 번영하고, 사울 집안은 점점 쇠퇴함이 들어납니다. 여기서 주목해야 할 구절이 있습니다. '전쟁이 오래되매' 라는 말에서 하나님의 뜻을 깨닫지 못하는 온 이스라엘이 장기간 방황과 고통을 겪어야 했고, 이 기간을 통하여 장차 올 통일 왕국을 이끌어갈 다윗을 훈련시키시고 하나님이 기뻐하시는 뜻을 온전히 깨닫고 순종하게 하신 것입니다. 결국 이 기간 동안 부하 장군들의 보복행위를 겪으면서 다윗은 일처리를 통해 백성들에게 왕의 진심을 깨닫게 하고 이웃의 아픔을 함께하는 아름다운 마음을 전달해 줍니다.

오늘의 말씀

1. 다윗 집안은 번영하나 사울 집안은 쇠퇴합니다(삼하 3:1~5).

모든 면에서 사울 집안이 다윗 집안보다 유리한 여건에 있었음에도 불구하고 다윗의 집안은 점점 강성해지고 사울의 집안은 점점 쇠퇴해 가고 있었습니다. 인간의 사리로는 이해가 되지 않습니다. 그것은 하나님의 약속을 받은 자와 버림받은 자의 궁극적인 결과를 보여주는 것입니다. 역사의 주권이 오직 하나님께 있음을 증거하고 있는 것입니다. 다윗이 헤브론에서 왕이 된 후 통일왕국을 이루기까지 7년 반 동안이나 걸렸습니다. 이는 하나님께서 열방 가운데 택하신 언약국가로서의 모습을 갖추기 위해 이스라엘이 겪어야 할 연단과 훈련의 과정이었습니다. 번영해가는 다윗은 헤브론에서 여러 아내들로부터 아들들을 낳게 됩니다(2~5절).

· 함께 읽어요 : 사무엘하 3장 1절

"1 사울의 집과 다윗의 집 사이에 전쟁이 오래매 다윗은 점점 강성하여 가고 사울의 집은 점점 약하여 가니라."

2. 사울 집안에 내분이 일어납니다(삼하 3:6~11, 12~21).

기브온 전투가 있은 후 2년이 지났을 무렵, 점점 쇠퇴해가던 이스보셋의 왕국에 치명적인 내분이 일어나게 됩니다.

① 아브넬이 권력을 장악하게 됩니다(6절).

② 아브넬과 이스보셋 사이에 다툼이 일어납니다(7~8절).

③ 아브넬이 이스라엘을 다윗에게 돌리겠다고 맹세합니다(9~11절).

이때 아브넬은 다윗에게 사신들을 보내 통일 이스라엘에 관한 협상을 제의합니다(12~21절). 다윗은 아브넬의 제의를 받아들이면서 한 가지 조건을 제시합니다. 첫 번째 아내이자 사울 왕의 딸 미갈을 되돌려달라는 것이었습니다. 이로써 다윗은 사울 집안과 악의가 없음을 은연중에 알리고, 아브넬의 충성심을 시험한 것입니다. 가화만사성이란 말을 잊지 마시고 나의 가정부터 실천해 가시기 바랍니다.

· 함께 읽어요 : 사무엘하 3장 21절

"21 아브넬이 다윗에게 말하되 내가 일어나 가서 온 이스라엘 무리를 내 주 왕의 앞에 모아 더불어 언약을 맺게 하고 마음에 원하시는 대로 모든 것을 다스리게 하리이다 하니 이에 다윗이 아브넬을 보내매 그가 평안히 가니라."

3. 아브넬에 대한 애도로 다윗의 진심이 전달됩니다(삼하 3:22~39).

다윗이 아브넬을 그냥 보낸 직후에 된 일입니다.

① 전쟁 원정에서 돌아온 요압은 이 소식을 듣고 분개하면서 다윗에게 항의합니다(22~23절)

② 기브온 전투 당시 아브넬이 자기 동생 아사헬을 죽인 일로 인해 요압은 사자들을 아브넬에게 보내 헤브론으로 돌아오도록 합니다(24~26절).

영문을 알지 못한 채 헤브론으로 돌아온 아브넬은?

① 요압은 아브넬을 조용히 나눌 이야기가 있다고 은밀한 곳으로 유인한 다음 칼로 살해합니다(27절).

② 이 일로 다윗은 요압과 그 집안을 저주하고(28~30절), 아브넬의 죽음을 극히 상심하여 애도합니다(31~39절).

① 다윗이 아브넬의 죽음을 슬퍼합니다(31~32절).

② 다윗이 아브넬을 위해 애가를 지어 불렀습니다(33~34절).

③ 금식하며 슬퍼하는 다윗의 태도에 백성들이 감복합니다(35~37절).

④ 다윗이 요압의 행위에 대한 심판을 하나님께 호소합니다(38~39절).

여기서 다윗이 아브넬을 죽이지 않았다는 왕의 진심이 들어납니다. 여러분! 사람의 마음을 감복시키지 못하는 행동은 하나님께도 인정을 받지 못한다는 사실을 명심해야 합니다. 이러한 국가적인 비상적인 문제를 다윗은 모든 것을 주장하시는 하나님께 맡기고, 보복이나 사람에게 구구한 변명을 하지 않았습니다. 사랑하는 성도 여러분! 아무리 어렵고 힘든 일이 닥칠지라도 원망과 불평보다는 문제를 하나님께 맡기시기 바랍니다.

· 함께 읽어요 : 잠언 16장 6~7절

"6 인자와 진리로 인하여 죄악이 속하게 되고 여호와를 경외함으로 말미암아 악에서 떠나게 되느니라. 7 사람의 행위가 여호와를 기쁘시게 하면 그 사람의 원수라도 그와 더불어 화목하게 하시느니라."

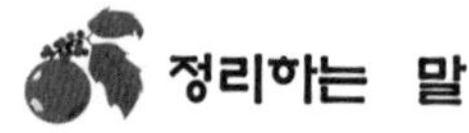

정리하는 말

사랑하는 성도 여러분! 통일왕국의 꿈을 실현하는데 있어서 아브넬의 제의는 정말 필요한 것이었습니다. 이러한 때 요압 장군은 과거사에서 불거진 동생 아사헬을 죽인 원수라고 생각하고, 다윗 왕과 한 마디 상의도 없이 불평 원망하며 은밀히 비겁한 행동으로 살해 한 것은 용서 받지 못할 행동입니다. 그러나 다윗의 기민한 애도, 즉 이웃의 아픔과 슬픔을 함께한 다윗의 행동은 귀감이 되었고 백성들의 민심을 하나로 묶는데 성공했습니다. 이웃의 아픔도 슬픔도 함께 할 수 있는 슬기로운 마음을 가지시기 바랍니다.

평가와 결심

1. 다윗 집은 강성하고, 사울 집은 쇠퇴한 이유가 무엇입니까?
   (삼하 1:1~5, 하나님의 약속을 받은 자와 버린 자의 결과임)
2. 사울 집안이 무너진 이유가 또 무엇입니까?
   (삼하 3:6~21, 집안에 내분이 일어남, 이스보셋과 아브넬의 갈등이 커짐)
3. 아브넬의 죽음과 다윗의 지혜로운 대처로 얻은 것 무엇입니까?
   (삼하 3:33~39, 아브넬의 죽음을 극진히 애도함, 백성 민심 수습)

주간 경건의 시간 <23> · 날마다 말씀과 함께

요일 / 내용	주일/월(Mon)	화(Tue)	수(Wed)	목(Thu)	금(Fri)	토(Sat)
찬송	74동 / 36동	90/98	91 / 91	180/ 168	195 / 175	202 / 241
성경	삼하1:/삼하 2:	삼하 3:	삼하 4:	삼하 5:	삼하 6:	삼하 7:
적용	사울 죽음/ 다윗왕 등극	다윗 아들들	이스보셋	시온성 정복	법궤 옮김	다윗 왕국 약속

* 상상력이 없는 열정은 사람을 괴짜로 만든다. < B. C. 리밍 >

제24과

이웃의 허물을 덮어주라

찬송 / 429, 430, 575 / 통 489, 456, 302
성경 / 사무엘하 9:1-13
요절 / 사무엘하 9:7상
"다윗이 그에게 이르되 무서워하지 말라 내가 반드시 네 아버지 요나단으로 말미암아 은총을 베풀리라."
목표 / 교회생활이나 사회생활에서 이웃의 허물을 덮어주는 태도를 기른다.

시작하는 말

성경을 읽어가면서 이스라엘의 통일왕국을 왜 다윗에게 이루게 하셨는가? 하는 점을 곰곰이 생각하면서 역시 하나님은 마음이 대범하고 통이 큰 다윗을 선택하셨구나! 하는 감탄을 하게 됩니다. 어쩌면 왕정의 다사다난한 일에 그의 인심과 정이 흘러넘치는 것을 발견하게 됩니다.

본문에서도 왕정이나 하시고, 자잘한 일은 하속들에게 시킬 법도 한데, 어렵고 힘든 일 하나 하나를 직접 참여하여 다스리신다는 사실을 보면서 역시 하나님은 사람을 참 잘 보시는구나! 하는 생각을 하게 됩니다. 다윗은 자기 목숨을 끝까지 찾아 죽이려 했던 사울 왕가의 유족들을 챙기고 배려했습니다. 이런 점이 진정한 '나라 사랑의 길'이기도 합니다.

오늘의 말씀

1. 다윗이 사울의 남은 집안을 돌봅니다(삼하 9:1~8).

목동의 자리에서 하나님의 전적인 선택으로 왕위에 오른 다윗은 외적인 영토 확장과 내적인 안정으로 평안을 누리게 되자, 요나단과 맺은 약속(삼상 18:1~3, 20:14~17, 42)을 기억하고 사울의 남은 가족들을 수소문하여 호의를 베풀어줍니다. 여인의 사랑보다 더했던 요나단과 다윗의 우정은 다윗에게 하나님 앞에서 끝까지 서로의 가족을 지켜 주기로 맹세했던 일을 잊지 않고, 그의 혈육인 므비보셋을 찾아 그를 왕족의 일원으로 대우하게 합니다. 이런 다윗의 호의에 므비보셋은 감격합니다.

· 함께 읽어요 : 사무엘하 9장 8절

“8 그가 절하여 이르되 이 종이 무엇이기에 왕께서 죽은 개 같은 나를 돌아보시나이까? 하니라.”

2. 다윗은 므비보셋과 그의 권속에게 은총을 베풉니다(삼하 9:9~13).

다윗은 요나단과의 맺은 언약에 따라 므비보셋과 그의 권속에게 은총을 베풉니다(9~13절).

① 므비보셋을 자신의 식탁에서 함께 식사하도록 명했습니다. 므비보셋은 다섯 살 때 사울과 요나단의 사망 소식이 전해졌을 때, 유모가 그를 안고 도망을 치다 그를 떨어뜨려 평생 절뚝발이로 살았습니다. 그런 장애를 가진 미브보셋을 친 자식처럼 왕의 식탁에서 함께 먹도록 할 때, 그는 크게 감격했습니다.

② 사을의 종이었던 시바를 불러서 그에게 므비보셋의 가족도 섬기라고 명했습니다. 그리고 그는 사울 왕의 유산을 모두 므비보셋에게 돌려주었고, 왕가의 한 사람 같이 대우했습니다.

다윗은 요나단과의 약속을 철저하게 지켰습니다. 그 이상으로 그의 남은 가족들을 보살펴 주도록 모든 행정력을 동원해 그를 돕게 했습니다. 사랑하는 성도 여러분! 사람과의 약속도 하나님과의 약속같이 잘 지키시기 바랍니다.

· 함께 읽어요 : 사무엘하 9장 13절

“13 므비보셋이 항상 왕의 상에서 막으므로 예루살렘에 사니라. 그는 두 발을 다 절었더라.”

3. 다윗이 므비보셋에게 베푼 세 가지 은총이 있습니다(삼하 9:9~13)

동서를 막론하고 새 왕이 등극하면 옛 왕과 그 일가를 멸족시키는 것이 관례입니다. 하지만 다윗은 요나단과의 언약을 지키기 위하여 사울 왕가의 후손에게 은총을 베풀었습니다. 감당하기 힘들 정도로 큰 은혜를 받은 것에 감격한 므비보셋은 상대적으로 자신이 은혜 받을 만한 가치가 없는 존재임을 깨닫게 된 것입니다.

그렇습니다. 인간은 하나님께서 베푸시는 구속의 은혜를 경험할 때 자신이 죽어야 할 죄인임을 깨닫게 되고, 나약한 존재임을 알게 되고, 비참한 현실 역시 절감하게 됩니다.

다윗이 므비보셋에게 베푼 세 가지 은총이 무엇입니까?

① 다윗은 멸족되어 마땅한 므비보셋에게 '무서워 말라'는 말로 평안을 주었습니다. 성도들도 예수 그리스도 안에서 평안을 얻게 되었습니다.

② 다윗은 므비보셋에게 잃었던 기업, 즉 사울에게 속했던 것을 모두 돌려주었습니다. 성도들도 아담으로 말미암아 잃었던 영원한 기업을 예수 그리스도 안에서 다시 찾게 되었습니다.

③ 다윗은 므비보셋에게 왕의 상에서 먹도록 그를 배려해 줌으로써 그의 신분을 회복시켜 주었습니다. 성도들도 예수 그리스도 안에서 하나님의 자녀가 되는 권세를 받음으로써 영예로운 신분을 얻게 되었습니다.

성도 여러분! 오늘 우리 성도들에게 주신 세 가지 은총은 창세전에 예수 그리스도 안에서 하늘에 속한 모든 신령한 복을 우리에게 주신 것입니다(엡 1:3). 하나님 우리 아버지와 주 예수 그리스도로부터 은혜와 평강을 받았으니 이웃의 허물을 덮어주면서 이웃사랑 실천하기 바랍니다. 이것이 나라사랑의 길임을 명심하시기 바랍니다.

· 함께 읽어요 : 에베소서 1장 5절

"5 그 기쁘신 뜻대로 우리를 예정하사 예수 그리스도로 말미암아 자기의 아들들이 되게 하셨으니"

정리하는 말

사랑하는 성도 여러분! 여러분은 '애국'(愛國)이 무엇이라고 생각하십니까? 각 자 처한 상황에서 국민의 의무를 잘 이행하는 것이라고 대답할 것입니다.

그러나 우리 성도들은 종적으로 '하나님을 잘 섬기고 사랑하라.'는 것이 첫째이고, 둘째는 횡적으로 '이웃을 내 몸 같이 사랑하라.'는 이 두 가지 계명을 잘 지켜야 하는 것입니다. 하나님께서는 우리 민족으로 일제의 36년, 그리고 동족상잔의 비극 6·25를 겪게 하신 것은 우리로 하여금 성숙한 신앙과 세계선교를 감당하도록 우리를 훈련시키시고, 연단하신 것입니다. 여러분은 이웃의 허물을 덮어주며 사랑하시기 바랍니다.

평가와 결심

1. 다윗이 나라가 내외적으로 안정을 찾자 무엇을 했습니까?
   (삼하 9:1~8, 사울의 남은 가족들을 챙겼음)
2. 요나단과의 약속 지키기 위해 무엇을 했습니까?
   (삼하 9:9~13, 요나단의 아들 므비보셋을 왕가 가족처럼 챙김)
3. 므비보셋에게 베푼 은총이 무엇입니까?
   (삼하 9:9~13, ① 평안을 줌 ② 기업 돌려줌 ③ 왕의 상에서 먹게 함)

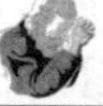

주간 경건의 시간 <24> · 날마다 말씀과 함께

요일 / 내용	주일/월(Mon)	화(Tue)	수(Wed)	목(Thu)	금(Fri)	토(Sat)
찬송	93동 / 91동	347 / 382	348/ 388	314 / 511	315 / 512	309 / 409
성경	삼하8:/삼하9:	삼하 10:	삼하 11:	삼하 12:	삼하 13:	삼하 14:
적용	어디를 가든/ 므비보셋	암몬과의 전쟁	디윗과 밧세바	나단의 책망	암논과 다말	압살롬 귀향

* 열심의 척도는 흥미 있는 일에서 취하여야 한다. < E. W. 틸 >

6단원 애국 실천의 달

선한 이웃이 되라

찬송 / 385, 220, 380 / 통 435, 278, 424
성경 / 사무엘하 21:1-14
요절 / 사무엘하 22:4
"내가 찬송 받으실 여호와께 아뢰리니 네 원수들에게서 구원을 받으리라."
목표 / 교회생활이나 사회생활에서 선한 이웃이 되는 태도를 기른다.

시작하는 말

본문은 다윗 시대에 일어난 여러 일들 가운데 두 가지 사건에 대해 다루고 있습니다. 대기근과 블레셋과의 전쟁은 표면적으로 서로 연관이 없는 듯 보이지만 이를 통해 다윗이 통일 이스라엘을 견고케 했습니다. 성경의 사건 사건은 그 하나로 동떨어져 있는 것이 아니라 하나님의 원대한 구속사적인 사건으로 연계되어 있습니다. 하나님께서 이스라엘 전역에 기근을 주심으로 앞만 보고 달려왔던 것을 반성하게 합니다. 또한 기브온 사람들의 원한을 풀어주는 모습에서 우리는 모든 면에서 율법적으로 옳게만 살면 되는 것이 아니라는 사실을 깨달아야 합니다. 그렇습니다. 억울한 이웃의 호소에 귀를 기울이시기 바랍니다.

오늘의 말씀

1. 다윗이 통일 이스라엘을 공의로 견고케 합니다(삼하 21:1~14).

사랑하는 성도 여러분! 성도들도 세상을 살아가면서 믿지 않는 사람들과 똑같이 자연적인 재앙을 겪기도 합니다. 본문에 그렇게 선한 일들을 지혜롭게 처리한 다윗 왕 때에 하필이면 3년간이나 계속 기근이라는 자연적인 재앙을 통해 주시고자 하시는 교훈이 무엇이겠습니까? 똑같이 재앙을 당하지만 그 재앙에 대해 어떻게 대처하느냐하는 문제는 다릅니다. 본문에서 다윗과 이스라엘은 하나님께 무릎을 꿇어 기도했습니다. 그때 비로소 하나님의 이름으로 화친한 기브온 사람들을 멸한 사울의 죄로 인해 기근이 들었음을 알게 되었습니다. 그들의 요구대로 사울의 자손 일곱을 내어줄 때에 요나단과의 맺은 언약을 기억하고 요나단의 아들 므비보셋은 보호하고 다른 자손들을 목을 매도록 내어줍니다.

· 함께 읽어요 : 사무엘하 21장 1절

"1 다윗의 시대에 해를 거듭하여 삼년 기근이 있으므로 다윗이 여호와 앞에 간구하매 여호와께서 이르시되 이는 사울과 피를 흘린 그의 집으로 말미암음이니 그가 기브온 사람을 죽였음이니라 하시니라."

2. 다윗이 하나님의 은혜로 이스라엘을 견고케 합니다(삼하 21:15~22).

두 번째 사건은 다윗과 그 용사들이 끊임없이 이스라엘을 위협하는 블레셋을 물리친 내용입니다. 그는 소년시절에 여호와의 이름을 의지하여 블레셋의 거인 골리앗을 물맷돌로 쓰러뜨려 용사로서의 면모를 드러내 보였습니다. 청년 시절 사울에게 쫓겨 다니면서 노련한 전략가로서 경험을 쌓기도 했습니다. 한때 블레셋에 가서 왕 아기스의 보호를 받은 적도 있어서 블레셋에 대해서는 잘 알고 있었습니다. 수차례 블레셋을 물리치곤 했지만 블레셋은 늘 이스라엘에게 가시 같은 존재였습니다.

이번에는 노구를 이끌고 나갔다가 피곤하여 장대한 자의 아들 중 이스비브놉이 다윗을 죽이려 하므로 아비새 장군이 도와 그를 죽여 위기를 면했습니다(15~17절).

· 함께 읽어요 : 사무엘하 21장 17절

"17 스루야의 아들 아비새가 다윗을 도와 그 블레셋 사람을 쳐 죽이니 그 때에 다윗의 추종자들이 그에게 명세하여 이르되 '왕은 다시는 우리와 함께 전장에 나가지 마옵소서. 이스라엘의 등불이 꺼지지 마옵소서하니라."

3. 다윗의 용사들이 블레셋 장대한 자들을 이겼습니다(삼하 21:15~22).

다윗의 용사들은 다윗을 끔찍이 아꼈습니다. 그들의 말대로 다윗은 이스라엘의 등불 같은 존재였기 때문입니다. 다윗의 별이 지는 날 그들은 어둠을 느껴야 했을 것입니다. 그러나 용사들이 함께 했기 때문에 그들을 물리치고 승리했습니다. 근본적인 이유가 무엇이겠습니까?

첫째로, 블레셋의 장대한 자들은 그 장대함으로 인하여 교만해졌으나 하나님께서는 반드시 인간의 거만을 꺾으십니다. 블레셋이 자신들의 힘만 믿고 이스라엘을 침략하다 거듭 패배한 역사적인 사실을 통해서도 알 수 있듯이, 하나님을 알지 못한 채 교만해져서 자신의 힘만으로 일을 행하려 하면 하나님께서는 반드시 그 교만을 꺾으십니다. 즉 하나님께서는 이스라엘 용사들을 사용하셔서 블레셋의 장대한 자들의 교만을 꺾으신 것입니다. 성도 여러분! 믿는 자도 하나님의 뜻을 거스르면 그 교만 됨 역시 꺾으신다는 것을 명심하시기 바랍니다.

둘째로, 다윗과 그 용사들은 여호와를 향한 확고한 믿음으로 장대한 자들을 이겼습니다. 다윗과 그 용사들은 거인 족이 아니었고, 힘이 센 사람들도 아니었습니다. 그럼에도 불구하고 이들이 블레셋의 거인 족을 이길 수 있었던 것은 오로지 여호와를 믿는 믿음 때문이었습니다.

다윗이 믿음으로 골리앗을 물리쳤듯이 다윗의 용사들도 이러한 믿음으로 장대한 자들을 물리칠 수 있었던 것입니다. 성도들이 세상에서, 영적인 싸움에서 반드시 이길 수 있는 것은 믿음 때문입니다.

· 함께 읽어요 : 요한일서 5장 4절

"4 무릇 하나님께로부터 난 자마다 세상을 이기느니라. 세상을 이기는 승리는 이것이니 우리의 믿음이니라."

정리하는 말

사랑하는 성도 여러분! 여러분의 이웃이 누굽니까? 여러분들은 이웃에게 선한 이웃이 되고 있습니까? 다윗에게는 선한 이웃만 있었던 것이 아닙니다. 정말 다루기 힘들고, 역겹고, 어려운 사울 왕 같은 이웃들도 있었습니다. 그러나 다윗은 압살롬 같은 아들도, 요압 같은 장군도 지혜와 슬기로 선한 이웃으로 삼았습니다. 바로 그 점이 다윗을 '하나님의 마음에 합한 사람'으로 만든 것입니다. 이런 선한 이웃의 삶으로 금생 내세에 축복 받으시기 바랍니다.

평가와 결심

1. 다윗이 통일 이스라엘을 견고케 한 첫째 이유가 무엇입니까?
   (삼하 21:3~6, 선왕 사울 때에 기브온 사람 죽인 일 공의로 치리)
2. 다윗이 이스라엘을 견고케 한 둘째 이유가 무엇입니까?
   (삼하 21:15~22, 이스라엘에 믿음을 보필한 장군들의 도움이 있었음)
3. 다윗 용사들이 블레셋 용사들을 이긴 이유는 무엇 때문입니까?
   (삼하 21:15~22, ①저들의 교만 ②다윗 용사들 여호와를 믿음)

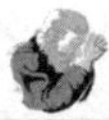

주간 경건의 시간 <25> · 날마다 말씀과 함께

요일 / 내용	주일/월(Mon)	화(Tue)	수(Wed)	목(Thu)	금(Fri)	토(Sat)
찬송	73동 / 27동	68 / 32	67 / 31	191 / 427	347 / 382	426 / 215
성경	삼하15/삼하16	삼하 17:	삼하 18:	삼하 19:	삼하 20:	삼하 21:
적용	압살롬 반역/ 다윗과 시바	아히도벨	압살롬 의 피신	요압의 항의	세바의 반역	기브온 소원 성취

* 선한 행위라고 할지라도 열심히 하지 않는 것은 믿을 수가 없다.

< 존 로버트 실리, 1834-1895 > 영국 작가

제26과

나라 사랑을 실천하라

찬송 / 534, 390, 382 / 통 324, 444, 432
성경 / 사무엘하 23:1-17
요절 / 사무엘하 23:3
"이스라엘의 하나님이 말씀하시며 이스라엘의 반석이 내게 이르시기를 사람을 공의로 다스리는 자, 하나님을 경외함으로 다스리는 자여!"
목표 / 성도로서 힘써 나라 사랑을 실천하는 태도를 기른다.

시작하는 말

본문 22장과 23장의 찬송 시는 다윗이 수많은 전쟁을 겪으면서 체험했던 하나님의 구원하심을 노래하고 있습니다. 다윗은 이 찬송 시에서 체험을 통해 알게 된 여호와 하나님이 어떤 분이신지 고백하고, 그 구원의 하나님을 노래합니다. 찬송 시는 이렇게 습작 시가 아니라 신앙이 완숙 상태에서 자신의 체험적인 하나님을 노래해야 하는 것입니다. 다윗은 수많은 전쟁을 통해서 순간마다 역사하셔서 승리하게 하셨던 그분을 어떻게 의뢰했고, 하나님께서 어떤 방법으로 자신에게 승리를 안겨 주셨으며, 또 어떻게 열방 중에서 자신을 높이셨는지 생생하게 노래하고 있습니다. 그의 찬송 시는 '하나님의 구원을 찬송함'(22:1~51)입니다.

오늘의 말씀

1. 다윗에게 주어진 영원한 언약을 노래합니다(삼하 23:1~7).

다윗은 왕정 초기에 여호와께서 자신을 구원해 주신 것에 대해 감사하며 찬송했습니다. 다윗은 통치 말기에 이르러 성령의 인도하심에 따라 자신과 그 집을 영원히 형통케 하시겠다는 하나님의 약속의 예언을 선포합니다. 성경에 나타난 다윗의 예언과 유사한 예로는 야곱의 유언과 모세의 고별사가 있습니다. 다윗의 마지막 말이 이들의 마지막 말과 다른 점은 그 후손들에 대한 약속 외에, 다윗에 대한 약속이 후손에 관해서보다 더 많이 포함되어 있다는 것입니다. 더욱이 다윗의 마지막 말은 신의 계시로 인한 성령의 예언이었습니다.

· 함께 읽어요 : 사무엘하 23장 5절

"5 내 집이 하나님 앞에 이같지 아니하냐 하나님이 나와 더불어 영원한 언약을 세우사 만사에 구비하고 견고하게 하셨으니 나의 모든 구원과 나의 모든 소원을 어찌 이루지 아니하시랴.

2. 다윗 왕국의 용사들의 명단과 활약상이 나타납니다(삼하 23:8~39).

위에서 자신과 자신의 집안을 이끄시고 축복해 주신 하나님을 찬양하고, 하나님께서 성령을 통해 축복해 주신 영원한 언약의 말씀을 선포한 다윗은 이제 자신을 도와 여호와의 전쟁을 수행했던 충직한 용사들의 명단과 그들의 활약상을 소개합니다.

1) 첫째 세 용사(요셉밧세벳, 엘르아살, 삼마)를 소개 합니다23:8~12). 그들의 첫째가는 용사의 조건이 소개됩니다.

① 용맹스러움과 ② 하나님께서 함께 하신다는 용기와 믿음입니다.

2) 둘째 세 용사가 보인 충성심입니다(13~17절).

① 자신들의 목숨을 아끼지 않았습니다.

② 세 용사가 길어온 우물물을 다윗은 여호와께 부어드렸습니다.

③ 경솔한 말에 목숨까지 걸고 길어오도록 한 자신의 잘못을 반성했습니다.

3) 삼십 용사가 있었습니다(24~39절).

이들은 명단만 소개하고 있습니다. 실제로는 삼십칠 명의 용사요, 이

중에 39절에 나오는 '헷 사람 우리아'는 다윗이 자신의 죄를 은폐하려고 전장에서 불러들여 집으로 보내 아내와 동침 시키려했지만, 그는 거절하고 다음날 바로 전쟁터로 돌아간 충직한 장수였습니다.

· 함께 읽어요 : 사무엘하 23장 39절
"39 헷 사람 우리아라 이상 총수가 삼십칠 명이었더라."

3. 다윗은 용사들이 길어 온 물을 마시지 아니했습니다(삼하 23:13~19).

블레셋 전투에서 피곤해진 다윗은 자기 고향 근처에 이르자 갑자기 베들레헴 우물의 물이 마시고 싶어졌습니다. 이에 충성스럽고 용맹스러운 세 용사가 적진을 뚫고 들어가 과감하게 물을 길어 오는데, 다윗은 그 물을 마시지 아니했습니다. 그 용사들이 목숨을 걸고 길어온 것이라는 사실을 깨닫고 한 모금도 마시지 않은 채로 하나님 앞에 바쳐졌던 것입니다. 왜냐하면 다윗의 경솔한 한 마디로 충성스럽고 용맹스러운 세 용사가 목숨을 잃을 번했기 때문입니다. 그들이 길어온 물은, 곧 그들의 '피'이기 때문에 다윗은 마실 수 없었던 것입니다. 율법에서 '피'를 먹지 말라고 금지했으므로(레위기17:10절), 다윗은 그 물을 하나님의 제단에 바칩니다. 이것은 다윗의 신전 의식의 모본입니다. 한편, 여기서 하나님은 자발적인 충성과 헌신한 세 용사들을 통해 이스라엘을 큰 위기에서 구원하셨다는 사실을 기억하시기 바랍니다.

하나님께서는 어떤 상황 하에서든지 하나님 나라와 복음을 위해 투자하는 사람들의 헌신적인 봉사와 충성을 값지게 보신다는 사실입니다.

구약적인 헌신의 방법인 '십일조'가 불쌍한 이웃을 위해 드렸든, 하나님의 창고에 드렸든 결과는 하나님께서 기억하시고, 보상해 주십니다.

· 함께 읽어요 : 사무엘하 23장 16절
"16 세 용사가 블레셋 사람의 진영을 돌파하고 지나가서 베들레헴 성문 곁 우물물을 길어 가지고 다윗에게로 왔으나 다윗이 마시기를 기뻐하지 아니하고 그 물을 여호와께 부어 드리며"

정리하는 말

사랑하는 성도 여러분! 여러분들의 믿음은 어떤 수준에 속한다고 생각하십니까? 첫 번째 세 용사? 아니면 두 번째 세 용사? 아니면 삼십 용사의 수준입니까? 그런 수준은 못되더라도 하나님께서는 여러분들의 충성과 헌신을 기뻐하시게 받으시는 것을 믿으시기 바랍니다. 작은 일에서부터 나라 사랑, 교회사랑 실천하여 충성을 다시기 바랍니다.

평가와 결심

1. 본문의 다윗의 찬송 시는 어떤 내용입니까?
   (삼하 23:2, 성령에 의해서 영원한 언약을 노래함)
2. 첫 번째 세 용사의 조건은 무엇이었습니까?
   (삼하 23:8~12, ① 용맹 ② 하나님이 함께 하신다는 용기와 믿음)
3. 세 용사들의 길어 온 우물물을 어떻게 했습니까?
   (삼하 23:16, 마시지 않고 여호와께 부어드림)

주간 경건의 시간 <26> · 날마다 말씀과 함께

요일 / 내용	주일/월(Mon)	화(Tue)	수(Wed)	목(Thu)	금(Fri)	토(Sat)
찬송	93동 / 91동	90 / 98	66 / 20	191 / 427	347 / 382	347 / 382
성경	삼하22:/삼하23:	삼하 24:	왕상 1:	왕상 2:	왕상 3:	왕상 4:
적용	승전가/ 다윗 유언	인구 조사	다윗의 노년기	솔로몬에게 유언	지혜를 구함	솔로몬 신하들

* 모든 고상한 열정은 열광적인 단계를 지나고 나서야 더욱 더 지혜롭고 진진하게 된다. < 윌리엄 엘러리 채닝, 1780~1842 > 미국 유일교회 목사

생동하는 말씀으로 찬양하라

찬송 / 501, 292, 254 / 통일 255, 415, 186
성경 / 시편 1:1-6
요절 / 시편 1:2
"오직 여호와의 율법을 즐거워하여 그의 율법을 주야로 묵상하는 자로다."
목표 / 세상에서 말씀으로 찬양하는 습관과 태도를 가지도록 한다.

시작하는 말

본문은 시편 전체의 요약으로 말씀에 뿌리를 둔 사람은 반드시 좋은 열매를 맺을 수밖에 없다는 근본적 원리를 보여줍니다. 세상에는 수없이 많은 노래 속에 인간이 살아갑니다. 허무한 가사에 뿌리를 둔 노래들을 잘 부르는 사람들은 허무하게 생을 마감하는 것을 보게 됩니다. 그래서 본 단원에서는 '찬송(讚頌)[1] 부흥'에 대하여 공부하면서 진정한 찬송가(讚頌歌)를 통하여 교회부흥의 역사를 일으켜 가고자 합니다. 가정과 교회에서 찬송이 살아나 부흥으로 이어지기를 바랍니다.

오늘의 말씀

1. 부정적인 삶에 대한 태도와는 함께하지 않는 것입니다(시 1:1).

시인은 복 있는 사람은 ① 악인의 꾀를 따르지 않습니다(1절). '악인'

1) 찬송(讚頌): 미덕을 칭찬함. 감사하여 칭찬함. 찬송가(讚頌歌): 하나님께 감사하고 구세주를 찬송하는 노래.

이란 계속적으로 악에 빠져드는 사람입니다.

② 죄인들의 길에 서지 않습니다(1절). '죄인의 길'이란 죄인이 자신의 원리에 따라 방향과 목적이 없이 살아가는 삶의 방식, 방법, 형태를 뜻합니다.

③ 오만한 자의 자리에 앉지 아니합니다(1절). '오만한 자'란 고의적이고도 공개적으로 하나님께 등을 돌리는 삶을 사는 자를 말합니다.

믿는 자가 악한 자들의 삶과 구별되어 그것을 거부하는 가장 큰 이유는 그 모든 것이 그에게 기쁨이 되지 않고 괴로움이 되기 때문입니다.

· 함께 읽어요 : 시편 1편 1절

"1 복 있는 사람은 악인들의 꾀를 따르지 아니하며 죄인들의 길에 서지 아니하며 오만한 자들의 자리에 앉지 아니하고"

2. 율법에 대하여 즐거워하고 묵상합니다(시 1:2).

율법, 곧 하나님의 말씀에 대한 복 있는 사람의 태도는 두 가지로 나타납니다.

1) 여호와의 율법을 즐거워합니다(2절). 복 있는 자가 하나님의 말씀을 즐거워한다는 것은 말씀에 대한 적극적인 태도를 의미합니다.

① 하나님의 말씀을 맛본 자이니, 입맛이 당깁니다. 경험한 자입니다.

② 하나님의 자녀에게만 발견할 수 있는 특성입니다.

③ 구원받은 자의 특징입니다. 즉 영생을 가진 자들의 특징입니다.

율법은 옛 것이로되 언제나 새로운 것입니다. 그래서 새 계명입니다. 율법은 불법과 불의의 시대에 공의를 가르쳐 주는 기준이요, 다림줄이 되기 때문에 즐거워해야 하는 것입니다.

2) 주야로 묵상합니다(2절). 하나님의 말씀을 깊이 관찰하고 그 깨달음으로 자기 삶을 비추는 것입니다. 따라서 말씀을 되새김질 합니다.

· 함께 읽어요 : 시편 1편 2절

“2 오직 여호와의 율법을 즐거워하여 그의 율법을 주야로 묵상하는 자로다.”

3. 비유를 통해 의인과 악인의 모습을 보여줍니다(시 1:3~4).

시인은 복 있는 자와 악인의 두 길과 그 결과를 비유를 통하여 보여줍니다.

1) 의인의 행사가 형통합니다(3절). 의인은 복 있는 사람입니다.

① 복 있는 자는 시냇가에 심은 나무가 철을 따라 열매를 맺습니다. 물가에 심은 나무는 그 뿌리를 강변에 뻗치고, 더위가 와도 걱정 없고, 가뭄에도 걱정이 없습니다. 시절을 따라 풍성한 열매를 맺습니다.

② 그 잎사귀가 마르지 아니합니다. 한여름에도 잎사귀가 풍성한 나무여서 아름다웠기에 가을에 열매가 풍성한 것입니다.

2) 악인은 바람에 나는 겨와 같습니다.

3) 악인에 대한 심판은 심각합니다(시 1:5~6). 진정 복 있는 사람은 현재의 삶이 형통치 못하고 괴롭더라도 하나님의 공의의 심판이 있기에 참고 인내하며 찬양합니다.

① 최종적으로 불의가 들어납니다(5절). 악인은 하나님의 심판을 견디지 못합니다.

② 의인들의 모임에 들지 못합니다.

4) 악인들의 길은 망합니다(6절). 의인의 길은 하나님께서 인정하십니다. 그러나 악인들의 길은 망합니다.

사랑하는 성도 여러분! 이러한 최종적인 결론은 우리로 하여금 삶을 진지하게 생각하도록 만듭니다. 하나님께서 의인들의 길은 인정하신다는 말은 하나님께서 의인을 평생에 걸쳐 돌보신다는 것입니다. ♬ 주님을 찬송하면서 나 주님만 따라가리. ♬ 찬송할 이유가 여기 있는 것입니다.

· 함께 읽어요 : 시편 1편 6절

“6 무릇 의인들의 길은 여호와께서 인정하시나 악인들의 길은 망하리로다.”

정리하는 말

사랑하는 성도 여러분! 세상에서 성도가 왜 기죽지 않고 살아갈 수가 있는 것입니까? 우리들이 연약하고 부족할지라도 하나님께서 인정하시고 결국 최후의 승자가 되게 하시기 때문입니다. 우리 성도들이 찬양할 이유가 여기 있는 것입니다. 그러나 악인들의 길은 망합니다. 꺼져가는 모닥불 같습니다. 시인은 "잠시 후에 악인이 없어지리니 네가 그곳을 자세히 살필지라도 없으리로다."(시 37:10)라고 노래합니다. 하나님을 섬기는 의인들이 되어 최후 승리자가 되시기 바랍니다.

평가와 결심

1. 복 있는 사람의 부정적인 면은 어떤 것이 있습니까?
   (시 1:1. ① 악인의 꾀 따르지 않고, ② 죄인의 길에 서지 않음)
2. 복 있는 사람의 율법에 대한 태도는 무엇이었습니까?
   (시 1:2, ① 하나님의 말씀을 즐거워하며 ② 주야로 묵상함)
3. 의인들의 길, 악인들의 길의 결국은 어떻게 됩니까?
   (시 1:6, ① 여호와께서 인정하시나 ② 악인의 길은 망함)

주간 경건의 시간 <27> · 날마다 말씀과 함께

요일 / 내용	주일/월(Mon)	화(Tue)	수(Wed)	목(Thu)	금(Fri)	토(Sat)
찬송	122동 / 91동	174/ 161	175 /162	176 / 163	184/ 173	183/ 172
성경	시 1: /시 2:	시 3:	시 4:	시 5:	시 6	시 7:
적용	복 있는 자/ 하나님 규례	하나님의 도우심	적절한 기도	나의 왕 하나님	적절한 응답들	나의 방패

* 만일 상식이 태양의 광택을 갖지 못하면 그것은 별들의 부동성을 가지고 있다.

<카발레로 , 1797~1877> 캐실리아 드 파브르의 필명, 스페인 소설가

7단원 찬송 부흥의 달

제28과

찬송하며 전하리라

찬송 / 381, 370, 347 / 통 425, 455, 382
성경 / 시편 9:1-12
요절 / 시편 9:1
"내가 전심으로 여호와께 감사하오며 주의 모든 기이한 일들을 전하리다."
목표 / 날마다 찬송하며 전하는 태도를 기른다.

시작하는 말

이번 달은 교회학교들이 여름성경학교를 엽니다. 학생들이 즐거운 마음으로 찬송하며 복음을 전파하는 계기로 삼았으면 좋겠습니다. 성경학교에서 배운 하나님의 말씀을 간증하며, 찬송하며 전파하면 하나님께서 얼마나 기뻐하시겠습니까? 여기에 관심을 가져 주셨으면 좋겠습니다.

본문에서 시인은 환난과 역경을 당하면서도 하나님께 감사하며, 찬송하고 있습니다. 진정 이러한 성도가 진짜 성도입니다. 기관이나 속회에서 행사가 있을 때 내 뜻에 안 맞는다고 삐치고, 속상해 하면서 토라진다면 찬송의 삶은 이루어지지 않습니다. 내가 먼저 양보하고, 기관과 속회, 교회의 부흥을 위해 감사와 찬양의 삶을 살아가시기 바랍니다.

오늘의 말씀

1. 환난 당하면 더 아름다운 찬송이 흘러나옵니다(시 9:1~4).

시냇물 소리가 졸졸 아름답습니다. 그러나 시냇물이 흐르는 곳에서 조약돌을 치워버리면 시냇물 소리는 그쳐버리는 법입니다. 시편에서 가장 아름다운 시를 많이 남긴 분은 다윗입니다. 그의 삶은 목동에서 이스라엘 통일왕국의 왕으로 등극하기까지 참으로 견딜 수 없는 숱한 역경과 고통을 겪었습니다. 본문에서 다윗의 영성 깊은 시를 보게 됩니다.

① 기쁨의 감사와 찬양을 드립니다(1절). 시인은 과거와 현재 동일하게 하나님께서 자신의 소망의 근거가 된다는 사실을 믿고 찬송합니다.

② 구원을 확신하며 주의 이름을 찬송합니다(2절). 과거에도 지켜 주신 하나님이 미래에도 구원해 주실 것을 찬송하고 있습니다.

③ 전망과 회고 속에 찬양을 드립니다(3~4절). 시인은 과거 이스라엘에 행하신 하나님의 구원을 회상하며 자신을 악인의 손에서 건져내실 하나님을 신뢰하며 하나님의 공의와 변호를 확신하고 있습니다.

· 함께 읽어요 : 시편 9편 2~3절

"2 내가 주를 기뻐하고 즐거워하며 지존하신 주의 이름을 찬송하리니 3 내 원수들이 물러갈 때에 주 앞에서 넘어져 망함이니이다."

2. 전망과 회고 속에 찬송 드리고 있습니다(시 9:5~10).

1) 시인은 악한 열방들은 영영히 도말될 것이라고 전망하며, 여호와를 찬양합니다.

① 영영히 도말될 악한 열방들이라고 전망합니다(5절).

② 미래를 확신하는 근거는 과거 역사에 대한 회고입니다(6절).

2) 시인은 하나님의 공의를 확신합니다(7~8절).

① 현재의 심판을 위한 하나님의 재판정이 준비 되었습니다(7절). 재판정에 좌정하신 하나님의 변함없는 심판이 준비되어 있습니다.

② 하나님의 심판은 '공의', '정직'을 근거로 그 표준이 분명합니다.

2) 하나님은 의지하는 자의 산성이 되십니다(9~10).

① 위기 때에 우리의 산성(山城)이 되십니다(9절).

② 환난은 하나님을 아는 기회가 됩니다(10절). 압제와 환난을 당할 수록 믿는 자는 하나님을 더욱 깊이 알게 됩니다. 하나님은 더 잘 안다는 것은 믿는 자가 더 강건하게 된다는 의미이기도 합니다.

· 함께 읽어요 : 시편 9편 10절

"10 여호와여 주의 이름을 아는 자는 주를 의지하오리니 이는 주를 찾는 자들을 버리지 아니하심이니이다."

3. 하나님은 찬양받으시기에 합당하신 분이십니다(시편 9:11~12).

본문에서 시인은 하나님을 찬양받으시기 합당하다고 노래합니다.

11절을 함께 읽겠습니다. "너희는 시온에 계신 여호와를 찬송하며 그의 행사를 백성 중에 선포할지어다."

① 시온에 거하신 여호와를 찬양하며 선포합니다(11절).

12절을 함께 읽습니다. "피 흘리심을 심문하시는 이가 그들을 기억하심이여 가난한 자의 부르짖음을 잊지 아니 하시 도다."

② 가난한 자들이 흘린 피의 보수 자이신 여호와이십니다(12절).

그분은 억울하게 피를 흘린 것을 지나치시지 않습니다. 반드시 갚아주십니다. 무죄한 자의 피를 찾으시는 하나님은 의에 대하여 신실하시며 온전한 공의를 집행하시는 분이십니다.

세상은 가난한 자를 돌보지 않습니다. 늘 멸시하고 천대를 합니다. 그들은 가난하고 힘이 없기 때문에 세상의 권세 자들 아래서 압제당하며 부당한 대우를 받는 경우가 허다합니다. 그러나 하나님은 가난한 자들을 귀하게 여기시고, 그들 가운데 거하시며, 그들의 부르짖음에 귀를 기울이십니다.

· 함께 읽어요 : 이사야 42장 3절

"3 상한 갈대를 꺾지 아니하며 꺼져가는 등불을 끄지 아니하고 진실로 정의를 시행할 것이며"

정리하는 말

사랑하는 성도 여러분! 여러분들의 생애 가운데 가장 힘들었던 때가 언제라고 생각하십니까? 그때 여러분들의 신앙은 어떠했습니까? 아마 가장 힘들고 어려웠을 때에 여러분들의 신앙의 열심이 지금보다 더했을 것입니다. 찬송도 더 부르고, 기도도 더 열심히 하고, 말씀도 더 열심히 읽었을 것입니다. 어렵고 힘들었을 때에 주님은 더 가까이 계셨고, 늘 함께 하셨기 때문입니다. 어려우나 힘들 때나 찬송하며 전도하시기 바랍니다. 더 뜨거운 열심을 가지고 충성 다하시기 바랍니다.

평가와 결심

1. 찬송은 어느 때 더 영혼 깊은 아름다운 찬송이 흘러나옵니까?
   (시 9:1~2, 어렵고 힘들 때 환난 역경을 당한 후에)
2. 다윗의 찬송 내용은 어느 때를 아우르는 찬송입니까?
   (시 9:5~10, 과거 역사적인 사건과 미래의 전망을 아우르는 찬송임)
3. 찬송 받으시기 합당하신 분은 누구십니까?
   (시 9:11~12, 가난한 자를 돌보시는 하나님이심)

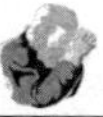

주간 경건의 시간 <28> · 날마다 말씀과 함께

요일 / 내용	주일/월(Mon)	화(Tue)	수(Wed)	목(Thu)	금(Fri)	토(Sat)
찬송	91동 / 93동	370 / 455	365/484	354 / 395	356 / 396	347 / 383
성경	시 8:/시 9:	시 10:	시 11:	시 12:	시 13:	시 14:
적용	주의 이름 / 궁핍한 자	고아를 도우심	의인을 감찰하심	안전지대	주의 얼굴	어리석은 자

* 사람은 최고의 정상에 도달할 수는 있다 그러나 그 자리에 오래 머물 수는 없다.

< 죠지 버나드 쇼, 1856~1950 > 영국 극작가, 비평가

찬송의 은혜를 받으라

찬송 / 491, 510, 509 / 통 543, 276, 314
성경 / 시편 19:1-14
요절 / 시편 19:1
"하늘이 하나님의 영광을 선포하고 궁창이 그의 손으로 하신 일을 나타내는 도다.
목표 / 피조물 자연계처럼 찬송의 은혜를 받아 찬송하는 태도를 기른다.

시작하는 말

가장 위대한 찬송은 우주의 대합창이며 관현악일 것입니다. 오늘날 우리가 기보법(記譜法)[2]에 의해 표현할 수 없는 멜로디와 화음까지 온갖 악기들이 총동원되어 연주되는 대합창과 관현악은 그 누구도 흉내 낼 수 없는 최고의 음악일 것입니다. 득도(得道)[3]의 단계에 이르기 위해 폭포 소리와 대 풍랑의 파도소리를 뛰어넘는 음악들을 연주하려고 했던 옛 소리꾼들도 있었습니다. 본문에 나타난 대자연의 은혜 받은 찬송을 배워 천지만물을 창조하신 창조주 하나님께 '시편찬송'으로 은혜의 찬송과 찬양을 드리시기를 간절히 부탁드립니다.

오늘의 말씀

1. 대자연이 여호와 하나님의 영광을 찬양합니다(시 19:1~6).

---

2) 기보법(記譜法): 오선보나 기타 방법에 의해 악보를 표현하는 방법.

3) 득도(得道): 도를 깨침. 오묘한 뜻을 깨침.

본문의 시는 자연에 계시된 하나님의 창조의 영광을 깊은 경외심과 함께 예술적인 통찰력으로 찬송하고 있습니다.

1) 자연이 드러내는 하나님의 영광을 찬송합니다(19:1~6절)

① 하늘이 하나님의 영광을 증언 합니다(1절).

② 낮과 밤은 창조주의 영광을 신비롭게 전합니다(2~4절). 낮은 낮에게 말하고, 밤은 밤에게 지식을 전합니다. 날마다 달마다 해마다 웅장한 우주의 신비를 더해 찬송하도록 전해줍니다.

③ 태양이 하나님의 영광을 드러냅니다(4~6절). 인간이 들을 수 없는 언어로 하나님의 존재를 알려줍니다. 천지만물이 하나님의 영광을 노래합니다. 시편은 찬송가의 가장 좋은 찬송 시(讚頌 詩)입니다.

· 함께 읽어요 : 시편 19장 2~3절

"2 날은 날에게 말하고 밤은 밤에게 지식을 전하니 3 언어도 없고 말씀도 없으며, 들리는 소리도 없으나 4 그의 소리가 온 땅에 통하고 그의 말씀이 세상 끝까지 이르도다. 하나님이 해를 위하여 하늘에 장막을 베푸셨도다."

2. 여호와의 율법이 드러내는 영광의 특성이 있습니다(시 19:7~11).

하나님의 창조물에 대한 찬양을 통해 하나님의 영광을 드높인 시인은 이제 그 같은 피조물보다 더 탁월한 것, 즉 하나님께서 인간들을 위해 주신 율법을 찬양합니다. 모든 피조물들이 전능자이신 하나님의 광휘와 영광을 계시해 주는 한편 하나님의 율법은 다른 측면에서 하나님의 영광을 증언합니다.

인간을 향해 주어진 하나님의 자기 계시는 일반적으로 자연을 통해서 일방적으로 나타나지만 특별하게는 인간과 교제하시는 '말씀', 즉 '율법'을 통해서 분명하게 전해집니다. 시편은 영감 있는 찬송 시입니다.

1) 율법은 신앙인의 삶을 온전케 합니다(7~9절). 다르게 표현되었습니다.

① 여호와의 율법(7절). ② 여호와의 증거(7절). ③ 여호와의 교훈(8절). ④ 여호와의 계명(8절). ⑤ 여호와를 경외하는 도(9절). ⑥ 여호와의 규례(9절).

2) 율법은 신앙인의 삶에 가장 가치 있는 것입니다(10~11절).

① 정금과 송이 꿀보다 귀합니다(10절). ② 유익과 축복을 줍니다(11절).

· 함께 읽어요 : 시편 19편 10절
"10 금 곧 많은 순금보다 더 사모할 것이며 꿀과 송이 꿀보다 더 달도다."

3. 시인은 겸손히 자기를 알고 겸손하게 기도합니다(시 19:12~14)

자연과 율법, 이 두 가지 속에 나타난 하나님의 무한하신 영광을 깊이 묵상하며 체험한 시인은 이제 자기를 돌아봅니다. 모든 면에서 완전하신 분이신 하나님을 생각하여 볼 때 자신은 그런 하나님 앞에 서 있기에는 너무 초라한 존재임을 깨닫게 됩니다. 자연의 신비하고 광대함을 통해 하나님의 엄위하신 영광을 느끼고 완전하고 거룩한 율법을 통해 하나님을 경외하게 된 사람이 자신을 바라볼 때 느끼는 겸허함을 표현하는 것입니다. 시편 찬송(詩篇 讚頌)이야말로 찬송 중에 찬송(讚頌)입니다.

1) 진정한 상급이 주어집니다(12~13절). ① 허물에서 자유 함입니다(12절). ② 고의 적인 죄에서의 자유 함입니다(13절).

2) 온전한 증언자가 되기를 소원합니다(14절).

하늘이 하나님의 흠 없는 증언자가 되었듯이 이제 시인은 자신의 '입의 말'과 '마음의 묵상'도 주님 앞에 열납(悅納)[4]되어 하나님을 전하는 깨끗한 증언자가 되기를 원합니다. 그의 간구와 찬송은 절정에 달합니다. 자연과 율법을 통하여 위엄 있는 권능과 지혜와 의를 나타내신 하나님은 도저히 인간이 가까이 갈 수 없는 거룩하고 위대하신 분이시지만, 오직 그분의 놀라우신 은혜를 인하여 보잘 것 없는 인간을 용납하시고 교제할 수 있도록 하셨습니다. 개혁교회 유산 중 하나가 시편찬송입니다.

· 함께 읽어요 : 시편 19편 14절
"14 나의 반석이시오 나의 구속자이신 여호와여 내 입의 말과 마음의 묵상이 주님 앞에 열납 되기를 원하나이다."

---

4) 열납(悅納): 기쁘게 받으심.

정리하는 말

사랑하는 성도 여러분! 어떤 시인은 하루에 한 번 쯤은 하늘을 우러러 보라고 했습니다. 하이든은 우주의 광활하고 위대함과 경이로움을 '천지창조'라는 오라토리오를 작곡했습니다. 이제 여러분들은 개혁교회의 유산인 시편찬송, 칼빈의 [시편찬송가][5]를 자주 부르시기 바랍니다.

평가와 결심

1. 시인은 하늘이 누구의 영광을 선포한다고 하였습니까?
   (시 19:1, 하늘이 하나님의 영광을 선포한다고 함)
2. 자연 피조물들의 찬송보다 더 확실한 계시는 무엇입니까?
   (시 19:7~11, 여호와의 율법, 증거, 교훈, 계명, 도, 규례)
3. 시인의 깨달음이 무엇이며, 위대함이 무엇입니까?
   (시 19:11~14, 자신의 초라한 모습을 발견하고 겸손히 간구함)

주간 경건의 시간 <29> · 날마다 말씀과 함께

요일 / 내용	주일/월(Mon)	화(Tue)	수(Wed)	목(Thu)	금(Fri)	토(Sat)
찬송	83동 / 89동	415/ 471	414 / 475	442 / 499	462 / 517	461 / 519
성경	시 15:/시 16:	시 17:	시 18:	시 19:	시 20:	시 21:
적용	주의 성산/ 줄로 잰 구역	눈동자 같이	나의 힘 여호와	하나님의 영광 선포	성소에서 도움	아름다운 복

* 인생에 있어서 가장 힘든 때는 자기가 하는 방법으로는 좀 더 쉽게 일을 처리할 수 없을 때이다. < 엘렌 글레스고우, 1874~1945 > 미국 소설가

---

5) 한국어판 [칼빈의 시편 찬송가](서울: 진리의 깃발사, 2009) 편찬위원: 서창원, 신소섭, 이귀자, 주성희

7단원 찬송 부흥의 달

큰 소리로 주를 찬양하라

찬송 / 374, 445, 524 / 통 423, 502, 313
성경 / 시편 22:22-31
요절 / 시편 22:22
"내가 주의 이름을 형제에게 선포하고 회중 가운데에서 주를 찬송하리이다."
목표 / 크리스천으로서 큰 소리로 찬양하는 태도를 기른다.

시작하는 말

신약의 그리스도인들은 본 시편을 십자가에 달리셨던 메시야의 고난과 승리의 노래로 기억합니다. '엘리 엘리 라마 사박다니', '나의 하나님 나의 하나님 어찌하여 나를 버리셨나이까?' 부르짖음 속에 주님께서는 운명하셨습니다. 새도 큰 소리로 울고 나서야 숨을 거둔답니다. 순교하신 성도들은 가장 혹독한 핍박을 당할 때, 그들은 신앙을 지키면서 찬송을 부르며 숨을 거두었습니다. 성도 여러분! 십자가 위에서 그리스도께서는 '크게 소리 질러' 하나님을 부르셨습니다. 험난한 세상을 살아가면서 어렵고 힘들 때 은혜로운 '찬송'을 큰 소리로 부르짖어 노래 부르시기 바랍니다. 하나님께서 영적인 새 힘을 주실 것입니다.

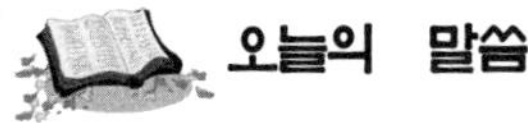

오늘의 말씀

1. 고난 중에 탄식은 노래가 되었습니다(시 22:1~11).

본 시편은 십자가 수난의 의와 고난의 본질에 대한 이해와 안목을 갖게 해줍니다. 예수님은 하나님으로서 인간의 모든 고난과 죽음까지도 경험하셨기에 체휼하신 그대로 우리를 이해하시고 받아주시며 위로하심으로써 인도해 주실 수 있습니다.

① 하나님께 버림받았다는 느낌으로 절규합니다(1~5절).

여기 하나님('엘': אל)이란 용어는 '나의 강하신 분이시여!'라는 뜻을 나타내는 호칭입니다. 시인은 하나님께 많은 기도를 드렸습니다.

② 사람들에게서 조롱받는 고통을 호소합니다(6~8절). 시인은 고난 속에 하나님께 처절한 하소연과 끊임없는 기도를 드리고 있습니다.

③ 평생에 의지했던 하나님께 다시 호소합니다(9~11절).

여러분! 가슴이 답답하고 힘들고 어려울 때 더 '큰 소리로 찬송'을 불러 보세요. 걱정과 두려움이 확(모두) 날아갈 것입니다.

· 함께 읽어요 : 시편 22편 1절

"1 내 하나님이여 내 하나님이여 어찌 나를 버리셨나이까? 어찌 나를 멀리 하여 듣지 아니 하시 오며, 내 신음 소리를 듣지 아니하시나이까?"

2. 시인의 극한 고통이 심연의 찬송을 부르게 합니다(시 22:12~21).

① 시인은 극한 고통을 호소합니다(12~18절).

우리 성도들이 고난과 고통을 당할수록 대적 자들은 마치 거대하고 포악한 짐승처럼 기세등등하게, 성도를 위협하고 있습니다. 그 위협은 가히 시인을 압도하고 두려움을 불러일으킬 정도이기에, 시인은 그들을 마치 자신에게 머리를 들이대고 돌진하며 입을 벌려 공격하는 짐승과 같다고 고백합니다. 시인과 그리스도의 고난의 차이점은 이 시인은 죽음에서 벗어나는 구원을 체험하지만 예수께서는 실제로 죽으셨고, 다시 살아나셨다는 것입니다. 시인의 위기는 자발적이거나 대속 적이지도 않지만 예수님의 죽으심은 대속(代贖)을 위한 자발적인 것입니다.

② 마지막 간구와 응답의 확신입니다(19~21절).

시인은 그 극심한 고난 속에서도 지탱하는 신앙의 관건은 하나님의 임재 여부에 달려 있다는 사실을 거의 본능적으로 인식하고 있습니다. 성도여러분! 세상을 살다보면 별 별 일을 다 당합니다. 이런 때 전능하신 하나님만을 의지하고 부르짖고 찾는 찬송을 준비하시기 바랍니다.

♬ 무거운 짐을 나 홀로 지고 견디다 못해 쓰러질 때/ 불쌍히 여겨 날 구해 줄 이 은혜의 주님 오직 예수! ♬

· 함께 읽어요 : 시편 22편 18~19절
"18 내 겉옷을 나누며 속옷을 제비 뽑나이다 19 여호와여 멀리 하지 마옵소서. 나의 힘이시여 속히 나를 도우소서."

3. 간구에 대한 응답과 복 주심에 대한 감사와 찬양입니다(시 22:22~31).

시의 두 번째 부분은 고난의 탄원 이후에 그에게 일어난 기도의 응답으로 인한 찬양과 감사입니다. 하나님께서 베풀어주신 구원을 증언하면서 그것을 통하여 '하나님께는 고난 받는 자에게 실제적인 구원을 베풀어주심'에 대해 근본적인 신앙 문제에 대해 증거하고 있습니다.

① 형제들과 함께 기쁨을 누립니다(22~26절). 죽음으로 몰아넣었던 고난에서 벗어나자 "내가 주의 이름을 형제에게 선포하고 회중 가운데에서 주를 찬송 하리이다."(22절)라고 찬송합니다.

② 온 세상에 선포될 하나님의 주재 되심입니다(27~31절). 시인은 거룩하신 하나님이 자신에게 베푸신 은혜로 인하여 개인적인 감사와 찬양을 올렸으며, 그 찬양을 통해 온 백성이 하나님을 찬양하도록 초청했습니다. 성도들은 우주적인 하나님의 통치와 구원을 찬양해야 합니다. 성도의 궁극적 승리를 보장해 주시니, 확신을 갖고 큰 소리로 찬양하시기 바랍니다.

· 함께 읽어요 : 시편 22편 27절
"27 땅의 모든 끝이 여호와를 기억하고 돌아오며 모든 나라의 모든 족속이 주의 앞에 예배하리니"

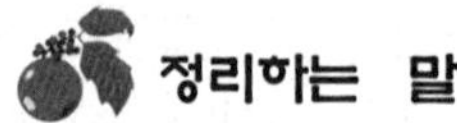

정리하는 말

사랑하는 성도 여러분! 여러분은 하루에도 몇 번씩 삶의 현장에서 대적 자들의 공격을 받습니까? 그런 때에 어떻게 대처하십니까? 같이 욕하고 다투십니까? 그런 때 조용히 십자가에 달리셔서 조롱당하신 예수 그리스도를 묵상하면서 '큰 소리로 찬송'을 부르십시오. 담대한 믿음과 주님의 임재를 경험하게 될 것입니다. 성도 여러분! 지금까지 지켜주시고, 인도해 주신 하나님께 '감사 찬송'을 부르시면서 영적으로 새 힘을 얻어 승리하시기를 바랍니다.

평가와 결심

1. 시인의 고난 중 탄식이 무엇이 되었습니까?
   (시 22:1~11, 고난 중 탄식이 찬송이 되었음)
2. 극한 심연의 고통 중에 찬송한 이유가 무엇이었습니까?
   (시 22:19~21, 극한 고난 중에 간구에 대한 응답으로 찬송하게 됨)
3. 극한 고난 중에 감사와 찬송을 통해 얻은 결과가 무엇입니까?
   (시 22:42, 모든 족속이 주 앞에 돌아와 예배드림)

주간 경건의 시간 <30> · 날마다 말씀과 함께

요일 / 내용	주일/월(Mon)	화(Tue)	수(Wed)	목(Thu)	금(Fri)	토(Sat)
찬송	93동 / 91동	375/ 421	417/ 476	430 / 456	429 / 489	457 / 510
성경	시 22:/시 23:	시 24:	시 25:	시 26:	시 27:	시 28:
적용	찬송 중 / 나의 목자	영광의 왕	성실과 정직	감사의 소리	여호와 나의 빛	손을 들고

* 성공하기 어렵다고 생각하며 중단한다면 이미 그대는 실패한 것이다.

< 윌리엄 G. 밀네스 >

8단원 기관 부흥의 달

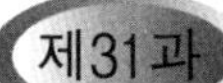
제31과

주님의 손길 안에서 성장하라

찬송 / 491, 490, 500 / 통일 543, 542, 258
성경 / 출애굽기 2:1-10
요절 / 출애굽기 2:10
"그 아기가 자라매 바로의 딸에게로 데려가니 그가 그의 아들이 되니라 그가 그의 이름을 모세라 하여 이르되 이는 내가 그를 물에서 건져내었음이라 하였더라."
목표 / 하나님의 백성은 주님의 손길에 자라가는 태도를 갖게 한다.

시작하는 말

8월은 '기관 부흥의 달'입니다. 하나님께서 세워주신 기관 중에 '가정'이 있습니다. 두 번째는 '교회'가 있습니다. 세 번째는 '국가'가 있습니다. 이러한 기관을 우리에게 주심은 기관들을 통해 하나님의 나라가 세워지도록 도와야 한다는 것입니다. 또한 교회에는 병설로 운영되는 학교나 유치원 등이 있고, 직영되는 주일학교나 찬양대라는 기관이 있습니다. 이러한 기관이 부흥하고 잘 될 때 교회가 부흥하고 가정도 잘되고, 국가도 부흥하게 되는 것입니다. 이러한 기관들이 총체적으로 부흥하려면 어떻게 해야 하겠습니까? 출애굽기를 통해 그 방안을 찾아보려 합니다.

오늘의 말씀

1. 모세 어머니는 자신의 신분을 알고 지혜롭게 행동합니다(출 2:1~4).

본문은 장차 이스라엘을 애굽의 노예생활에서 영광의 탈출을 주도한 지도자 모세의 출생과 성장과정에 대하여 다루고 있습니다. 모세는 위대한 '믿음의 어머니'에 의해서 출생되고, 성장됩니다.

① 그녀는 신분이 낮은 히브리인 여자 노예였습니다(1절). 당시 이스라엘은 한 세기 정도 종살이 해오고 있었습니다. 모세의 부모 역시 애굽의 노예로서 혹독한 노역을 하며, 가난하고 궁색한 생활을 하면서 재산이라고는 없는, 개선의 여지가 없는 생활을 해오고 있었습니다.

② 그러나 그녀는 용기 있고, 의로운 여자였습니다(2절). 미리암과 첫 아들 아론을 낳을 때만 해도 '히브리 사내아이를 낳으면 죽이라'는 애굽 왕의 명령은 없었습니다. 아론은 벌써 3살입니다.

③ 그녀는 지혜로운 여자였습니다(2:3~4절). '사내아이를 낳으면 죽이라'는 왕의 명령 하에서 '잘 생긴 아들'을 낳아 그녀는 석 달을 숨겨 기르다 두려워서 갈대상자를 만들고 역청과 나무진을 칠하고 아기를 거기 담아 나일강가 갈대 사이에 두고 그의 누이가 지켜보도록 했습니다.

· 함께 읽어요 : 출애굽기 2장 3절

"3 더 숨길 수가 없게 되매 그를 위하여 갈대상자를 가져다가 역청과 나무진을 칠하고 아기를 거기 담아 나일 강 가 갈대 사이에 두고"

2. 그녀는 하나님의 주권적인 인도의 손길을 보았습니다(출 2:5~8).

하나님의 인도에 따라 모든 일이 모세의 어머니가 세운 계획대로 진행되었습니다. 사랑하는 성도 여러분! 여기서 우리가 주목해야 할 것은 이 사건 전체를 통해 나타난 하나님의 인도의 손길, 즉 하나님의 주권을 보게 됩니다. 하나님의 성령이 그 작은 상자와 그 안에 누워 있는 아이 주변을 운행하고 있었습니다. 어떻게 모든 것이 합력하여 선을 이루었는지 주목하기 바랍니다. 모세의 어머니는 아이의 목숨을 살리려고 그로 하나님의 사역에 사용되게 해달라며 기도하고 하나님을 믿었습니다.

· 함께 읽어요 : 출애굽기 2장 7~8절

“7 그의 누이가 바로의 딸에게 이르되 내가 가서 당신을 위하여 히브리 여인 중에서 유모를 불러다가 이 아기에게 젖을 먹이게 하리이까? 8 바로의 딸이 그에게 이르되 가라 하매 그 소녀가 가서 그 아기의 어머니를 불러오니”

3. 모세 어머니인 그녀는 믿음의 상을 받았습니다(출 2:9~10).

모세의 어머니는 그녀가 바라고 기도했던 일이 바로 그 눈앞에 이루어진 것입니다. 그녀가 가장 원했던 최선의 길이 그녀에게 열린 것입니다.

① 그녀의 아이에게 젖을 먹일 수 있게 되었습니다(9절).

미리암이 그 아기의 어머니를 바로의 딸에게 데려가자 바로의 딸은 그녀를 모세를 돌보는 자로 고용했습니다. 이제 모세의 어머니는 고된 노동을 하지 않더라도 돈을 받으면서 젖을 먹이게 되었습니다.

② 하나님께서 선을 이루시는 것을 보게 되었습니다(10절).

모세가 일정한 나이가 되었을 때, 그의 어머니는 그를 공주에게 데려갔고, 모세는 바로의 딸의 아들이 되었습니다. 아이의 이름을 ‘모세’라 지은 자는 바로의 딸이라는 사실을 주목하시기 바랍니다.

모세(משה : 모쉐)라는 이름은 ‘내가 그를 물에서 건져내었다.’는 의미입니다. 어떻게 하나님께서 바로의 악한 계획에도 불구하고 그것을 통해 선을 이루게 하셨는지를 주목하시기 바랍니다. 하나님께서 바로로 하여금 이스라엘을 노예상태에서 구하여 낼 지도자가 될 아이를 먹이시고 입히시고 자라게 하셨습니다.

· 함께 읽어요 : 출애굽기 2장 10절

“10 그 아기가 자라매 바로의 딸에게로 데려가니 그가 그의 아들이 되니라 그가 그의 이름을 모세라 하여 이르되 이는 내가 그를 물에서 건져내었음이라 하였더라.”

정리하는 말

사랑하는 성도 여러분! 여러분들은 누구의 손길에 의해서 양육되고 있습니까? 장차 출애굽의 대 지도자 모세의 출생과 성장의 모습을 보면서 하나님의 자녀들과 기관들이 어떻게 양육되어야 하는 가를 배우게 됩니다. 바로 '주님의 손길'에 의해서 양육될 때 가장 선하고 위대한 '기관 부흥의 지도자'가 된다는 사실을 명심하고 모든 성장의 원리로 삼으시고 적용, 실천하시기 바랍니다.

평가와 결심

1. 모세의 어머니는 어떻게 행동합니까?
   (출 2:1~4. 히브리인 노예인 신분을 알고 지혜롭게 행동함)
2. 기도하고 맡긴 모세의 어머니는 무엇을 보게 됩니까?
   (출 2:5~8, 하나님의 주권적인 인도의 손길)
3. 모세 어머니의 믿음의 결과는 어떤 응답을 보게 됩니까?
   (출 2:9~10, ① 아이 젖 먹이게 됨 ② 선을 이루게 됨)

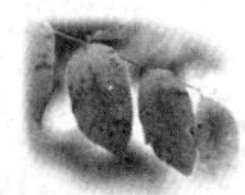

주간 경건의 시간 <31> · 날마다 말씀과 함께

요일 내용	주일/월(Mon)	화(Tue)	수(Wed)	목(Thu)	금(Fri)	토(Sat)
찬송	74동 / 86동	15 / 55	32 /48	92 / 97	151 / 138	180 /168
성경	출 1:/출 2:	출 3:	출 4:	출 5:	출 6:	출 7:
적용	야곱 가족/ 모세 출생	미디안 행	모세에게 능력주심	바로 앞에 서다	모세 부르심	대언 자 아론

* 성공과 같이 계속 이어지는 것은 없다. <알렉산더 뒤마, 1802~1870> 프랑스 소설가

제32과

웰빙 전도를 실천하라

찬송 / 415, 220, 365 / 통 471, 278, 484
성경 / 출애굽기 12:1-28
요절 / 출애굽기 12:13절하
"내가 피를 볼 때에 너희를 넘어가리니 재앙이 너희에게 내려 멸하지 아니하리라."
목표 / 성도로서 웰빙 전도를 실천하는 태도를 기른다.

시작하는 말

본문에서 유월절은 이스라엘 역사에 있어서 가장 의미심장한 사건입니다. 이 유월절을 계기로 이스라엘 월력이 바뀌었습니다. '유월절'이란 하나님께서 자신의 백성을 '애굽 사람들의 노예상태로부터'와 '죽음의 재앙으로부터' 구원하신 사건의 절기를 가리킵니다.

유월절 예식은 신약의 성만찬처럼 제사드림을 통해 하나님께서 이스라엘백성들을 구원하신 사건을 눈으로 확인시켜 주시는 것입니다.

사랑하는 성도 여러분! 오늘날 교회에서 이루어지는 행사를 통하여 자연스럽게 '하나님의 구원하심'을 보여주는 '웰빙 전도'의 방법들을 개발하여 교회마다 가정마다 '웰빙 전도'를 실천하시기 바랍니다.

오늘의 말씀

1. 웰빙 전도의 현장에서 이웃과 나누며 친교해야 합니다(출 12:1~4).

신약성경에서 '웰빙 전도'의 하이라이트는 아무래도 십자가 사건을 보여주면서 가진 '성만찬'의 현장이 아닐까 생각합니다. 가장 극적이면서도 알기 쉽게 이해시키고, 평생 잊지 못할 사건으로 구속의 방법과 사건을 실물교육을 통하여 가르쳐주셨습니다. 여기에 재료는 평시에 주식으로 했던 '빵'(떡)과 음료로 마셨던 '포도즙'이었습니다.

본문에서는 앞으로 전개될 출애굽 사건을 준비하면서 '어린 양'을 잡아 고기는 불에 구워서 나누어 먹었습니다. '무교병'은 앞으로 있을 긴 행군을 위해 준비된 든든한 식사였습니다. 여러분! 이웃을 초대하여 이웃과 함께 식사를 나누면서 '웰빙 전도'를 전개해 보시기 바랍니다.

· 함께 읽어요 : 출애굽기 12장 4절

"4 그 어린 양에 대하여 식구가 너무 적으면 그 집의 이웃과 함께 사람 수를 따라서 하나를 잡고 각 사람이 먹을 수 있는 분량에 따라서 너희 어린 양을 계산 할 것이며"

2. 어린 양은 믿는 자를 위해 대신 죽으신 그리스도이십니다(출 12:10~13).

유월절 어린 양에 대한 하나님의 목적이 무엇이었습니까? 이스라엘의 장자를 대신해서 죽는 데 있었습니다. 하나님께서는 믿는 자들을 위해 죽을 대속 자가 있어야 한다는 것을 보여주시고자 했습니다. 유월절 어린 양의 목적은 무엇이었습니까?

① 첫 번째 목적은 심판과 관계가 있었습니다(12절). 하나님께서는 애굽 사람들은 물론 동물까지 불신앙과 우상숭배로 심판의 대상이었습니다.

② 유월절 어린 양의 두 번째 목적은 믿게 하는데 있었습니다(13절). 문설주에 발라놓은 '유월절 어린 양의 피'는 그 사람이 하나님을 믿는다는 표시였습니다. 우리도 '예수 그리스도의 피'를 이웃에게 알려주어야 합니다. 피에 대한 믿음이 그들을 구원하였듯이 십자가에서 흘리신 그리스도의 보혈이 만민들의 죄악을 씻으셨고, 그 사실을 믿는 죄인들을 구원하시는 것입니다.

· 함께 읽어요 : 베드로전서 1장 18~19절

"18 너희가 알거니와 너희 조상이 물려 준 헛된 행실에서 대속함을 받은 것은 은이나 금 같이 없어질 것으로 된 것이 아니요. 19 오직 흠 없고 점 없는 어린 양 같은 그리스도의 보배로운 피로 한 것이니라."

3. 어린 양의 피는 그리스도의 피의 구속을 가리킵니다(출 12:13~14).

희생된 어린 양의 피는 한 사람의 생명이 다른 사람의 생명을 대신한다는 것을 상징합니다. 만일 우리가 그리스도의 피가 우리를 덮는다는 사실을 진정으로 믿는다면, 예수 '그리스도의 피'는 우리의 죽음을 상징하는 것이 됩니다. 우리는 예수 그리스도의 피를 믿을 때에 구원을 받는 것입니다.

세례 요한은 예수께서 자기에게 나아오심을 보고 "보라! 세상 죄를 지고 가는 하나님의 어린 양이로다"라고 했습니다. 분명히 이 구절을 통해서 우리는 예수님이 누구신가 하는 것을 알게 됩니다.

① 어린 양의 피가 그를 정죄하지 않도록 했습니다.

② 그 피에 대한 믿음이 그들을 구원했습니다.

③ 희생된 어린 양의 피는 한 사람의 생명이 다른 사람의 생명을 대신한다는 것을 상징합니다.

④ 하나님의 어린 양이 세상 죄를 지고 가셨습니다.

분명히 하나님께서는 피를 보실 때에 그 집을 넘어가시겠다고 말씀하셨습니다. 그 피는 미신적인 표시가 아니었습니다. '피 흘림이 없은즉 죄 사함이 없다'는 위대한 대속의 원리가 하나님의 말씀을 처음부터 끝까지 꿰뚫고 있습니다.

· 함께 읽어요 : 히브리서 9장 12, 22절

"12 염소와 송아지의 피로 하지 아니하고 오직 자기의 피로 영원한 속죄를 이루사 단번에 성소에 들어가셨느니라. 22 율법을 따라 거의 모든 물건이 피로써 정결하게 되나니 피 흘림이 없은즉 사함이 없느니라."

정리하는 말

사랑하는 성도 여러분! 오늘 본문이 출애굽기 전체 내용의 핵심입니다. 오늘 요절이 출애굽기 요절입니다. 하나님의 어린 양이신 예수 그리스도의 피의 속죄를 통하여 만인이 구원을 얻게 된 것입니다.

십자가에서 흘리신 보혈은 바로 예수 그리스도께서 만민의 구세주 되셔서 우리의 모든 죄악을 대속하시고 용서해 주심을 확신케 해 주기에 충분합니다. 가정마다 구역마다 교회마다 '웰빙 전도' 실천하여 화끈한 '복음 전도'하셔서 기관부흥, 구역부흥 이루시기를 간절히 소원합니다.

평가와 결심

1. 웰빙 전도 현장에서 무엇을 어떻게 하고 나눠 먹어야 합니까?
   (출 12:5~13, 피는 문설주에 바르고, 불에 구운 어린 양의 고기)
2. 유월절에 죽임 당한 어린 양은 과연 누구를 상징합니까?
   (출 12:13~14, 만인의 죄를 위해 죽으신 예수 그리스도)
3. 좌우 문설주에 발라진 유월절 양의 피는 무엇을 상징합니까?
   (출 12:7~11, 그 피를 보고 넘어갔으니 그리스도의 피의 대속)

주간 경건의 시간 <32> · 날마다 말씀과 함께

요일 / 내용	주일/월(Mon)	화(Tue)	수(Wed)	목(Thu)	금(Fri)	토(Sat)
찬송	21동 / 23동	303/403	302 / 408	347/ 382	366 / 485	380 / 424
성경	출 8:/ 출 9:	출 10:	출 11:	출 12:	출 13:	출 14:
적용	세 재앙(1)/ 세 재앙(2)	두 재앙	마지막 재앙	유월절	첫 태생구별	홍해 도하 작전

* 만족하게 살고, 때대로 웃으며, 많이 사랑한 사람이 성공했다. <A. J. 스탠리 부인>

찬양함으로 서로 소통하라

찬송 / 380, 458, 150 / 통 424, 513, 135
성경 / 출애굽기 15:1-27
요절 / 출애굽기 15:21
"미리암이 그들에게 화답하여 이르되 너희는 여호와를 찬송하라 그는 높고 영화로우심이요 말과 그 탄자를 바다에 던지셨음이로다하였더라.
목표 / 교회생활이나 사회생활에서 찬양으로 소통하는 태도를 기른다.

시작하는 말

드디어 억압의 애굽 노예생활을 청산하고, 위대한 영도자 모세를 위시하여 백성들의 장로들이 앞장서 큰물이 넘실거리는 홍해를 마른 땅같이 건넜습니다. 요셉 때에 가나안에서 애굽으로 내려간 후 400년만의 일입니다. 칠십여 가족들이 떠났었지만 이제는 대 민족을 이루어 영광의 탈출을 하게 된 것입니다. 하나님은 이스라엘을 구원하시고 가나안 땅으로 인도하셔서 하나님의 나라를 건설하기 위해서입니다.

본문은 절망의 짙은 먹구름이 가시고 초자연적인 홍해 도하(渡河)[6]로서 구원의 감격을 맛본 이스라엘이 부른 '대 찬양'입니다.

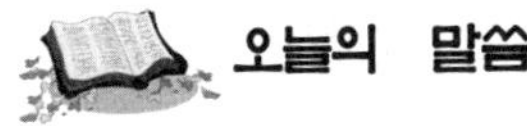

오늘의 말씀

1. 하나님의 위대하심을 찬양합니다(출 15:1~2).

하나님의 구원하심을 경험할 때, 즉 우리의 삶에 역사하시는 그분의

6) 도하(渡河) : 강을 건넘, 도강(渡江)함.

손길의 능력을 경험할 때 우리 마음은 언제나 기쁨과 환희로 가득 찹니다. 그리고 찬양이 우리 마음속에 솟아납니다. 구원이 크면 클수록 찬양은 더욱 우리를 하나님께로 나아가도록 촉진시켜 줍니다.

본문의 노래는 하나님을 찬양하는 내용입니다. 이것은 주님께 드리는 노래입니다. 주님은 마땅히 찬양받으실 분이십니다.

① 여호와의 영화로우심과 승리하심을 노래합니다(1절). 그분은 무장한 기병들을 바다에 던져 넣으셨습니다. 애굽 군대를 홍해에 빠뜨리셨습니다.

② 여호와께서 찬양과 헌신을 받으시기에 합당하십니다(2절). 여호와는 나의 힘이요. 노래시며, 구원이시요. 나의 하나님, 내 아비의 하나님이시라고 찬양 합니다.

· 함께 읽어요 : 출애굽기 15장 2절

"2 여호와는 나의 힘이요 노래시며 나의 구원이시로다. 그는 나의 하나님이시니 내가 그를 찬송할 것이요 내 아버지의 하나님이시니 내가 그를 높이리로다."

2. 하나님의 위대한 구원을 찬양합니다(출 15:3~12).

이 찬양은 하나님의 위대하신 구원을 보여주는 노래입니다.

① 그분의 이름으로 구원하십니다(3~5절).

② 그분의 오른손의 능력으로 구원하십니다(6절).

③ 그분의 큰 위엄으로 구원하십니다(7절).

④ 콧김으로 홍해의 물을 다스림으로 구원하십니다(8절).

⑤ 대적들의 증오, 자랑과 자만을 물리치심으로 구원하십니다(9~10절).

· 함께 읽어요 : 출애굽기 15장 11절

"11 여호와여 신(神) 중에 주와 같은 자가 누구니이까? 주와 같이 거룩함으로 영광스러우며 찬송할 만한 위엄이 있으며 기이한 일을 행하는 자가 누구니이까?"

3. 하나님의 영광스러운 목적을 찬양합니다(출 15:13~18).

1) 이 노래는 하나님의 영광스러운 목적, 즉 구속된 자들을 그분의 거룩하신 처소로 인도하신다는 사실을 노래한 것입니다.

① 하나님의 목적의 근원은 자비하심과 사랑하심입니다(13절).

② 하나님의 인도하심의 영향력입니다(14~16절).

열방들은 듣고 떨 것입니다. 적들은 고통 속에 있게 될 것입니다. 약속된 땅에 이르기 위해 행진하는 하나님의 백성들을 대적한 적들은 낙담할 것입니다.

2) 특별한 찬양과 춤의 노래입니다(15:19~21).

이는 하나님의 백성 가운데 여성들이 특별한 찬양과 춤으로 노래한 것입니다. 여기 세 구절들은 일반적으로 '미리암의 노래'라고 일컬어집니다. 미리암은 모세가 어렸을 때, 그를 사랑스럽게 돌봤던 큰 누이였습니다.

① 언제-하나님의 영광스러운 구원 후에 부릅니다(19절).

② 여선지자 미리암이 춤과 찬양을 인도합니다(20절).

③ 노래의 내용입니다(21절).

21절을 함께 읽겠습니다. "미리암이 그들에게 화답하여 이르되 너희는 여호와를 찬송하라. 그는 높고 영화로우심이요 말과 그 탄자를 바다에 던지셨음이로다 하였더라."

여호와 하나님의 전적인 보호하심과 계략 속에 그분이 앞장서서 싸우심으로 이스라엘은 저절로 구원을 얻었습니다.

열방들이 그 소식을 듣고 다 놀랐습니다. 그들의 노래와 합창은 땅과 하늘을 찌를 듯이 그 찬양소리 드높았습니다. 할렐루야!

· 함께 읽어요 : 출애굽기 15장 20절

"20 아론의 누이 선지자 미리암이 손에 소고를 잡으매 모든 여인도 그를 따라 나오며 소고를 잡고 춤추니"

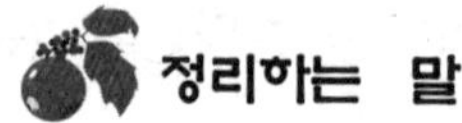

정리하는 말

사랑하는 성도 여러분! 건전한 음악은 함께 부르는 분들의 마음을 하나로 묶습니다. 어느 시대나 대중가요가 어떻게 흐르느냐에 따라 민족성이 달라지기도 합니다. 이스라엘이 출애굽 하여 홍해를 하나님의 권능으로 건너고, 그들은 모세의 가르치는 노래는 함께 불렀습니다.

너나 할 것 없이 그들은 하나님 찬양으로 소통하게 된 것입니다. 하나의 노래가 한 나라의 흥망을 좌우 할 수도 있습니다. 본문의 노래, '구원의 노래'는 이스라엘 회중을 하나로 묶었습니다. 우리 성도들은 주님의 복음 안에서 함께 찬양을 부르면서 기쁨으로 소통하시기 바랍니다.

평가와 결심

1. 본문에서 찬양의 내용 첫 번째가 무엇입니까?
   (출 15:1~2, 하나님의 위대하심을 찬양)
2. 본문에서 두 번째 찬양의 내용이 무엇입니까?
   (출 15:3~12, 하나님의 위대하신 구원하심을 찬양)
3. 본문에서 세 번째 찬양의 내용이 무엇입니까?
   (출 15:13~18, 하나님의 영광스러운 목적을 찬양함)

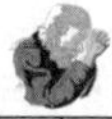

주간 경건의 시간 <33> · 날마다 말씀과 함께

요일 / 내용	주일/월(Mon)	화(Tue)	수(Wed)	목(Thu)	금(Fri)	토(Sat)
찬송	73동 / 74동	299 / 418	301/ 460	347 / 382	365 / 484	364 / 482
성경	출 15:/출 16:	출 17:	출 18:	출 19:	출 20:	출 21:
적용	모세의 노래/ 만나 메추라기	반석에서 물이 남	이드로 방문	시내산에 이름	십계명	종, 살인 율례

* 열심의 척도는 흥미 있는 일에서 취하여야 한다. < E. W. 틸 >

제34과

긍정적인 생활을 하라

찬송 / 303, 220, 302 / 통 403, 278, 408
성경 / 출애굽기 23:20-33
요절 / 출애굽기 23:25
"네 하나님 여호와를 섬기라 그리하면 여호와가 너희의 양식과 물에 복을 내리고 너희 중에서 병을 제하리니"
목표 / 교회생활이나 사회생활에서 긍정적인 생활을 하는 태도를 기른다.

시작하는 말

본문은 400년간이나 종살이하던 애굽을 떠나 홍해를 기적으로 건너고, 도착한 곳이 시내산 주변입니다. 이곳에서 하나님께서는 신국(神國)[7] 백성들이 다스려질 십계명 선포와(출 20:), 사법제도(출 23:1~9), 종교법(출 23:10~19)을 말씀하시고, 위에 제시한 모든 율법의 결론을 말씀하십니다. 300만 이상이 시내산 아래 광야에 있었습니다.

이스라엘 공동체를 하나님의 뜻에 맞게 다스리기 위한 시민법, 오늘날 우리에게도 많은 교훈을 주고 있는 시민법입니다. 여러분 성도들의 행복을 위해 주신 법들을 긍정적으로 받아 순종하는 생활하시기 바랍니다.

오늘의 말씀

1. 순종하면, 약속의 땅까지 보호하여 인도하십니다(출 23:20~23).

사랑하는 성도 여러분! 긍정적인 사람의 특징은, 첫째로, 다른 사람들

7) 신국(神國) : 신이 지배 통치하는 영원하고 완전한 나라.

의 말에 고개를 끄덕이며, 잘 들어준다는 것입니다. 오늘날 우리가 살고 있는 세대는 전연 다른 사람들의 이야기에 귀를 기울이지 않고, 자기 판단과 고집대로 살아갑니다. 아무리 좋은 시민법이라 할지라도 지키지 않으면 빛 좋은 개살구에 불과합니다. 본문에 율법을 다 제시하시고서 결론적인 부분에서 이 율법을 잘 지키고 순종하면 약속의 땅 가나안까지 보호하시고 인도해 주신다는 것입니다.

① 믿는 자의 의무: '주의하고 순종하며 거역하지 말 것'입니다(21절).

② 하나님의 약속에는 '완전한 순종이 따라야 합니다'(22~23절).

· 함께 읽어요 : 출애굽기 23장 20절

"20 내가 내 사자를 네 앞서 보내어 길에서 너를 보호하여 너를 내가 예비한 곳에 이르게 하리니"

2. 순종하면, '필요를 공급하고 축복'하십니다(출 23:24~26).

하나님의 말씀을 긍정적으로 받고 순종한다면, 두 번째 상급은 하나님의 특별한 공급과 축복이 약속되어 있습니다. 우리의 궁핍이 아무리 심하다 할지라도, 하나님께서 약속하신바 그분의 백성들을 위해 공급하시겠다고 약속하신 말씀을 의지해야 합니다. 삶의 모든 필요를 채워 주시겠다고 약속하셨습니다. 그러나 그 약속에는 조건이 있습니다. 그 약속의 조건, 곧 약속을 받을 자로서의 의무 사항에 주목하시기 바랍니다.

1) 믿는 자의 책임은 하나님만 따라야 합니다(23~24절).

하나님의 백성은 오직 하나님 한 분만 따르고 예배해야 합니다.

2) 하나님의 약속은 '복 주심'입니다(25~26절). 하나님의 백성은 오직 하나님만 예배해야 하고, 그렇게 긍정적으로 순종해야 합니다. 그럴 때 참되시고 살아계신 하나님은 유일하신 창조자, 우주의 전능자시요, 최고의 주권자로서 우리의 필요를 공급하시고 축복하십니다.

· 함께 읽어요 : 출애굽기 23장 25절
"25 네 하나님 여호와를 섬기라 그리하면 여호와가 너희의 양식과 물에 복을 내리고 너희 중에서 병을 제하리니"

3. 순종하면, '약속의 땅을 정복'하게 하십니다(출 23:27~33).

긍정적인 사람들은 하나님께서 약속하신 것을 그대로 주신 것처럼 받아드린다는 것입니다. 이스라엘의 궁극적인 목적은 하나님께서 약속한 땅을 정복하는 것입니다. 그들은 약속의 땅을 향해 가는 도중에 많은 대적들과의 어려움을 만나야 했습니다. 그러나 그들은 하나의 희망, 단 하나의 소망만 가졌을 뿐입니다. 그것은 하나님의 능력입니다. 그들은 하나님의 능력이 그들과 함께 해야만 약속의 땅에 도달할 수 있습니다. 하나님께서 이제 그분의 백성들과 맺은 약속을 주목하십시오.

1) 하나님의 약속입니다(27~31절). 네 가지 구체적인 약속입니다.

① 원수들로 도망가게 합니다(27절). 원수들로 두렵게 만들어 혼란에 빠뜨리고 도망하게 하실 것입니다.

② 원수들을 쫓아내기 위해 왕벌을 보내십니다(28절). 왕벌이란 전염병, 혹은 하나님의 능력을 상징합니다.

③ 점진적으로 백성의 구원을 계획하십니다(29절). 하나님께서 그분의 백성 구원을 위해 원수를 점진적으로 물리치시겠다고 계획하셨습니다. 그 이유는 땅을 보존하고, 이스라엘이 번성할 시간을 주시기 위함입니다.

④ 많은 땅을 주실 것입니다(31절). 홍해(갈대아 바다)로부터 블레셋 바다(지중해)까지와 광야(남쪽 경계)부터 큰 강(북쪽 경계)까지입니다.

2) 믿는 자들의 책임은 '구별된 삶을 살아야 합니다'(32~33절).

믿지 않는 이들과 완전히 구별된 거룩한 삶입니다. 왜냐하면 ① 그들의 죄 된 영향력과, ② 그들이 섬기는 거짓 신들을 막기 위함 때문입니다.

· 함께 읽어요 : 출애굽기 23장 33절
"33 그들이 네 땅에 머무르지 못할 것은 그들이 너를 내게 범죄 하게 할까 두려움이라 네가 그 신들을 섬기면 그것이 너의 올무가 되리라."

정리하는 말

사랑하는 성도 여러분! 여러분들은 하나님께서 주신 계명이 여러분들을 행복하게 해 줄 수 있다고 생각하십니까? 율법과 계명이 버겁고 옭아매는 끈으로만 생각하는 한 그 말씀과 명령이 축복과는 무관할 것입니다. 하나님께서 이스라엘 백성들에게 주신 계명과 율법은 물론 우리들에게 하나님의 말씀이 길이요 진리요, 생명이라는 사실을 긍정적으로 받아들이고, 순종할 때 복이 된다는 것을 명심하시기 바랍니다.

평가와 결심

1. 하나님의 계명과 율법을 긍정적으로 받은 결과가 무엇입니까?
   (출 23:20~23, 약속의 땅까지 보호하고 인도해 주심)
2. 계명과 율법을 긍정적으로 받은 결과 둘째가 무엇입니까?
   (출 23:24~26, 필요를 공급해 주시고 축복해 주심)
3. 계명과 율법을 긍정적으로 받은 결과 셋째가 무엇입니까?
   (출 23:27~33, 약속의 땅을 정복케 해 주심)

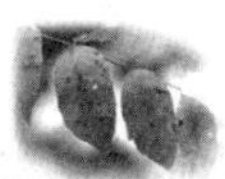

주간 경건의 시간 <34> · 날마다 말씀과 함께

요일 / 내용	주일/월(Mon)	화(Tue)	수(Wed)	목(Thu)	금(Fri)	토(Sat)
찬송	83동 / 74동	78 / 75	84 / 96	216 / 356	252 / 184	251 / 137
성경	출 22:/출 23:	출 24:	출 25:	출 26:	출 27:	출 28:
적용	손해배상법/ 정의 복지법	시내산 언약	드린 예물	성막	제단	제복 규례

* 매일의 생을 한결같이 살자.
<루시우스 아나이우스 세네카, B.C. 4~A.D. 65> 로마 스토아 철학자, 정치가.

9단원 생명 부흥의 달

생명을 걸고 기도하라

찬송 / 501, 292, 254 / 통일 255, 415, 186
성경 / 출애굽기 33:1-23
요절 / 출애굽기 33:10
"모든 백성이 회막 문에 구름 기둥이 서있는 것을 보고 다 일어나 각기 장막 문에 서서 예배하며"
목표 / 하나님의 백성으로서 생명을 걸고 기도하는 태도를 기른다.

시작하는 말

본문에서 하나님과의 언약과 계명을 깨뜨린 이스라엘 백성들에게 하나님의 엄중한 심판이 내려지게 되었습니다. 모세는 이스라엘을 위해서 하나님 앞에 나아가, '생명을 걸고' 이스라엘의 용서를 구하면서 간절히 기도 드렸습니다. 본문은 모세가 하나님 앞에서 어떻게 용서를 구하고 은총과 회복의 약속을 받게 되었는가를 보여 줍니다.

비가 오고 폭풍 후에 일곱 색 무지개가 드리우듯 백성의 죄악을 속하기 위해 용서를 구한 모세에게 구원 약속의 보증으로 회막 문에는 구름기둥이 드리워 임재하심을 보여주셨습니다.

오늘의 말씀

1. 하나님의 부르심과 경고가 있었습니다(출 33:1~3).

죄는 인간을 하나님으로부터 분리시킵니다. 왜냐하면 하나님은 거룩하고 의로우시기 때문입니다. 공의의 하나님은 죄를 심판하시고, 정죄함으로써 공의를 세우십니다. 그러기에 모세는 '백성의 죄를 사하시옵소서. 아니하시오면 원하건대 주께서 기록하신 책에서 내 이름을 지워 버려 주옵소서'(출 32:32)라고 기도했습니다. 그리고 다시 부르십니다.

① 약속의 땅으로 계속 인도해 올라갈 것입니다(1절).

② 하나님의 임재와 인도하심이 제한 될 것입니다(2절).

③ 백성들의 완고함에 대해 경고하십니다(3절).

· 함께 읽어요 : 출애굽기 33장 3절

"3 너희를 젖과 꿀이 흐르는 땅에 이르게 하려니와 나는 너희와 함께 올라가지 아니하리니 너희는 목이 곧은 백성인즉 내가 길에서 너희를 진멸할까 염려함이니라."

2. 이스라엘 백성들의 회개와 하나님의 징벌입니다(출애굽기 33:4~11).

모세가 십계명 율법을 받으러 올라가 내려옴이 더디게 되자 아론과 백성들은 금송아지를 만들고, 이방 사람들처럼 송아지에게 제사를 드리면서 뛰놀았습니다. 모세가 내려오다가 이 광경을 목격하고 십계명 돌비를 던져 깨뜨립니다. 금송아지 숭배로 하나님과의 관계가 끊어지게 됩니다. 하나님께서 그들을 인도하지 않고 단순히 천사가 그들을 인도할 것이라는 끔찍한 형벌의 소식을 듣고 백성들은 어떠했습니까?

① 백성들이 슬퍼하며 회개합니다(4~5절).

② 모든 단장품을 제하고(6절), 하나님께 순종하여 회개했습니다.

이스라엘의 금송아지 숭배 죄로 인해 하나님께서 그들에게서 떠나시겠다고 하셨습니다. 그러자 모세는 진 밖에 회막을 만듭니다.

① 진 밖에 회막을 치고서(7절), 그 곳을 예배 중심지 곧 회막(Tent of Meeting)이라고 선언합니다. 하나님을 만나러 그곳으로 가야 합니다.

② 모세가 회막으로 나아갑니다(8절). 중재자 모세가 진 밖으로 나아

가 회막 앞에 서자 구름기둥이 회막 입구에 내려옵니다(9절).

③ 백성들은 서서 예배를 드립니다(10절). 하나님의 임재의 회복, 하나님의 인도, 배려, 확신의 회복, 하나님의 보호와 안전의 회복을 위해 간절히 간구합니다. ④ 하나님은 모세와 대면해 말씀하십니다(11절).

· 함께 읽어요 : 역대하 7장 14절
"14 내 이름으로 일컫는 내 백성이 그들의 악한 길에서 떠나 스스로 낮추고 기도하여 내 얼굴을 찾으면 내가 하늘에서 듣고 그들의 죄를 사하고 그들의 땅을 고칠지라."

3. 모세의 하나님의 영광에 대한 간구와 응답입니다(출 33:12~23).

1) 하나님의 임재와 인도하심을 위한 간구와 응답입니다(33:12~23).

모세는 천사의 임재, 인도, 보호가 아니라 하나님의 임재, 인도, 보호를 원했습니다. 모세가 할 수 있는 유일한 방법은 중보기도였습니다.

① 임재 약속과 ② 확신케 해 주심(14~17절). 하나님께서는 "내가 친히 가리라 내가 너를 쉬게 하리라"(14절)고 임재의 약속과 함께 동행과 안식을 확신케 해 주셨습니다(17절).

2) 하나님의 영광에 대한 간구와 응답입니다(33:18~23).

모세는 하나님의 은혜와 임재를 약속 받은 후 그분의 영광을 구하고, 영적 성장을 위해 하나님을 더욱 알기를 원했습니다. ① 하나님의 영광을 보기를 원했습니다(18절). 모세는 하나님을 더욱 알고, 그분과의 하나 됨, 그분과의 연합으로 점점 더 깊어지고 성숙해지기를 원했습니다. ② 하나님께서 더 많은 것을 약속하셨습니다(19절). 그분의 선하심(17절), 그분의 이름을(19절), 그분의 절대주권을 알게 하셨습니다(19절).

· 함께 읽어요 : 출애굽기 33장 22~23절
"22 내 영광이 지나갈 때에 내가 너를 반석 틈에 두고 내가 지나도록 내 손으로 너를 덮었다가 23 손을 거두리니 네가 내 등을 볼 것이요 얼굴은 보지 못하리라."

정리하는 말

사랑하는 성도 여러분! 세상에서 하나님을 보고 살자가 없습니다. 그러나 모세는 분명히 하나님을 보았습니다. 모세는 40년은 궁중에서, 40년은 광야에서 영적교육 받고, 40년은 하나님의 백성들을 위해 일했습니다. 그의 삶은 가나안을 향해 전진하며 범죄로 인하여 하나님께서 떠나시겠다고 하자, 이스라엘 백성들의 영적 '생명의 부흥'을 위해 기록된 책에서 자신의 이름을 지워달라고까지 하나님께 기도드렸습니다. 모세의 생명을 건 기도를 들으시고, 용서하시고 보호자가 되셨습니다. 우리도 모세의 기도처럼 생명 걸고 기도하여 소원성취하시기 바랍니다.

평가와 결심

1. 본과에서 누가 누구를 부르셨습니까?
   (출 33:1~3. 하나님께서 이스라엘의 지도자 모세를 부르심)
2. 하나님께서 이스라엘 백성들을 떠나자 백성들의 태도는?
   (출 33:4~6, ① 슬퍼하며 회개 ② 단장품을 제함 ③ 예배)
3. 모세의 중재 기도는 어떠했습니까?
   (출 32:32, 백성들의 죄 사함과 용서를 위해 생명 걸고 기도함)

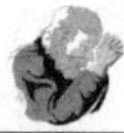

주간 경건의 시간 <35> · 날마다 말씀과 함께

요일 / 내용	주일/월(Mon)	화(Tue)	수(Wed)	목(Thu)	금(Fri)	토(Sat)
찬송	27동 / 73동	400/ 463	179 /167	430 / 456	446/ 500	401/ 457
성경	출29:/출30:	출31:	출 32:	출 33:	출 34	출 35:
적용	위임 규례 / 분향단	공교한 일꾼	금송아지	영광의 여호와	영광스런 지도자	안식일

* 원수를 용서해 보지 못한 사람은 인생에 있어서 가장 고상한 기쁨 중 하나를 맛보지 못한 사람이다. <죤 카스파 라바테르, 1741~1801> 스위스 신학자

제36과

부흥의 감격을 누려라

찬송 / 204, 251, 298 / 통 379, 237, 35

성경 / 출애굽기 35:30-36:7

요절 / 출애굽기 36:7

"있는 재료가 모든 일을 하기에 넉넉하여 남음이 있었더라."

목표 / 날마다 기도하며 부흥의 감격을 누리는 태도를 가지게 한다.

시작하는 말

이제 자녀들이 더운 여름방학을 끝내고 새 학기를 맞아 기쁨으로 등교를 하게 됩니다. 이번 달은 '생명 부흥의 달'로 어떻게 하면 한 생명이라도 더 구원의 감격을 누리도록 인도할까 하는 마음으로 살아가야 하겠습니다. 날씨도 청명하고, 가을 오곡백과가 무르익어갑니다.

본문에서 이스라엘백성들이 애굽을 떠난 지 여러 해가 지난 것 같으나(12:37) 출애굽 이후 겨우 1년밖에 지나지 않았습니다. 첫 석 달은 시내 산까지 여행으로 보냈습니다. 백성들은 그곳에서 율법을 받고 성막을 세우고, 장막을 세우는데 참여했습니다. 여기서 백성들은 '부흥의 감격'을 가지고 재능들을 모아 맡은 일에 최선을 다했을 것입니다.

오늘의 말씀

1. 하나님께서 성막 건축을 위해 온 회중을 부르셨습니다(출 35:1~9).

사업에 성공하려면 상당한 물질 투자, 시간을 투자, 관계된 재능을 가진 사람들에게 도움을 구해야 합니다. 마찬가지로 하나님께서는 자신을 믿고 섬기는 사람들에게 전적인 희생을 기대하고 계십니다.

1) 성막 건축기간 중에도 무엇을 해야 했을 까요?

① 엿새 동안 일하고 안식일을 지켜야 했습니다(2~3절).

② 규례의 중요성이 강조되었습니다(2절). 안식일의 규례를 어기는 자는 반드시 죽임을 당할 것이라고 했습니다.

2) 성막 건축을 위한 예물을 드려야 합니다(4~9절).

① 모두에게 예물을 바칠 수 있는 특권이 주어졌습니다(4절).

② 예물을 자원하는 마음으로 드려야 했습니다(5절). 귀금속들(5절), 각양 천들(6절), 가죽과 나무(7절), 각종 향품(8절), 에봇과 흉대에 물릴 보석(9절)들을 드리도록 했습니다.

· 함께 읽어요 : 잠언 3장 9절

"9 네 재물과 네 소산물의 처음 익은 열매로 여호와를 공경하라."

2. 지혜로운 일꾼들에게 성막 기구 제작을 맡깁니다(35:10~19).

가정이나 교회, 국가에서도 부흥을 위해서 반드시 일꾼들이 필요합니다. 부흥을 위해 적절한 노력과 투자가 있어야 합니다. 부흥하는 교회는 부흥에 필요한 세부계획들을 수년 전부터 준비하고 그것을 추진하고 이루기 위해서 릴레이 기도까지 하며 꾸준히 추진합니다. 이스라엘 백성들은 오랫동안 하나님께서 원하시는 온전한 방법으로 하나님께 제사를 드려왔습니다. 이스라엘 백성들이 하나님께 나아가는 방법을 항상 알고 있었다는 것입니다. 재능을 가진 일꾼들에게 구체적으로, 세심하게 명령이 주어졌습니다.

1) 성막 제작(11절). 성막을 통해 하나님께 나아갈 수 있는 방법을 배우게 됩니다.

2) 증거궤와 속죄소와 휘장 제작(12절).

3) 진설병을 놓는 상(13절)　　　4) 등잔 제작(14절)

5) 분향단 제작(15절)
6) 성막문의 장 제작(15절)
7) 번제단 제작(16절)
8) 놋대야 제작(16절)
9) 뜰의 포장(17절)
10) 뜰 문의 장 제작(17절)
11) 장막의 말뚝과 줄(18절)
12) 제사장들의 옷(19절)

· 함께 읽어요 : 출애굽기 35장 21절

"21 마음이 감동된 모든 자와 자원하는 모든 자가 와서 회막을 짓기 위하여 그 속에서 쓸 모든 것을 위하여, 거룩한 옷을 위하여 예물을 가져다가 여호와께 드렸으니"

3. 성막 건축 명령에 대한 백성들의 반응은 전폭적이었습니다. (출 35:20~29)

하나님께서 믿는 자들에게 자신을 섬길 수 있는 기회를 헤아릴 수 없을 정도로 많이 주셨습니다. 하나님께서는 자신을 섬기기를 원하는 자들에게 날마다 새로운 도전을 주십니다.

1) 마음이 감동된 자와 자원하는 자가 예물을 가져옵니다(20~21절).

2) 마음에 원하는 남녀가 금품을 가져옵니다(22절).

3) 각종 색실과 짐승의 가죽을 가진 자들이 그것들을 예물로 가져옵니다(23절).

4) 은과 놋을 가진 자들이 그것을 예물로 가져옵니다(24절).

5) 손재주가 있는 여인들은 장을 만들 준비를 합니다(25~26절).

6) 족장들도 성막 건축을 위해 힘씁니다(27~28절).

7) 백성들은 즐거이 드렸습니다(29절). 바로 이것이 부흥입니다. 교회 부흥도 이런 부흥의 감격을 누리도록 목회자와 성도들이 일심동체가 되어 세심한 계획을 기도하고 진행한다면 부흥의 감격을 맛볼 것입니다.

· 함께 읽어요 : 누가복음 6장 38절

"38 주라 그리하면 너희에게 줄 것이니 곧 후히 되어 누르고 흔들어 넘치도록 하여 너희에게 안겨 주리라 너희가 헤아리는 그 헤아림을 도로 받을 것이니라."

정리하는 말

사랑하는 성도 여러분! 본문 마지막에 보면 브사렐을 감독자로 세우고, 브사렐과 함께 일할 감독자로 오홀리압을 세우십니다(30~35절). 그들은 다른 사람들을 가르칠 수 있는 능력을 부여받아 그들은 하나님의 신(神)으로 충만하여 모세에게 준 청사진에 따라 하나님의 성막건축을 위해 최선을 다했습니다. 여러분! 여러분들에게 부여해 주신 능력과 재능을 총동원해서 하나님께서 맡겨주신 일에 충성을 다하시기 바랍니다. 그리하여 가정에나 교회, 직장에서 '부흥의 감격을 누리시기' 바랍니다.

평가와 결심

1. 성막 건축 기간 중에도 무엇을 해야 했겠습니까?
   (출 35:2~3, 엿새 동안 힘써 일하고 안식일을 지켜야 함)
2. 누구에게 성막 건축을 맡겼습니까?
   (출 35:10~19, 지혜로운 일꾼 즉 성령 충만한 일꾼들에게)
3. 하나님께 성막건축 명령을 받은 백성들은 어떻게 했습니까?
   (출 35:20~29, 즐거이 드리고 헌신했음)

주간 경건의 시간 <36> · 날마다 말씀과 함께

요일 / 내용	주일/월(Mon)	화(Tue)	수(Wed)	목(Thu)	금(Fri)	토(Sat)
찬송	73동 / 74동	278 / 336	298/ 35	312 / 341	313 / 352	333 / 381
성경	출 36:/출37:	출 38:	출 39:	출 40:	레 1:	레 2:
적용	성막 일꾼들/ 궤를 만듦	제단을 만듦	제사장의 복장	성막 봉헌	제사 규례	화목제 규례

* 하나님의 최고의 성품은 진노하시는 것이 아니라 바로 용서하시는 것이다.

< 베어도 테일러, 1825~1878 > 미국 여행가, 작가

사랑의 언어를 회복하라

찬송 / 366, 433, 545 / 통 485, 490, 344
성경 / 아가 2:1-17
요절 / 아가 2:10
"나의 사랑하는 자가 내게 말하여 이르기를 나의 사랑, 내 어여쁜 자야 일어나서 함께 가자.
목표 / 가정이나 직장에서 사랑의 언어를 회복하는 태도를 기른다.

시작하는 말

오늘 본문은 술람미 여인과 솔로몬 왕 사이에 오가는 사랑의 대화입니다. 사랑하면 새들조차 울음소리가 달라진다고 합니다. 오늘날 세상은 날로 살벌해져 갑니다. 그러나 사랑의 언어가 회복되면 만사가 포근한 봄날 잔디밭에 따스하게 내려 쪼이는 햇볕처럼 우리의 삶이 행복해질 것입니다. 작장에서 가정에서 사랑의 언어만 회복된다면 하루의 일과가 기쁘고 즐거울 것입니다. 여러분들의 가슴에 하나님의 말씀으로 '사랑의 언어'를 회복할 수 있도록 기도하시기 바랍니다. 그래서 살아가는 세상이 '생명부흥'이 일어날 수 있기를 간절히 소원합니다.

오늘의 말씀

1. 신부와 신랑의 깊은 대화가 사랑의 언어입니다(아 2:1~2).

본문에서 술람미 여인과 왕의 사랑 깊은 대화가 계속됩니다. 가정에서 아내라는 말은 '안 해'라는 말에서 유래되었다고 합니다. '안 해'라는 말은 집안에 비추는 해라는 말입니다. 얼마나 의미심장한 말입니까?

1장 15절 이하에서 신랑은 "내 사랑아 어여쁘고 어여쁘다 네 눈이 비둘기 같구나! 16 나의 사랑하는 자야 너는 어여쁘고 화창하다……." 라고 사랑의 언어로 노래합니다. 그때 바로 이어서 신부가 이렇게 노래합니다. 2장 1절을 함께 읽습니다. "나는 사론의 수선화요, 골짜기의 백합화로다." 자신은 사론의 들꽃에 불과한 수선화요. 아무도 관심을 가지지 않는 산골짜기에 핀 한 송이 백합화라고 노래합니다. 사랑의 언어는 자신을 낮추는 겸손한 신앙의 소유자에게서 나옵니다. 수풀 가운데 백합화처럼, 가시에 찔리듯 수풀더미에서 고통을 당하듯, 신랑 되신 그리스도는 신부된 교회가 세상에서 당하는 아픔을 헤아려 알아주십니다(2절).

· 함께 읽어요 : 아가 2장 2절
"2 여자들 중에 나의 사랑하는 자는 수풀 가운데 백합화 같구나!"

2. 사랑의 언어는 곧 생활의 일부여야 합니다(아 2:3~9).

신부는 신랑의 사랑의 속삭임에 취해 사랑의 언어를 표현합니다. "남자들 중에 나의 사랑하는 자는 수풀 가운데 사과나무 같구나! 내가 그 그늘에 앉아서 심히 기뻐하였고, 그 열매는 내 입에 달았도다."(3절). 여인은 신랑을 수풀 속에 우뚝 솟은 사과나무 같구나! 라고 감격의 탄성을 자아냅니다.

신랑이 신부를 인도하여 잔칫집에 들어갑니다. 그 사랑은 '내 위에 깃발이로구나!' 라고 잔칫집에 '승리의 깃발'이라고 노래합니다. 사랑하므로 병이 났습니다. 상사병입니다. 여러분들은 그리스도이신 신랑을 이렇게 상사병이 나도록 사모해 본 적이 있습니까?

신부는 신랑이 산을 넘어 찾아보는 노루나 어린 사슴으로 묘사합니다. 그리스도께서는 하늘 보좌를 두시고, 육신을 입으시고, 내려오셨습니다. 그 진한 사랑은 십자가에서 자신을 내어주시기까지 우리들을 사랑하셨습니다. 그리고 "아버지 저들을 사하여 주옵소서"라고 말씀하셨습니다(눅 23:34).

· 함께 읽어요 : 누가복음 23장 34절

"34 이에 예수께서 이르시되 아버지 저들을 사하여 주옵소서. 자기들이 하는 것을 알지 못함이니이다 하시더라. 그들이 그의 옷을 나눠 제비 뽑더라."

3. 신랑은 신부에게 일어나 함께 동산으로 가자고 합니다(아 2:10~14).

신랑과 신부는 둘이서 한 지점을 바라보며 한 길을 가는 사람입니다. 목적도, 생각도, 사랑도 하나인 부부는 행복한 삶을 살아갈 수 있는 것입니다. '겨울도 지나고 비도 그쳤고, 지면에는 새가 노래할 때가 이르렀는데, 비둘기의 소리'가 들려옵니다(11~12절).

1) 부부는 사랑으로 만납니다. 인생은 사랑을 먹고 살아가는 사랑의 존재들입니다. 사랑은 인생의 알파와 오메가로서 그 속성이며 본질적인 덕과 사랑입니다. 사랑이 없으면 인생의 존재 가치가 없는 것입니다.

2) 부부는 정결해야 합니다. 결혼은 한 남자와 한 여자와의 정체적인 만남이어야 합니다. 부부는 먼저 육체적으로 순결을 지켜야 합니다.

3) 교회는 그리스도의 신부로서의 품위를 지켜야 합니다.

가령 어떤 여자가 그 남편은 먼 곳에 가서 돈 벌려고 갔는데, 그 아내가 딴 남자와 정을 통하여 불의한 관계를 맺고 있을 때 홀연히 그 남편이 큰 영광 중에 집으로 돌아오게 되면, 그 아내의 부끄러움과 애석함이 어떠하겠습니까?

그같이 주님의 신부 된 성도들은 어떤 어려움이 있고, 핍박을 당하더라도 우리의 신앙의 정절을 지켜야 하는 것입니다. 겉으로 표현되는 언어는 주님께 드려지는 사랑의 언어, 곧 '찬송'이어야 합니다. 주님께 대한 신부로서의 순결, 정조를 지키기 위해 순교도 각오해야 하는 것입니다.

· 함께 읽어요 : 아가 2장 16절

"16 내 사랑하는 자는 내게 속하였고 나는 그에게 속하였도다! 그가 백합화 가운데에서 양 떼를 먹이는구나!"

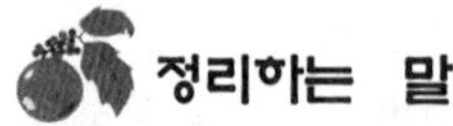

정리하는 말

성도 여러분! 세상을 아름답게 꽃을 피우고 새가 노래하는 봄 동산처럼 가꾸는 것이 무엇이라고 생각하십니까? 혁신적인 기술력과 풍부한 자금이라고 생각하십니까? 물질이 풍부하더라도 행복하고 살기 좋은 세상을 물질만으로는 만들어 지지 않습니다. 그 보다는 정신적인 행복감을 더해 주는 '사랑의 언어를 회복'해야 합니다. 이 사랑의 언어를 회복하기 위해 노력하고 나의 모든 것을 바치시기 바랍니다.

평가와 결심

1. 본문에서 신랑과 신부의 대화가 어떤 말입니까?
   (아 2:1~7, 사랑의 언어)
2. 사랑의 대화 곧 사랑의 언어는 무엇의 일부여야 합니까?
   (아 2:8~9, 사랑의 언어는 곧 생활의 일부여야 함)
3. 신랑은 신부와 함께 어디로 가자고 합니까?
   (아 2:10~14, 일어나서 함께 아름다운 풍경의 동산으로)

주간 경건의 시간 <37> · 날마다 말씀과 함께

요일 / 내용	주일/월(Mon)	화(Tue)	수(Wed)	목(Thu)	금(Fri)	토(Sat)
찬송	83동 / 89동	415/ 471	414 / 475	442 / 499	462 / 517	461 / 519
성경	아 1:/아 2:	아 3:	아 4:	아 5:	아 6:	아 7:
적용	솔로몬 아가/ 사랑의 노래	솔로몬의 가마	마음 빼앗음	내 마음 동하여	돌아오고 돌아오라	사랑하는 자에 속함

* 다른 사람의 잘못은 용서하되 당신 자신의 잘못에 대해서는 용서하지 말라.
< 마르쿠스 아우렐리우스 안토니우스, A.D. 121~180 >

항상 주를 찬송하자

찬송 / 258, 257, 260 / 통 190, 189, 194
성경 / 시편 84:1-12
요절 / 시편 84:4
"주의 집에서 사는 자들은 복이 있나니 그들이 항상 주를 찬송하리이다."
목표 / 성도들은 어렵고 힘든 세상에서 항상 찬송하며 살아가는 태도를 기른다.

시작하는 말

오늘 시편 본문은 하나님을 사모하는 간절한 마음과 하나님과 가까이 하는 사람이 누리는 복에 대하여 노래하고 있습니다. 따라서 시인은 하나님이 계신 곳, 즉 하나님의 은혜와 사랑, 그리고 보호와 축복이 있는 곳을 향한 간절한 소망을 고백하고 있습니다. 세상 살아가면서 어렵고 힘들다고 찬송을 잃어버리면 더욱 답답하고 우울해집니다. 어렵고 힘들수록 찬송을 잊지 말고 '항상 주를 찬송하기'를 바랍니다. 찬송은 우울증의 치료제이기도 합니다. 찬송은 삶에 리듬과 활력을 줍니다. 달려가는 열차가 달려가면서 탄력을 받듯이 성도들의 삶은 항상 기뻐하면서 찬송을 계속할 때 문제가 풀려지고 날마다 행복해지는 것입니다.

오늘의 말씀

1. 하나님의 전에 대한 간절한 소망을 고백합니다(시 84:1~4).

시인은 하나님의 전에 대한 간절한 사모의 심정을 고백하고 있습니다. 주의 전을 사모하여 찬송합니다.

1) 주의 집을 사모합니다(1절). 시인은 여호와의 집, 즉 하나님이 계신 은혜의 보좌를 깊이 사모하고 있습니다. 히브리 원문에 '장막'은 복수로 나타납니다. 이는 장막이 지성소와 성소로 구분되어 있기 때문입니다.

장막은 백성이 모이는 뜰까지 포함합니다. 오늘날 교회들이 예배당과 교회의 부속 건물들을 지어 많은 공간을 확보하여 한 사람이라도 더 세상 사람들에게 개방함으로써 전도의 장소로 활용하기 위해서입니다.

2) 주의 장막에 대한 그리움으로 안타까워합니다(2절). 하나님의 가족들과의 만남을 그리워하며 예배와 성도의 교통을 위해서입니다.

3) 주의 장막에 사는 은혜를 부러워합니다(3절). 주의 제단 처마 끝에서 둥지를 틀고 살아가는 참새까지도 부러워합니다.

4) 주의 집에 거하는 자가 복되다 하십니다(4절)

· 함께 읽어요 : 시편 84편 4절

"4 주의 집에 사는 자들은 복이 있나니 그들이 항상 주를 찬송 하리이다."

2. 순례자에 대한 축복을 노래합니다(시 84:5~7).

1) 순례의 길을 떠난 자가 복됩니다(5절). 하나님 안에서의 지극한 복을 상징하는 하나님의 전에 대해 간절한 사모의 심정을 고백한 시인은 이제 그곳을 향하여 가는 순례자에 대한 축복을 노래합니다.

2) 길이 힘들어도 노래는 다른 이들에게 위로가 됩니다(6절). 순례자의 길 험난할지라도 하나님의 위로가 있으며, 복된 길임을 노래합니다.

3) 하나님께서 주시는 힘으로 시온에 도달하게 됩니다(7절).

· 함께 읽어요 : 시편 84편 7절

"7 그들은 힘을 얻고 더 얻어 나아가 시온에서 하나님 앞에 각기 나타나리이다."

3. 주와 함께 함이 최고의 복임을 고백합니다(시 84:8~11).

하나님을 사모하여 그분께로 나아가는 자의 복을 노래한 시인은 그 길을 걷는 자들에 대한 하나님의 보호와 은혜를 간구하며, 주와 함께하는 그것이 가장 가치 있고 복된 일임을 고백합니다.

1) 은혜 베푸시기를 호소합니다(8~9절). 기도를 들어 응답해 주셔서 은혜 주시기를 간절히 호소합니다.

2) 주와 함께 거함이 최고의 행복임을 고백합니다(10~11절).

주님과 함께 거함이 최고의 행복입니다. 우리 성도들은 주의 궁정에서 한 날이 다른 곳에서 천 날보다 낫다고 한 시인의 고백처럼 주와 함께 함이 최고의 복임을 알아 주의 전에서 드려지는 찬송과 기도와 예배함을 끊이지 않고 드려야 합니다.

3) 주께 의지함이 복됩니다(12절). 시인은 주께 의지함이 복되다고 노래합니다. 시인은 결론에서 모든 예배와 주님과의 관계에 있어서 최우선의 요소는 무엇인가에 관심을 모으게 합니다. 그것은 그분을 신뢰하는 것입니다. 경건의 본질은 하나님께 대한 신뢰와 순종에 있습니다. 이러한 순종은 그분을 믿고 완전히 의지할 때 가능합니다.

하나님은 그분께 피난처를 구하는 모든 자들을 보호하시고, 복을 주십니다. 따라서 우리는 믿음의 삶을 통하여 주님을 점점 더 알아가야 합니다. 그렇지 못하면 주님께 대한 예배나 그분의 집이나 그분의 아들이나 그분의 길에 대해 사모하는 마음을 가질 수 없을 것입니다.

사랑하는 성도 여러분! 고난, 질고 많고, 풍파 많은 세상이지만 주님 계신 성전을 향하여 매일 기도와 찬송, 예배드리시면서 하루하루를 주님과 함께 행복한 삶을 살아가시기를 간절히 소원합니다.

· 함께 읽어요 : 시편 84편 10절

"10 주의 궁정에서의 한 날이 다른 곳에서의 천 날보다 나은즉 악인의 장막에 사는 것보다 내 하나님의 성전 문지기로 있는 것이 좋사오니"

정리하는 말

사랑하는 성도 여러분! 여러분은 하루에 몇 번씩이나 주의 전을 사모하며 기도합니까? 매일의 삶 속에서 주님과의 교제의 시간(Q.T.)을 가지고 살아가십니까? 항상 주님을 생각하며, 하는 일마다 기도하면서 주님의 도우심을 간구하면서 살아가시기 바랍니다. 마음 문을 활짝 열고, 주님과 교제하면서 '항상 주를 찬송하며' 살아가시기를 축복합니다.

평가와 결심

1. 시인은 첫째로 무엇을 고백합니까?
   (시 84:1~4, 하나님의 전에 대한 간절한 고백}
2. 시인은 둘째로 무엇을 노래합니까?
   (시 84:5~7, 성전을 행한 순례자에 대한 축복을 노래함)
3. 시인은 셋째로 무엇을 고백합니까?
   (시 84:8~12, 주와 함께함이 최고의 복임을 고백함)

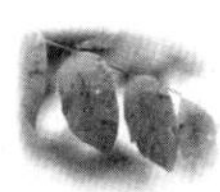

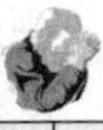

주간 경건의 시간 <38> · 날마다 말씀과 함께

요일 / 내용	주일/월(Mon)	화(Tue)	수(Wed)	목(Thu)	금(Fri)	토(Sat)
찬송	73동 / 83동	170/ 16	176/ 163	252 / 184	251 / 137	258 / 190
성경	시 85:/시 86:	시 87:	시 88:	시 89:	시 90:	시 91:
적용	긍휼과 진리/ 응답 하소서	고라 자손의 시	잊음의 땅	남북을 창조	천 년이 하루	천인이 곁에서

* 우리가 용서받기 위해 기도하고, 용서하기 위해 기도하는 것만큼 아름다운 것은 없다. < 쟝 파울 리히터, 1763~1826 > 독일 해학가

9단원 생명 부흥의 달

예배 찬송을 회복하자

찬송 / 219, 217, 220 / 통일 279, 362, 278

성경 / 시편 86:1-17

요절 / 시편 86:12

"주 나의 하나님이여 내가 전심으로 주를 찬송하고 영원토록 주의 이름에 영광을 돌리오리니"

목표 / 언제나 어디서나 예배 찬송을 회복하는 태도를 기른다.

시작하는 말

9월은 '생명부흥의 달'입니다. '생명부흥'은 '예배찬송'의 회복으로부터 가능한 일입니다. 여러분들의 생활 속에 깊숙이 예배가 생활화되어야 합니다. 그리고 예배에서 찬송이 삶의 리듬이 되어야 합니다. 그럴 때 자연히 여러분들의 생활은 찬송의 멜로디와 리듬에 따라 활력을 얻기 시작할 것입니다. 오늘날 많은 교회에서 불리는 노래들이 차마 '찬송'이라고 부르기에는 함량 미달의 노래들이 그룹 사운들의 음향을 빌려 울려 퍼집니다. 영혼 속에서 흐르는 '예배 찬송'이 살아나야 합니다.

오늘의 말씀

1. 하나님의 보호와 도움을 간구하는 찬송입니다(시 86:1~4).

본문은 시편 제3권(73~89편) 중에 유일한 다윗의 시로서, 원수들의 위협으로부터 환란에 처한 시인의 의연하고 담대한 믿음의 자세가 하나님을 향한 보호와 도움을 간구하며 부르는 찬송입니다. 찬송은 일이 잘 풀리고 형통할 때만이 아니라 어렵고 힘들 때 예배를 통하여 그분의 임재를 깨달으면서 눈물과 한숨이 기도로, 기도가 찬송으로 회복되어야 하는 것입니다. 숨질 때 되도록 늘 찬송을 부르시기 바랍니다.

① 들어주시기를 구합니다(1절). 기도는 곧 찬송입니다. 곤고하고 궁핍한 중에 귀를 기울여 응답해 주시라는 간절함의 찬송입니다.

② 보호해 주시기를 구합니다(2절). 시인 다윗은 하나님의 능력으로 자신을 보호해 주시기를 기도합니다.

③ 자비를 베푸시기를 구합니다(3절). 다윗은 긍휼을 바라며 하나님께 부르짖습니다.

④ 기쁨 주시기를 구합니다(4절). 고난 가운데서 구원의 기쁨을 소유하기를 원합니다. 시인은 혼신을 다해 하나님의 긍휼을 구합니다.

· 함께 읽어요 : 시편 86편 4절

"4 주여 내 영혼이 주를 우러러 보오니 주여 내 영혼을 기쁘게 하소서."

2. 위기에서 얻은 격려입니다(시 86:5~10).

시인은 어려움 가운데서도 하나님을 깊이 묵상함으로써, 즉 주님께서는 선하시고 환난을 당한 자의 기도를 들어주시고, 전능하시다는 사실에서 힘을 얻습니다.

① 주님은 선하십니다(5절). 이것이 시편 전체의 주제입니다.

② 기도에 귀를 기울이십니다(6~7절).

③ 주님은 위대하십니다(8~10절). 하나님은 완전하시고, 열방을 지으셨으며, 모든 일을 이루시는 살아계신 하나님이십니다.

· 함께 읽어요 : 요한계시록 4장 11절

“11 우리 주 하나님이여 영광과 존귀와 권능을 받으시는 것이 합당하오니 주께서 만물을 지으신지라 만물이 주의 뜻대로 있었고, 또 지으심을 받았나이다.”

3. 하나님만 섬기려 하오니 위기에서 건져주옵소서(시 86:11~17).

하나님을 깊이 묵상함으로써 위로와 격려를 얻은 시인은 바로 하나님께 헌신하는 삶을 살겠다고 결심을 다짐합니다.

1) 순종함으로써 섬기렵니다(11절).

2) 예배를 통해 섬기렵니다(12~13절). 주의 인자가 크시기에 시인은 전심으로 주를 찬송하고, 영영토록 주의 이름에 영광 돌리기 원합니다.

3) 위기에서 구출해 주시기를 바라는 간구입니다(14~17절). 곤고하고 궁핍한 가운데 있는 시인은 다시 하나님을 두려워하지 않는 적들에게서 자신을 구원해 주시고, 긍휼을 베푸시고, 능력을 주시고, 그리고 은총의 표징을 달라고 하나님께 간절히 간구합니다(14~17절).

① 포악한 자로부터 건져주옵소서(14절).

② 긍휼을 베푸시옵소서(15절).

③ 능력을 주옵소서(16절). 시인은 힘을 주셔서 어려움을 빠져나갈 수 있도록 간구합니다.

④ 은총의 표징을 주옵소서(17절). 시인은 이제 하나님께서 자기편이라는 은총의 표징을 구하고 있습니다. 다윗이 구하는 징표는 하나님의 구원을 말하는 것입니다. 다윗은 하나님께서 자기편이시라는 것을 그의 적들에게 보이고 싶어 합니다.

· 함께 읽어요 : 시편 86편 16~17절

“16 내게로 돌이키사 내게 은혜를 베푸소서. 주의 종에게 힘을 주시고 주의 여종의 아들을 구원하소서. 17 은총의 표적을 내게 보이소서. 그러면 나를 미워하는 그들이 보고 부끄러워 하오리니 여호와여 주는 나를 돕고 위로하시는 이시니이다.”

정리하는 말

사랑하는 성도 여러분! 여러분들은 어렵고 힘들 때 어떤 태도를 취하고 있습니까? 시인은 하나님이 어떤 분이신지, 그리고 하나님께서 무엇을 하시는지 기억합니다. 하나님은 예기치 못한 방법으로 역사하는 하나님이십니다. 하나님이 약속하신 것이 무엇인지 기억하면서 찬양하며 기도하고 있습니다. 예레미야 33장 3절에는 “너는 내게 부르짖으라. 내가 네게 응답하겠고, 네가 알지 못하는 크고 은밀한 일을 네게 보이리라”라고 했습니다. 찬송을 부르세요. 기쁘고 놀라운 일이 생길 것입니다.

평가와 결심

1. 다윗의 첫 번째 드려진 간구와 찬송은 무엇이었습니까?
   (시 86:1~4. 하나님의 보호와 인도하심을 간구하며 찬송함)
2. 본문에서 시인은 위기에서 오히려 무엇을 얻습니까?
   (시 86:5~10, 위기에서 격려를 얻음)
3. 본문에서 시인은 마지막 간구와 찬송 내용은 무엇입니까?
   (시 86:11~17, 위기에서 건져 주옵소서)

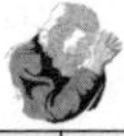

주간 경건의 시간 <39> · 날마다 말씀과 함께

요일 / 내용	주일/월(Mon)	화(Tue)	수(Wed)	목(Thu)	금(Fri)	토(Sat)
찬송	93동 / 91동	90 / 98	176 /163	278/ 336	280 / 338	279 /337
성경	시 85/시 86	시 87:	시 88:	시 89:	시 90:	시 91:
적용	좋은 것/ 은총의 표징	성산에 있음	잊음의 땅	남북을 창조	밤의 한 경점	천인이 네 곁에서

* 나는 승리를 쟁취하지 훔치지는 않을 것이다. <알렉산더, B.C. 356~323> 마게도니아 왕

제40과

말씀의 감동으로 찬양하라

찬송 / 202, 204, 205 / 통 241, 379, 236
성경 / 시편 98:1-9
요절 / 시편 98:9
"그가 땅을 심판하러 임하실 것임이로다 그가 의로 세계를 판단하시며 공평으로 그의 백성을 심판하시리로다."
목표 / 성도로서 말씀의 감동으로 찬양을 계속하는 태도를 기른다.

시작하는 말

본문에서 시인은 하나님의 놀라운 역사를 인해 찬양할 것을 권면합니다. 이는 하나님께서 놀라운 능력으로 이스라엘을 구원하셨으며, 공의로 세상을 심판하시기 때문입니다. 구원은 이미 시작되었습니다. 이 구원은 마지막 날에 세상을 심판하심으로서 완성됩니다. 이를 위해 죄로부터 모든 백성을 구원하고 평안을 주기 위해 오셨던 주님께서 세상을 심판하러 다시 오실 때에 온 땅이 하나님을 찬양하게 될 것입니다.

찬송은 '하나님'과 그분의 역사하신 일들을 찬송하는 것입니다. 하나님의 말씀은 가장 귀한 찬송의 내용인 것입니다. 말씀으로 찬양하십시오.

오늘의 말씀

1. 찬양의 이유가 있습니다(시 98:1~3).

시인은 하나님의 구원을 널리 알리며, 그 기이한 역사를 인해 '새 노래'로 찬양할 것을 권고합니다.

1) 구원을 베푸셨습니다(12절). 시인은 기이한 일을 행하신 주님께 '새 노래'를 부르자고 권고합니다. 이스라엘 백성을 구원하기 위해 하나님께서 행하신 일들은 참으로 놀라운 것이었습니다.

① 애굽 노예 된 백성들을 구하기 위해 10가지 재앙들을 내리신 일,

② 광야에서 만나와 생수를 주신 일, ③ 바벨론 포로 된 백성들을 회복시키신 일 등은 하나님의 의와 영광을 나타내는 뚜렷한 증거로서 영원히 찬양할 내용인 것입니다. 그러므로 사랑하는 성도 여러분! 우리는 예수 그리스도의 고난과 부활을 통해 인류의 죄를 구속하신 일은 말할 수 없이 기이하고 놀라운 구원의 역사이기에 귀한 찬양을 계속해야 할 것입니다.

2) 의로우심을 찬양해야 합니다(2절). 하나님의 의의 질서가 성취되는 것이, 곧 구원으로 나타납니다. '구원'과 '의'는 동의어로 사용됩니다.

3) 자비하심을 찬양해야 합니다(3절). 하나님의 인자와 성실하심은 변함없습니다.

· 함께 읽어요 : 로마서 3장 24절

"24 그리스도 예수 안에 있는 속량으로 말미암아 하나님의 은혜로 값없이 의롭다 하심을 얻은 자 되었느니라."

2. 찬양의 방법이 제시되었습니다(시 98:4~6절).

하나님의 놀라운 역사를 인해 '새 노래'로 찬양하자고 권고한 시인은 이스라엘의 구속을 통해 만민을 위한 하나님의 은혜와 영광이 나타났기에 이제 즐거운 소리와 여러 가지 악기로 찬양하라고 권고합니다.

① 즐거운 소리와 노래로 찬양합니다(4절). 이러한 찬양의 합창은 모든 피조물이 하나님의 구원을 기쁨으로 찬양하는 것을 가리킵니다.

② 여러 가지 악기로 찬양합니다(5~6절). 수금으로 찬양하고 수금과 음성으로 노래하라고 강조합니다. 하나님의 구원을 찬양하기 위해서는 인간의 노

래만으로는 부족합니다. 큰 기쁨을 표현하기 위해 수금과 음성, 나팔과 호각 등 여러 가지 악기들이 동원되어 찬양하자는 것입니다.

· 함께 읽어요 : 시편 98편 5~6절

"5 수금으로 여호와를 노래하라 수금과 음성으로 노래할지어다. 6 나팔과 호각 소리로 왕이신 여호와 앞에 즐겁게 소리칠지어다."

3. 찬양의 주체와 내용이 있습니다(시 98:7~9).

하나님께 대한 찬양은 인간뿐만 아니라 모든 피조물의 몫입니다. 그들은 의와 공평으로 판단하시는 하나님을 힘차게 찬양해야 하는 것입니다.

1) 모든 피조물이 찬양합니다(7~8절). 대자연의 움직임들은 하나님의 위대하심을 찬양하는 대 합창이요. 대 관현악인 것입니다.

바다의 잔잔한 은빛파도(銀波)와 성난 파도, 찰랑찰랑 큰물이 박수하고 산악이 폭포와 함께 즐겁게 메아리로 노래하는 것입니다.

2) 의와 공평으로 판단하심을 찬양합니다(9절).

모든 피조물들의 찬양을 받으시기에 합당하신 하나님은 의와 공평으로 온 땅을 판단합니다. 시인은 모든 만물이 주님을 찬양해야 할 이유를 밝히고 있습니다. 그것은 하나님께서 의(義)로써 모든 불의와 거짓을 파하시고 회복하시기 때문입니다. 때로 하나님의 심판을 진노의 날로 묘사하지만(사 13:9), 그것은 악에 대한 징벌일 뿐 그분의 의와 공평이 이루어지는 날은 기쁨의 날입니다. 이 날에 불의와 모든 죄는 심판을 받을 것이며 공의의 나라가 세워질 것입니다.

① 아담으로부터 인해 죄가 들어왔을 때 피조물과 인류가 타락합니다.

② 모든 피조물이 저주 아래서 고통을 당하며 탄식하고 있습니다.

③ 완전한 하나님의 통치가 이루어지는 날 모든 피조물이 기쁨으로 주님을 찬양하게 될 것입니다.

· 함께 읽어요 : 시편 98편 9절

"9 그가 땅을 심판하러 임하실 것임이로다 그가 의로 세계를 판단하시며 공평으로 그의 백성을 심판하시 리로다."

정리하는 말

사랑하는 성도 여러분! 오늘 우리에게 베풀어주신 하나님의 은혜와 사랑이 너무 크고도 놀랍습니다. 이스라엘을 구원하신 하나님의 손길은 영적 이스라엘인 우리 성도들을 죄악에서 구원하시기 위해 독생자를 보내시고 십자가에서 피 흘려 대속케 하셨습니다. 구원해 주신 은혜와 사랑의 말씀을 기억하면서 찬양을 계속하시기 바랍니다.

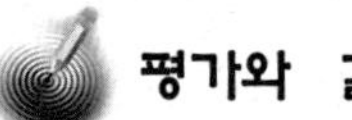

평가와 결심

1. 하나님을 찬양할 이유가 무엇입니까?
   (시 98:1~3, 하나님께서 ① 구원하심 ② 하나님의 의(義) ③ 자비)
2. 하나님을 찬양하는 방법이 무엇입니까?
   (시 98:4~6, ① 즐거운 소리와 노래 ② 여러 가지 악기로)
3. 찬양의 주체와 내용이 무엇입니까?
   (시 98:7~9, ① 모든 피조물들 ② 의와 공평으로 판단하심을)

주간 경건의 시간 <40> · 날마다 말씀과 함께

요일 / 내용	주일/월(Mon)	화(Tue)	수(Wed)	목(Thu)	금(Fri)	토(Sat)
찬송	91동 / 104동	345/461	365 / 484	408/ 466	420 / 212	419 / 478
성경	시 92:/ 시 93:	시 94:	시 95:	시 96:	시 97:	시 98:
적용	의인 종려/ 주의 보좌	주의 법	시로 노래	새 노래로	의와 공평	여호와 찬양하라

* 행운은 대담한 자와 친구를 맺는다. < 존 드라이든, 1631~1700> 영국시인, 저술가

주의 은혜로 성장하라

찬송 / 93, 95, 187 / 통 93, 82, 171
성경 / 시편 103:1-22
요절 / 시편 103:5
"좋은 것으로 네 소원을 만족하게 하사 네 청춘을 독수리 같이 새롭게 하시는 도다."
목표 / 교회생활이나 사회생활에서 주의 은혜로 성장하는 태도를 기른다.

시작하는 말

본문 시편 103편은 하나님의 은혜에 감격한 영혼의 찬양으로서 성경적 신앙, 즉 말씀 신앙의 완전성을 드러내고 있습니다. 하나님의 거룩하심과 인자하심의 조화, 인간의 영혼과 육신 모두를 포함한 하나님의 구원, 한 개인의 삶뿐만 아니라 공동체와 세계의 역사 가운데 나타나는 하나님의 임재 등, 신앙의 본질과 기쁨을 깨우쳐 주는 아름다운 찬양입니다. 시인은 자신의 죄로 인한 고난을 통해 인생의 무상을 깨달으나 하나님의 은혜 안에서 발견되는 새로운 삶의 감격을 체험하고 그 기쁨과 만족을 노래합니다. 죄악 되고 헛된 인생임에도 불구하고 하나님의 은혜와 긍휼 안에서 의미와 소망을 얻게 된 감격을 찬양으로 증언합니다.

오늘의 말씀

1. 기쁨에 넘치는 찬양입니다(시 103:1~2).

이 시편의 주제는 '하나님을 송축하라'는 것입니다. 시인은 다른 사람을 향한 권고나 명령이 아니라 바로 자기 자신을 향한 요청으로 찬양을 시작합니다.

1) 하나님의 넘치는 거룩하심을 기립니다(1절). 영혼 자신 속의 영혼에게 '여호와를 송축하라', '그 성호를 찬양하라'고 영혼에서 우러나오는 찬양과 감사의 외침입니다. 내면에서 억제 할 수 없이 넘쳐 나옵니다.

2) 하나님의 은택을 기립니다(2절). 범죄한 인간이 하나님 앞에 나아갈 수 있는 근거는 오직 '하나님의 은택'입니다. 하나님의 은택은 인간의 모든 단절을 회복시키고 또한 하나님 앞에서의 죄인 된 인간의 두려움을 사라지게 합니다. 완전하고 거룩하신 그분이 한없는 인자와 긍휼을 베푸신다는 사실 때문에 시인은 감격하고 찬양을 선포합니다.

· 함께 읽어요 : 시편 145편 3절

"3 여호와는 위대하시니 크게 찬양할 것이라 그의 위대하심을 측량하지 못하리로다."

2. 하나님의 은혜의 풍성함과 영원함을 기억합니다(시 103:3~18).

거룩하신 하나님의 사랑, 즉 인자와 긍휼로 은택을 베푸시는 하나님을 찬양한 시인은 자신의 삶에서 경험한 하나님의 은혜를 구체적으로 기억합니다.

1) 개인이 경험한 하나님의 풍성한 은혜입니다(3~5절) 시인은 그의 고난, 즉 파멸의 경험을 통해서 하나님의 거룩 성과 은택을 깨닫게 됩니다.

① 파멸 속에서 하나님의 구원을 경험합니다(3절). 고난은 그에게 인간의 죄악의 깊이를 알게 했습니다. 파멸 속에서 하나님을 만나게 되었습니다.

② 새로운 삶을 시작했습니다(4~5절). 모든 죄악의 파멸에서 회복은 하나님의 구속으로부터 출발했음을 깨달았습니다.

2) 인간 역사를 이끄시는 하나님의 풍성한 은혜입니다(6~14절).

① 시인은 역사의 본질을 이해합니다(6절). 하나님의 공의가 압박당하는 모든 자를 도우시는 행위로 나타납니다. 곧 이것이 은총의 확실성입니다.

② 이스라엘의 역사 가운데 나타난 하나님의 공의입니다(7절).

③ 하나님의 은혜의 위대성입니다(8~14절).

3) 그 인자하심이 영원하십니다(15~18절). 인간은 유한합니다. 그러나 하나님의 인자하심은 영원합니다. 그러므로 하나님을 찬양해야 하는 것입니다.

· 함께 읽어요 : 시편 103편 8절

"8 여호와는 긍휼이 많으시고 은혜로우시며 노하기를 더디 하시고 인자하심이 풍부하시 도다."

3. 우주적인 송축입니다(시 103:19~22).

인간의 철저한 무의미와 무가치함을 인식하는 데서부터 하나님의 거룩하심과 인자하심, 그리고 삶의 의미를 깨닫게 된 것을 송축합니다. 시인은 결론적으로 그분의 통치하심을 찬양합니다. 인생의 실상과 하나님의 은총을 깨달은 사람에게는 오직 하나님의 존재만이 기쁨과 감격이 됩니다.

국가의 흥망이나 한 개인의 구원과 파멸, 그리고 모든 피조물들의 존재와 의미가 하나님의 섭리에 의한 것일 뿐 어느 것도 홀로 서거나 의미를 가질 수 없습니다. 이 엄숙한 사실을 알게 된 시인은 찬양의 충동을 이기지 못해 하늘의 '천사'들까지도 하나님께 대한 찬양에 참여하라고 요구합니다. 온 우주 만물이 하나님의 창조물인 피조 된 존재이기 때문에 이 지구상에 있는 모든 존재들을 불러 하나님의 영원한 나라의 모든 존재들이 하나님의 영광을 찬양해야 합니다. 그런데 하물며 하나님의 특별한 존재로 창조된 인생들은 '주의 은혜로 태어나 주의 은혜로 살아감'을 더욱 더 소리 높여 찬양 드려야 할 것입니다. 할렐루야!

· 함께 읽어요 : 시편 103편 22절

"22 여호와의 지으심을 받고 그가 다스리시는 모든 곳에 있는 너희여 여호와를 송축하라. 내 영혼아 송축하라."

정리하는 말

사랑하는 성도 여러분! 세상에 태어난 어린 아기가 자신이 할 수 있는 것은 아무 것도 없습니다. 그저 젖을 빨고, 소화시켜 배설하는 것뿐입니다. 부모의 손길에 의해 길러지듯이 어쩌면 우주에 던져진 존재인 우리네 인생도 예외 없이 위대하신 하나님의 은혜로 자라가고 성장하는 것임을 알아야 합니다.

우리는 주의 은혜가 아니면 하루의 호흡도 연장해 갈 수 없는 연약한 존재들입니다. 자고 일어나면서 하나님의 은혜로 살아있음을 감사해야 합니다. 날마다 주의 은혜로 영육간에 성장하고 생명을 유지할 수 있음을 감사하시기 바랍니다.

평가와 결심

1. 본문 시편 103편의 주제는 무엇입니까?
   (시 103:1~2, '하나님을 송축하라')
2. 본문에서 시인은 구체적으로 무엇을 찬양하고 있습니까?
   (시 103:3~18, 하나님의 은혜와 풍성함을 찬양)
3. 본문에서 시인의 결론적인 찬양의 내용이 무엇입니까?
   (시 103:19~22, 하나님의 통치하심과 우주적인 송축)

주간 경건의 시간 <41> · 날마다 말씀과 함께

요일 / 내용	주일/월(Mon)	화(Tue)	수(Wed)	목(Thu)	금(Fri)	토(Sat)
찬송	83동 / 28동	216 / 356	215/ 354	301 / 460	302 / 408	303 / 403
성경	시 99:/시100:	시 101:	시 102:	시 103:	시 104:	시 105:
적용	거룩하시도다/ 그의 백성	인자와 공의 찬양	빈궁한 자 기도	하나님 송축하라	바람으로 사자 삼음	성호를 자랑하라

* 벗을 헐뜯지 말며 원수까지도 욕하지 말라. <피타쿠스, B.C. 50~570> 그리스 현인

빛 된 삶을 살아가자

찬송 / 84, 86, 87 / 통 96, 86, 87
성경 / 시편 111:1-11
요절 / 시편 111: 1
"할렐루야 내가 정직한 자들의 모임과 회중 가운데서 전심으로 여호와께 감사하리로다."
목표 / 교회생활이나 사회생활에서 빛 된 삶을 살아가는 태도를 기른다.

시작하는 말

이 시는 할렐루야로 시작되는 찬양시(讚揚詩)로서 그 형식이 매우 독특합니다. 히브리어 자모(字母)의 배열 순서대로 각 절마다 두 자음씩 배열하였고, 9~10절은 세 자음씩 배열하여 총 22자의 순서대로 인위적 구성에 애를 썼습니다. 이 시편의 내용은 역사 속에 나타난 하나님의 구원의 행사와 그 위대성을, 그리고 지존하신 하나님께 대하여 인간이 헌신하여 찬양하는 것이 너무나 당연한 일임을 증언하고 있습니다.

구약성경이나 신약성경에 나타난 하나님의 역사적인 사건은 현대를 살아가는 우리들에게 살아계신 하나님의 계시로서 세상에서 졸렬하게 살아가지 말고 '빛 된 삶을 살라'는 교훈이기도 합니다.

오늘의 말씀

1. 하나님의 기이한 행사에 대한 개인적인 증언입니다(시 111:1~3).

이 시는 시인 개인의 하나님께 대한 찬양과 감사로 시작되지만 감사의 이유에 대한 개인적인 이해의 바탕 위에서 역사 속에 기이한 일을 행하시는 하나님의 놀라운 행위를 증언하는 데까지 이릅니다.

1) 공회 중에서의 신앙을 증언합니다(1절).

시인의 개인적인 신앙 증언이 공회 중에서도 개인적인 고백을 하고 있다는 것은 이는 하나님께 대한 올바른 응답의 본보기가 될 것입니다.

2) 기이한 하나님의 행사에 대해 증언합니다(2~3절).

시인은 하나님을 찬양하고 감사드려야 할 이유로 이 시의 결론적인 이유를 제시합니다. 즉 시인이 하나님을 찬양하는 것은 '여호와의 행사가 크시기 때문이라'는 것입니다.

· 함께 읽어요 : 시편 111편 3절

"3 그의 행하시는 일이 존귀하고 엄위하며 그의 의가 영원히 서 있도다."

2. 역사 가운데 나타난 하나님의 구원 행위입니다(시 111:4~9).

시인은 하나님의 기이한 행사에 대한 개인적인 증언에 이어서 역사 가운데 나타난 하나님의 구원의 행위를 증언합니다.

1) 하나님의 구원 행위입니다(4~6절). 여호와의 행사를 연구하는 시인은 하나님께서 그 백성들을 위하여 행하시고 그 백성들로 하여금 잊지 않고 기억하게 하기 위하여 제정하신 일들을 심사숙고합니다(4절).

광야 40년 동안 기적적인 방식으로 양식을 공급받았던 체험은 역사상 어느 시대 어느 민족에게서 없었던 기이한 일입니다.

2) 하나님의 구원 행위의 본질입니다(7~9절). 시인은 하나님의 구원 역사를 심사숙고하고 증언합니다. 그가 이해한 구원 행위의 본질을 밝히면서 하나님의 영원하신 본성에 근거를 두고 매우 강한 자신의 확신을 들어내면서 바로 하나님의 구원 행위는 '진실과 공의'라고 강조합니다.

· 함께 읽어요 : 시편 111편 7~8절

"7 그의 손이 하는 일은 진실과 정의이며 그의 법도는 다 확실하니 8 영원무궁

토록 정하신 바요 진실과 정의로 행하신 바로다."

3. 결론적인 잠언과 찬양입니다(시 111:10).

여러분! 이 세상이 저절로 생긴 대로 굴러간다고 생각하십니까? 절대로 그렇지 않습니다. 하나님께서 창조하신 세계는 정하신 뜻대로 섭리(攝理)[1]해 가십니다.

시인은 이제 마지막으로 그 구원의 하나님께 대한 인생의 태도를 제시했습니다. 바로 '여호와를 경외함이 지혜의 근본'이라는 것입니다. 즉 측량할 수 없이 거룩하신 하나님의 존전에서 인생의 의무와 가치는 하나님을 섬기는데 있다는 것입니다. 이 결론은 잠언적 성격을 가진 것으로서 시인 자신의 경험과 실제적인 지식의 요약입니다.

이 친숙한 교훈을 이끌어내기 위해 시인은 하나님의 기이하신 행사와 섭리를 이야기 해 왔던 것입니다.

여러분들은 과연 이러한 하나님의 놀라우신 기적과 이적에만 마음이 빼앗겨 있는 것 아닙니까? 세상만사가 다 하나님의 장중 안에 있음을 다시 한 번 깊이 묵상해 보시기 바랍니다.

그렇다면 세상을 살아가면서 여러분들은 어떻게 살아가야 하겠습니까? 왜 여러분들을 천에 하나, 만에 하나 선택하셔서 하나님의 독생자의 대속함을 얻게 하여 그분의 자녀로 인을 쳐 주셨겠습니까?

주님은 "너희는 세상의 빛이라"(마태복음 5장 14절). 말씀하셨습니다. '말씀 부흥'이란 말씀을 들은 성도들이 그 말씀대로 살아 세상에서 '빛된 삶을 살아가는 것'입니다. 빛과 소금의 직분을 다 하시기 바랍니다.

· 함께 읽어요 : 마태복음 5장 16절

"16 이같이 너희 빛이 사람 앞에 비치게 하여 그들로 너희 착한 행실을 보고 하늘에 계신 너희 아버지께 영광을 돌리게 하라."

---

1) 섭리(攝理) : 하나님이 세계를 지배·소유하면서 인간을 그의 구제의 목적으로 영원한 계획에 의하여 인도하는 질서와 그 은혜.

정리하는 말

사랑하는 성도 여러분! 여러분들은 세상을 살아가면서 하나님께 욕이 돌아가는 행동을 하지 않았다고 생각하십니까? 그렇다면 여러분들의 선한 행위를 통해 세상 사람들이 "아 참 하나님을 믿는 사람들은 무엇인가 다르다!"는 평가를 받았다면 참으로 다행입니다. 하나님께서 기뻐하실 것입니다. 말씀대로 살면서 '빛 된 삶을 살아가시기' 바랍니다.

평가와 결심

1. 시인이 하나님의 무엇에 대하여 증언하고 있습니까?
   (시 111:1~3, 여호와의 크신 행사와 역사)
2. 시인의 두 번째 하나님의 무엇에 대하여 증언하고 있습니까?
   (시 111:4~9, 역사 가운데 나타난 하나님의 구원 행위)
3. 시인의 결론적인 잠언과 찬양의 내용은 무엇입니까?
   (시 111:10, 여호와를 경외함이 지혜의 근본이라)

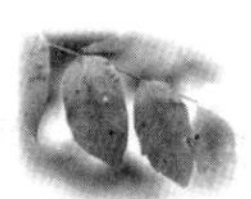

주간 경건의 시간 <42> · 날마다 말씀과 함께

요일 / 내용	주일/월(Mon)	화(Tue)	수(Wed)	목(Thu)	금(Fri)	토(Sat)
찬송	91동 / 93동	170 / 16	216/ 356	220 / 278	277 / 335	391 / 446
성경	시 106/시 107:	시 108:	시 109:	시 110:	시 111:	시 112:
적용	주의 나라 / 감사하라	새벽을 깨우리라	연수를 짧게	권능의 날	지혜의 근본	은혜를 베품

* 세상은 큰 책이다. 집에서 움직이지 않은 사람은 다만 그 책의 한 페이지만을 읽는 사람이다. < 성 어거스틴, 354~430 > 히포의 감독

말씀이 길, 진리이다

찬송 / 199, 200, 202 / 통 234, 235, 241
성경 / 시편 119:1-16
요절 / 시편 119:9
"청년이 무엇으로 그의 행실을 깨끗하게 하리이까 주의 말씀만 지킬 따름이니라."
목표 / 성도들이 길과 진리인 말씀으로 살아가는 태도를 기른다.

시작하는 말

본문은 시편 119편의 히브리 문자 알렙(א) 연(1~8절)과 벧(ב) 연(9~16절)에 대한 시입니다. 1~8절까지는 바른 행실에 대한 지혜를 얻기 원하는 시인의 소망과 태도를 잘 드러내고 있습니다. 말씀을 따라 삼가야 될 것을 말씀하고 있습니다. 반면에 9~16절 둘째 연에는 바른 행실에 대한 지혜를 얻기 원하는 시인의 소망과 태도를 잘 드러내고 있습니다. 오늘날처럼 악한 세상에서 살아간다는 것은 참으로 위태롭습니다. 더군다나 이 악한 세상에서 자녀들을 키운다는 것은 더욱 힘들고 어려운 일임에 틀림없습니다. 그러나 분명한 사실은 "하나님의 말씀이 곧 길이요, 진리이다"라는 신념으로 살아간다면 큰 힘이 될 것입니다.

오늘의 말씀

1. 복된 삶과 복된 삶을 위한 탄원을 통해서입니다(시 119:1~8).

말씀 부흥의 길은 복된 삶과 복된 삶을 위한 탄원을 통해서입니다.

1) 첫째는 '복된 삶'입니다(1~4절).

시인은 '복이 있도다!'(1~2절)라는 말을 거듭 사용하고 있습니다. 모든 신앙인이 추구해야 될 진리이며, 자신 또한 간절한 소원이기도한 삶인 것입니다. 하나님을 구하는 복된 삶은 간헐적인 순종으로는 절대 얻을 수 없으며, 불순종과 순종을 반복하는 삶에서는 누릴 수 없는 것입니다. 신앙생활도 작심삼일(作心三日)[2]은 안 되는 것입니다.

2) 둘째는 '복된 삶을 위한 탄원'을 통해서입니다.

시인은 행위로서 복된 삶을 추구합니다. 결론 부분인 본문 8절을 함께 읽겠습니다. "내가 주의 율례들을 지키오리니 나를 아주 버리지 마옵소서." 이 마지막 탄원을 통해서 이렇게 율법을 따르는 삶은 분명히 거룩한 삶의 특징을 보일 수밖에 없는 것입니다. 아무리 겉으로 훌륭한 외모를 지녔다 하더라도 말씀대로 살지 않으면 거룩한 향기가 나지 않는 법입니다. 거룩하기 위해 말씀과 기도가 필수적입니다.

· 함께 읽어요 : 빌립보서 4장 13절
"13 내게 능력 주시는 자 안에서 내가 모든 것을 할 수 있느니라."

2. 부흥의 길은 하나님의 율법과 바른 행실에서입니다(시 119:9~11).

시인은 질문을 통하여 하나님께 나아가고 있습니다. 질문형식은 '지혜문학'의 특징입니다. 시인이 청년기나 청년기를 지난 자들 모두 죄의 유혹에서 벗어날 수 없는 것이기에 하나님의 말씀을 따라 삼갈 때만이 그 해결책이 있다는 것입니다. 곧 하나님의 말씀을 따라서 지켜 살아가야 부흥한다는 것입니다. 말씀을 따라 사는 것만이 유일한 길입니다.

시인은 말씀과 계명에 전심해야 할 이유는 '범죄로부터의 자유'하기 위해서 입니다(11절). 죄에서 벗어나거나 이기기 위해서는 죄를 능가하

---

2) 작심삼일(作心三日) : 결심이 사흘을 가지 못함을 뜻함. 결심이 굳지 못함을 이르는 말.

는 능력이 필요합니다. 그것은 먼저 하나님의 말씀을 자신의 마음에 둠으로써 그러한 능력을 얻을 수 있음을 믿으시기 바랍니다.

· 함께 읽어요 : 시편 119편 11절
"11 내가 주께 범죄 하지 아니하려 하여 주의 말씀을 내 마음에 두었나이다."

3. 부흥은 말씀과 가르침에 대한 소망이 있어야 합니다(시 119:12~16).

부흥은 개인 심령이나 교회에 꼭 필요합니다. 시인은 부흥을 위해 말씀을 주셨을 뿐만 아니라 가르치시는 분으로서 하나님을 구하고 있습니다. 그는 하나님을 뛰어난 지혜의 교사로 찬양하며 주님의 가르치심을 받기를 소망하고 있습니다.

하나님의 가르치심 덕분에 시인은 하나님의 말씀을 선포할 수 있었습니다. 그것은 지식과 지혜를 겸비한 사람에게 가능한 것입니다. 그것은 담대함을 필요로 합니다. 시인은 자신의 입으로 주의 규례를 입술로 선포했던 것은 그가 하나님의 말씀을 전심으로 추구했기에, 즉 하나님께로부터 받은 가르침이 그 마음에 쌓여서 그로 인해 내적이고, 영적인 힘을 소유했기에 가능했을 것입니다.

시인은 재물보다 하나님의 말씀을 더 보배로 여깁니다. 또한 자신만이 가진 유일한 보배임을 느낄 때 진정한 기쁨이 되는 것입니다.

세상 사람들은 하나님과 신앙을 저버린 재물을 기뻐하지만 자신은 최상의 즐거움은 하나님이요, 하나님의 뜻을 즐기는 것이라는 삶의 고백입니다. 세상 사람들은 물질의 부요로 인하여 만족합니다. 그러나 시인은 모든 생애를 걸쳐 주님의 말씀을 묵상하면서 살아왔으며, 그의 기쁨의 중심을 세상에 두지 않고 주님에게만 최상의 소원을 두었던 것을 고백합니다. 신앙은 주님의 말씀에 온 정신과 힘을 다하는 것입니다.

· 함께 읽어요 : 시편 19편 9~10절
"9 여호와를 경외하는 도는 정결하여 영원까지 이르고 여호와의 법도 진실하여 다 의로우니 10 금 곧 많은 순금보다 더 사모할 것이며 꿀과 송이 꿀보다 더 달도다."

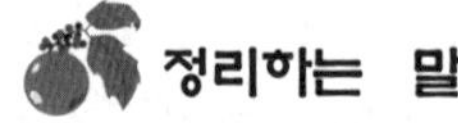

정리하는 말

사랑하는 성도 여러분! 여러분들의 마음을 어디에 두고 살아가십니까? 부입니까? 아니면 명예입니까? 부와 명예만을 추구한다면 십중팔구 불행해질 것입니다. 왜냐하면 부와 명예는 쉽게 정처 없이 떠나기 때문입니다. 하나님을 모시고 행복하시기를 원하신다면 말씀을 따라 믿음을 견고케 하시고, 길과 진리이신 예수 그리스도께 마음과 뜻을 다해 충성하시기 바랍니다.

평가와 결심

1. 말씀 부흥의 길 첫째가 무엇입니까?
   (시 119:1~8, 복된 삶과 복된 삶을 위한 탄원을 드려야 함)
2. 말씀 부흥의 길 둘째가 무엇입니까?
   (시 119:9~11, ① 하나님의 율법을 지킴 ② 바른 행실을 통해서)
3. 말씀 부흥의 길 셋째가 무엇입니까?
   (시 119:12~16, 주의 가르치심에 대한 소망과 말씀에 전심 다함)

주간 경건의 시간 <43> · 날마다 말씀과 함께

요일 / 내용	주일/월(Mon)	화(Tue)	수(Wed)	목(Thu)	금(Fri)	토(Sat)
찬송	28동 / 29동	176/ 163	174/ 161	204 / 379	220 / 278	252 / 184
성경	시 113/시 114:	시 115:	시 116:	시 117:	시 118:	시 119:
적용	즐거운 어미/ 차돌로 샘물	여호와를 의지하라	내게 주신 은혜	여호와를 찬양	여호와께 피함	증거 도 계명 율례

* 벙어리에게도 언어가 있다. 그들의 온 몸짓은 바로 그들의 언어인 것이다.

< 윌리엄 셰익스피어, 1564~1616 > 영국 시인, 극작가

11단원 감사 배가의 달

제44과

감사로 영성을 재충전하자

찬송 / 501, 292, 254 / 통일 255, 415, 186
성경 / 고린도전서 1:1-25
요절 / 고린도전서 1:4
"그리스도 예수 안에서 너희에게 주신 하나님의 은혜로 말미암아 내가 너희를 위하여 항상 하나님께 감사하노니"
목표 / 성도들은 감사로 영적 재충전하는 삶의 태도를 가진다.

시작하는 말

11월은 결실의 계절임과 동시에 '감사 배가의 달'입니다. 일년 사계절 중에 가을은 우리 인생에게 시사(示唆)[1] 하는 바가 많습니다. 겨울, 봄, 여름을 지나면서 주신 열매를 하나 둘 세어보면서 감사하는 마음을 갖는 것이 얼마나 소중합니까? 고린도 교인들은 하나님의 은혜로 말미암아 '모든 일'에 풍족하게 되었습니다. 즉 그들은 삶의 전 분야에서 하나님의 특별한 사랑을 경험했고, 실제로 성령이 주시는 모든 은사와 축복들을 받았습니다. 이번 가을에 '감사로 영적 재충전하여' 모든 분야에서 감사가 넘쳐나는 성숙한 신앙생활을 하시기 바랍니다.

오늘의 말씀

1. 주 예수 그리스도로 말미암아 얻는 바가 있습니다(고전 1:1~4).

1) 시사(示唆) : 미리 암시하여 일러줌.

바울은 편지 서두인 1~10절에서 예수 그리스도의 이름을 10번이나 언급하고 있습니다. 바울은 고린도교인들의 마음이 즉시 예수 그리스도께로 모아지기를 원했습니다. 오늘날 많은 교회의 문제는 분열된 마음에서 생겨납니다. 대부분 교회들의 문제해결을 위해서 예수 그리스도에 의해서만이 가능하다는 것을 알아야 합니다. 심령에 윤활유가 부족하여 생기는 문제들이 다분합니다. 주 예수 그리스도로 말미암아 약속되어 주시는 것들이 무엇입니까?

① 분열이 아니라 은혜와 평강의 교회를 이루십니다(1~3절).

사도 바울은 에베소에서 전도하고 있는 동안에 글로에의 집 편으로 고린도 교회의 분열에 대한 소식을 듣습니다. 교회가 붕괴 직전에 있음에도 불구하고 바울은 은혜와 평강이 있기를 원하고 있습니다.

② 하나님의 은혜로 성령의 은사를 주십니다(4~7절). 교회 안의 모든 문제 해결의 방안은 하나님의 은혜와 성령의 은사로 가능합니다.

③ 예수 그리스도 안에서의 안전을 주십니다(8절).

· 함께 읽어요 : 고린도전서 1장 8절

"8 주께서 너희를 우리 주 예수 그리스도의 날에 책망할 것이 없는 자로 끝까지 견고하게 하시리라."

2. 교회 안에 분열과 분쟁 그리고 분파가 있었습니다(고전 1:10~16).

고린도 교회는 비극적인 상황에 처해 있었습니다. 신자들 간의 친교가 무너지고 계층 간에 심한 분열과 불화가 있었습니다. 교회가 나뉘어져 심한 분쟁으로 분열의 위기에 있었습니다. 그러기에 그들의 마음이 하나가 되기 전에는 해결의 실마리가 보이지 않았습니다. 교회 안에 바울 파, 아볼로 파, 게바 파, 그리스도에게 속했다고 주장하는 계파 분쟁이 끊이지 않았습니다. 바울은 이러한 교회의 심각한 상태를 진단하고 '다 하나가 되라'고 권면했습니다.

· 함께 읽어요 : 고린도전서 1장 10절

"10 형제들아 내가 우리 주 예수 그리스도의 이름으로 너희를 권하노니 모두가 같은 말을 하고 너희 가운데 분쟁이 없이 같은 마음과 같은 뜻으로 온전히 합하라."

3. 바울은 해결책으로 '십자가'를 제시합니다(고전 33:12~23).

하나님의 백성들이 예수 그리스도 안에서 마음이 하나로 묶여져 있다면 결코 분열이 있을 수 없는 것입니다. 오히려 각 기관과 속회들이 선의의 경쟁으로 교회가 나날이 부흥하게 되는 것입니다. 그러나 고린도교회는 일찍이 교회역사상에서 보지 못한 분쟁, 심지어는 은사문제까지 분쟁이 있었습니다. 이러한 분열과 분쟁과 분파의 해결책은 하나님의 은혜로 그리스도 안에서 주어지는 특별한 은총으로만 가능한 것입니다.

감사가 사라진 개인이나 가정, 교회는 분열과 분쟁을 겪기 마련입니다. 풍요롭다고 감사가 넘치는 것은 아닙니다. 하나님의 은혜를 깨닫게 될 때 우리의 심령에서는 감사가 넘치는 법입니다. 성령의 은사를 개인적인 프라이버시나 이익추구의 수단으로 삼지 않고, 오직 하나님의 영광을 위해서, 그리고 교회 부흥의 원천으로 삼을 때만이 하나님께서 기뻐하십니다. 하나님이 기뻐하시는 일만 하는 그러한 교회는 부흥하기 마련입니다. 개인의 웅변술의 자랑보다 '십자가'를 전하는 일만이 전도자의 일차적인 사명인 것을 깨달아야 합니다. '십자가'는 하나님의 능력입니다. '십자가의 도'는 진리와 삶의 의미를 찾게 해 주는 유일한 길입니다(23~24절). 십자가만 전하시고 십자가만 자랑하시기 바랍니다. 그것이 지식과 지혜의 말보다 힘과 능력이 있습니다.

· 함께 읽어요 : 고린도전서 1장 18절

"18 십자가의 도가 멸망하는 자들에게는 미련한 것이요 구원을 얻는 우리에게는 하나님의 능력이라."

정리하는 말

사랑하는 성도 여러분! 하나님의 은혜와 사랑과 지혜이며, 온 인류를 구원하는 유일한 방법인 '십자가'를 자랑하시기 바랍니다. 하나님께서 주신 은혜는 세상의 지혜로 깨달을 수 없습니다. 그리스도의 십자가의 은혜로 죄악에서 구속, 곧 죄 사함을 받은 것은 온 세상을 주고도 바꿀 수 없는 은혜입니다. 성령의 은사로 하나님의 사랑을 깨닫게 하셨습니다. 여러분들의 허탈한 마음에 '감사로 재충전하셔서' 삶에 활력을 되찾고 희망의 무지갯빛 인생으로 '새 출발'하시기를 간절히 소원합니다.

평가와 결심

1. 그리스도로 말미암아 주시는 것들이 무엇이 있습니까?
   (고전 1:1~8. 은혜와 평강, 성령의 은사와 안전을 주심)
2. 고린도 교회에 어떤 문제가 있었습니까?
   (고전 1:12, 분열, 분쟁, 분파 ① 바울 파 ② 게바 파 ③ 그리스도 파)
3. 바울은 최선의 해결책으로 무엇을 제시했습니까?
   (고전 1:18~25, 그리스도의 십자가)

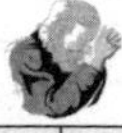

주간 경건의 시간 <44> · 날마다 말씀과 함께

요일 / 내용	주일/월(Mon)	화(Tue)	수(Wed)	목(Thu)	금(Fri)	토(Sat)
찬송	89동 / 88동	151/ 138	168 /158	252 / 184	251/ 137	268/ 202
성경	고전 1:/ 2:	고전 3:	고전 4:	고전 5:	고전 6	고전 7:
적용	같은 마음 / 성령의 통달	그리스도의 것	나를 본받으라	음행 멀리하라	교유끼리 송사 말라	아내에 대한 의무

* 쉬운 승리는 값싼 것이다. 값진 승리는 고생 끝의 결과로 오는 것이다.

<헨리 워드 비쳐, 1813~1887> 미국 목사 , 설교가

제45과

감사 찬송 회복하라

찬송 / 445, 458, 486 / 통 502, 513, 474
성경 / 고린도전서 13:1-13
요절 / 시편 135:3
"여호와를 찬송하라 여호와는 선하시며 그의 이름이 아름다우니 그의 이름을 찬양하라."
목표 / 날마다 기도하며 감사 찬송 회복하는 태도를 가지게 한다.

시작하는 말

우리가 추구해야 될 세상은 '믿음과 사랑'이 충만한 세상을 만드는 것입니다. 서로가 믿고, 서로를 사랑하는 그런 동네에는 시기와 다툼이 존재 할 수가 없습니다. '믿음과 사랑'을 기초하여 사는 세상을 만들려고 많은 통치자들이 노력을 해 왔지만, 최소한의 공통분모를 찾은 민주주의라는 세상을 만들어 보았습니다. 그렇지만 세상은 여전히 불안하고 싸움이 그칠 날이 없습니다. 그래서 본과에서는 '사랑의 찬가'를 통하여 '감사 찬송을 회복하라'는 주제를 설명하면서 우리가 원하는 아름다운 세상을 만들어가고자 합니다. '감사의 삶'이란 말처럼 쉬운 것은 아닙니다. 그러나 감사하면 분명 세상이 밝아집니다.

오늘의 말씀

1. 삶에서 가장 큰 특성은 은사가 아니라 사랑입니다(고전 13:1~3).

고린도교회의 장점은 은사가 많다는데 있습니다. 그러나 그러한 은사가 삶을 행복하고 풍요롭게 해 주지 못했습니다. 오히려 분열과 분쟁의 불씨가 되었습니다. 내가 가진 은사를 더 크게 여겼기 때문입니다. 그래서 바울은 더욱 큰 은사를 사모하라 하면서 가장 좋은 길, 즉 방법으로 '사랑'을 제시하고 있습니다.

만일 사람들이 서로를 진심으로 사랑한다면, 이 세상에는 더 이상 전쟁, 범죄, 학대, 불의, 빈곤, 굶주림이나 아사, 집 없음, 타락, 부도덕 같은 것은 존재하지 않을 것입니다. 감사를 더한 사랑은 사회를 획기적으로 변화시킬 수 있는 요소 중 하나입니다. 감사와 사랑은 삶의 가장 큰 특성이요, 사람이 행복하게 살아가는 최상의 방식인 것입니다.

· 함께 읽어요 : 고전 13장 3절

"3 내가 내게 있는 모든 것으로 구제하고 또 내 몸을 불사르게 내줄지라도 사랑이 없으면 내게 아무 유익이 없느니라."

2. 사랑에 더하는 감사는 사랑의 가속 페달입니다(고전 13:4~7).

본문에는 사랑의 위대한 행위 15가지 실제적인 행위를 제시하고 있습니다. 사람은 세상에서 다른 사람들과 함께 살아가면서 사랑해야 합니다. 이것이 다른 사람들을 사랑한다는 말이 의미하는 바입니다.

① 오래 참습니다. ② 온유합니다. ③ 시기하지 않습니다. ④ 자랑하지 않습니다. ⑤ 교만하지 않습니다. ⑥ 무례히 행하지 않습니다. ⑦ 자기 유익을 구하지 않습니다. ⑧ 성내지 않습니다. ⑨ 악한 것을 생각하지 않습니다. ⑩ 불의를 기뻐하지 않습니다. ⑪ 진리와 함께 기뻐합니다. ⑫ 모든 것을 참습니다. ⑬ 모든 것을 믿습니다. ⑭ 모든 것을 바랍니다. ⑮ 모든 것을 견딥니다. 귀한 사랑에 감사를 더하시기 바랍니다.

· 함께 읽어요 : 고린도전서 13장 7절

"7 모든 것을 참으며 모든 것을 믿으며 모든 것을 바라며 모든 것을 견디느니라."

3. 사랑의 영속성과 우위성은 감사 찬송의 이유입니다(고전 13:8~13).

감사히 여기는 사람은 물질로든지 말로든지 표현하고 싶어 하는 것입니다. 사랑이 말로만이 아니라 행위로 표현되어야 합니다. 그럴 때 세상은 살기 좋은 세상으로 변합니다. 기독교의 특성을 '사랑의 종교'라고 표현합니다. 그러나 그보다 더 강력한 표현은 '감사하는 종교'라고 표현하고 싶습니다. '감사'가 말로만이 아니라 행위로 표출될 때 위대한 열매들을 맺으며, 좋은 일들을 이루어 낼 수 있습니다.

1) 사랑은 영속성을 가지고 있습니다.

① 사랑은 결코 실패하지도, 그치지도, 패하여지지도 않습니다.

② 사랑은 성숙한 행동입니다. 크리스천의 성숙함은 먼저 감사하는 행위에서 나타납니다. 감사가 찬송으로 표현되기를 바랍니다.

③ 사랑은 하나님과 얼굴을 대하여 보는 것입니다. 구약 성도들은 일년 삼차씩 감사의 예물을 가지고 하나님의 얼굴을 뵈어야 했습니다. 유월절, 초실절(칠칠절), 장막절에 예물을 가지고 성전에 나아갔습니다.

2) 사랑의 우위성을 가지고 있습니다.

본문 13절을 함께 읽겠습니다. "그런즉 믿음, 소망, 사랑, 이 세 가지는 항상 있을 것인데 그 중에 제일은 사랑이라."

믿음은 하나님의 계시에 초점을 맞추지만, 소망은 온전한 세상에서 하나님과 함께 영원히 거하는데 관심이 있습니다. 사랑(아가페, *ἀγάπη*)은 인간의 본성에서 나오는 것이 아니라 하나님의 선물이며, 하나님의 속성에 속하는 것이기에 가장 위대하고 소중한 것입니다.

· 함께 읽어요 : **요한일서 4장 9절**

"9 하나님의 사랑이 우리에게 이렇게 나타난바 되었으니 하나님이 자기의 독생자를 세상에 보내심은 그로 말미암아 우리를 살리려 하심이라."

정리하는 말

사랑하는 성도 여러분! 아가페의 사랑이야말로 하나님께 속한 것입니다. 인간의 사랑을 노래하면서 눈물도 흘리는데 정작 우리를 죄악에서 구원하신 '십자가의 사랑'에 감사도 찬양도 없다면 그것은 신앙이 잘못된 것입니다. 그리스도께서 자신을 십자가에서 내어주신 사랑이야말로 최고의 감사할 제목이며, 사랑의 본질인 것입니다. 본문에서 사랑을 노래함은 하나님께서 우리에게 베풀어 주신 사랑을 알게 하기 위함인 줄 아시고, 크신 은혜와 사랑을 깨달아 '감사 찬송을 회복하시기' 바랍니다.

평가와 결심

1. 바울이 소개하고 있는 가장 큰 은사가 무엇입니까?
   (고전 12:31~고전 13:3, 가장 큰 은사는 사랑임)
2. 사랑에 더하는 감사는 무엇과 같습니까?
   (고전 13:4~7, 사랑이란 자동차의 가속 페달과 같음)
3. 하나님의 크신 사랑을 깨달은 자가 어떻게 해야 합니까?
   (시편 135:3, 여호와께 감사 찬송을 드려야 함)

주간 경건의 시간 <45> · 날마다 말씀과 함께

요일 / 내용	주일/월(Mon)	화(Tue)	수(Wed)	목(Thu)	금(Fri)	토(Sat)
찬송	144동 / 91동	347 / 382	374/423	382 / 432	383 / 433	381 / 425
성경	고전 8:/ 9:	고전 10:	고전 11:	고전 12:	고전 13	고전 14:
적용	우상 제물/ 상 얻는 자	우생숭배 경고	나를 본 받으라	성령 은사	사랑 장	방언

* 하나님의 최고의 성품은 진노하시는 것이 아니라 바로 용서하시는 것이다.

< 베어도 테일러, 1825~1878 > 미국 여행가, 작가

11단원 감사 배가의 달

자유와 평화를 감사하라

찬송 / 150, 151, 154 / 통 135, 138, 139
성경 / 시편 137:1-9
요절 / 시편 137:1
"우리가 바벨론의 여러 강변 거기에 앉아서 시온을 기억하며 울었도다."
목표 / 주님께서 주신 자유 평화를 감사하는 태도를 기른다.

시작하는 말

시인은 주전 587년 바벨론의 예루살렘 침공의 쓰라린 체험, 바벨론에서 포로민으로서 수치와 고통의 경험을 겪은 자 같습니다. 시인은 그 때의 뼈저린 아픔을 폐허 상태의 예루살렘에 돌아와서 회상하고 있습니다.

이런 점에서 우리 민족도 6.25 전쟁과 일제의 압박 속에서 40여년을 고통과 아픔을 겪었습니다. 미국의 정치가 패트릭 헨리의 말처럼 "자유가 아니면 죽음을 달라"는 말은 자유와 평화를 갈망하는 인류의 마음을 대변한다고 할 수 있습니다. 그러나 정작 압박을 받고, 전쟁에 시달릴 때는 '자유와 평화'를 달라고 아우성이지만 '자유와 평화'를 누리게 되면, 그 사실을 까맣게 잊고 감사할 줄 모릅니다. 핍박과 고통을 깊이 되새기면서 큰 고통만큼 더 큰 감사를 드리시기 바랍니다.

오늘의 말씀

1. 시인의 슬픈 회상과 이방인의 조롱이 있었습니다(시 137:1~3).

이 시는 과거 바벨론 포로기에 겪었던 민족적 불행에 대한 회상으로 시작하고 있습니다. 바벨론의 큰 강인 힛데겔과 유브라데(창 2:14)와 그 지류들인 아하와, 그발, 을레 강 등(스 8:15, 겔 1:1, 단 8:2) 그 강변에 앉아서 고향 땅을 그리며 예루살렘의 회복을 위해 기도했던 시절의 일들을 추억합니다. 줄줄이 묶여 끌려가 원수들이 고향의 노래를 부르라고 조롱하던 그 때를 생각하면, 죽이고 싶도록 밉기조차 했을 것입니다. 유대인들이 나치들에게 당한 살육의 고통을 어찌 잊겠습니까? 우리 민족은 일제에 당한 그 고통과 치욕들을 어찌 잊어버리겠습니까?

· 함께 읽어요 : 시편 137편 1절
"1 우리가 바벨론의 여러 강변 거기에 앉아서 시온을 기억하며 울었도다."

2. 고통과 슬픔 당함에 대한 거절과 다짐이 있었습니다(시 137:4~6).

이방인들은 하나님의 살아계심도, 하나님을 경배하는 삶의 중요성도, 찬양과 기도의 의미도 이해하지 못했습니다. 유구한 이스라엘 예배의 중요성을 멸시한 나머지 조롱하면서 그런 노래를 좀 불러보라는 것이었습니다.

찬송가의 곡조에 세속적이고 야유적인 가사를 붙여서 부른다는 것은 결코 있을 수 없습니다.. 예배에서 사용되어야 할 찬송가가 무참히 짓밟히는 그러한 일들이 일어나서는 안 될 일입니다.

우리가 불러야 할 찬송가는 하나님께서 그의 백성들에게 주신 예배에서 불러야 할 거룩한 노래인 것입니다. 그것은 그들이 잡혀 온 장소와 시기, 그리고 짓눌린 상처투성이의 심정으로 부를 수 있는 것이 아닙니다. 하나님께서 이스라엘 백성을 위해서, 그리고 그보다도 하나님 현존의 증언 처소로서 삼으신 시온에서의 예배는 오랜 역사 가운데서 그 예배 내용과 양식이 거룩하게 드려져야 하는 것입니다. 결코 이방인들의 노리개 감이 될 수 없습니다. 그들은 예배의 처소로서 여호와 하나님을 잊을 수 없듯이 예루살렘을 결코 잊을 수 없었습니다.

· 함께 읽어요 : 시편 137편 5절

“5 예루살렘아 내가 너를 잊을 진대 내 오른손이 그의 재주를 잊을 지로다.”

3. 심판을 위한 기도와 원수들을 향한 시인의 저주입니다(137:7~9).

시인은 예루살렘을 향한 그 자신의 절대불변의 충성을 가지고 북받치는 기쁨의 감정으로 고백합니다. 화려했던 예루살렘 성을 훼파했던 자들에 대한 저주를 하나님께 기원합니다.

여러분은 영적인 수도 예루살렘에 대하여 얼마나 강한 사랑을 가지고 있습니까? 짓밟은 원수들에 대하여 얼마나 큰 저항을 가지고 있습니까?

시인은 이방 땅에서 여호와의 노래를 부르지 않겠다고 하며, 예루살렘을 기억하지 않거나 가장 즐거워하는 것보다 더 즐거워하지 아니할진대 그의 혀가 입천장에 붙을 지로다 하고 노래하고 있습니다. 이는 시인이 얼마나 ‘예루살렘 성전’에서의 ‘여호와 예배’를 사모하고 있는 지를 말해주고 있는 것입니다.

바벨론의 끔찍한 침략을 옆에서 박수치면서 바라보고 있던 에돔으로 인하여 이스라엘의 수치는 그 얼마나 극에 달했겠습니까? 그것은 처절한 불쾌감과 모욕감이었을 것입니다. 따라서 시인은 그때를 정확히 기억하고 그 당시 예루살렘의 형편 그대로 에돔에게 되돌려 주시기를 간구하고 있는 것입니다. 여기서 시인의 예루살렘을 향한 순수한 사랑의 열정을 엿볼 수 있습니다.

한 사람의 마음의 갈등과 가라앉지 않는 분노에서조차 예루살렘과 하나님의 도성을 위한 자유 평화의 갈증을 느낄 수 있습니다. 여러분들은 과연 얼 만큼 하나님께 대한 충성의 도를 표현 할 수 있습니까? 자유할 때 더 감사하시고, 평화할 때 더 큰 충성을 다짐하시기 바랍니다.

· 함께 읽어요 : 시편 137편 8절

“8 멸망할 딸 바벨론아 네가 우리에게 행한 대로 네게 갚는 자가 복이 있으리로다.”

정리하는 말

성도 여러분! 여러분은 하루 몇 번씩이나 하나님께 감사하고 있습니까? 우리는 공기가 단절될 때 몇 분간 숨 막힐 때도 감사를 깨닫지 못하고, 정작 신선한 공기를 공짜로 맘껏 들이키면서도 감사할 줄 모릅니다. 우리가 '자유와 평화'를 맘껏 누리면서도 감사 한 마디 없다면 되겠습니까? 여러분! 지금 누리는 '자유와 평화'에 진심으로 감사하시기를 바랍니다.

평가와 결심

1. 본문에서 시인은 무엇을 회상하고 있습니까?
(시 137:1~3, 과거의 슬픈 회상과 그때 당한 이방인의 조롱)
2. 시인은 무엇을 강력하게 거절하고, 그 태도는 어떻습니까?
(시 137:4~6, 시온의 노래를 부르라는 요청에 대한 거절과 결심)
3. 시인의 예루살렘을 향한 충성이 어떻게 나타납니까?
(시 137:7~9, 심판을 향한 기도와 원수들을 향한 저주로)

주간 경건의 시간 <46> · 날마다 말씀과 함께

요일 내용	주일/월(Mon)	화(Tue)	수(Wed)	목(Thu)	금(Fri)	토(Sat)
찬송	25동 / 23동	495/ 271	496 / 260	497 / 274	498 / 275	499 / 277
성경	고전 15:/ 16:	고후 1:	고후 2:	고후 3:	고후 4:	고후 5:
적용	부활 장/ 헌금 방법	위로	많은 눈물	그리스도의 편지	보배를 질그릇에	새로운 피조물

* 사랑 속에서는 괴로움과 즐거움이 언제나 싸우고 있다.
< 푸블리우스 시루스, B.C. 1C경 > 로마 노예, 시인

11단원 감사 배가의 달

감사와 선행으로 살자

찬송 / 258, 257, 60 / 통 190, 189, 194
성경 / 고린도후서 9:1-15
요절 / 고린도후서 9:11
"너희가 모든 일에 넉넉하여 너그럽게 연보를 함은 그들이 우리로 말미암아 하나님께 감사하게 하는 것이라."
목표 / 어렵고 힘든 세상이지만 감사와 선행으로 살아가는 태도를 기른다.

시작하는 말

오늘 본문은 성도(하기오스, *ἁγίους*)의 삶이 어떤 것인지를 보여주고 있습니다. 바울은 고린도교인들이 물질을 마땅히 드릴 것이라고 기대하고 있었습니다. 드리는 것이 하나님을 기쁘시게 하는 이유가 바로 하나님의 본성에 속하기 때문입니다. 하나님께서는 바로 최상의 선물, 즉 주 예수 그리스도를 주신 분이십니다. 요한복음 3장 16절에 "하나님이 세상을 이처럼 사랑하사 독생자를 주셨으니 이는 그를 믿는 자마다 멸망하지 않고 영생을 받게 하려 하심이라"고 했습니다. 여러분! 감사와 선행으로 드리십시오. 본문에 나오는 고린도교인들처럼 많이 드리려고 준비하고, 열심을 가지고 선행을 실천하면서 살아가시기 바랍니다.

오늘의 말씀

1. 하나님을 기쁘시게 드리려는 준비와 열심을 가지세요(고후 9:1~5).

성도(하기오스, *ἁγίους*)란 말은 구별되어 하나님께 헌신된 자들을 의미합니다. 즉 진정으로 믿는 자들을 칭하는 말입니다. 어떤 믿는 형제들이 절박한 처지에 놓여 있었습니다. 즉 유대에 있는 교회들은 가난해 도움을 절실히 필요로 하고 있었습니다.

1) 고린도교인들이 그들을 도와주리라고 기대하고 있었습니다.

사실, 그런 어려운 정황에 대해 언급할 필요조차 없을 정도로 그 기대는 지극히 당연했습니다.

2) 바울은 드리는데 준비되어 있는 그들의 마음, 즉 열성적인 그들의 마음을 잘 알고 있었습니다.

3) 바울은 고린도교인들이 드릴 준비가 되어 있음에 대해 자랑했습니다. 그들은 일년 전부터 준비를 하고 있었다고 말합니다.

4) 고린도교인들의 열심과 헌신이 퍽 많은 사람들을 감동시켜 그들로 선교계획을 돕는 일에 참여케 했습니다.

· 함께 읽어요 : 고린도후서 9장 5절

"5 그러므로 내가 이 형제들로 먼저 너희에게 가서 너희가 전에 약속한 연보를 미리 준비하게 하도록 권면하는 것이 필요한 줄 생각하였노니 이렇게 준비하여야 참 연보답고 억지가 아니니라."

2. 드리는데 있어 하나님을 기쁘시게 하면 꼭 보상하십니다(고후 9:6~7).

1) 심은 대로 거두게 됩니다(6절). 많이 심은 자는 많이 거두고 적게 심은 자는 적게 거둡니다. 이것이 '거둠의 법칙'입니다. 그러나 실제로는 훨씬 더 많은 양, 즉 풍성한 수확을 하게 됩니다. 하나님께서 크게 축복하시는 사람은 희생적으로 바치는 척하는 사람이 아닙니다.

2) 드리는데 있어 하나님을 기쁘시게 드려야 합니다.

① 드리는 자는 자기 마음에 정한 대로 드려야 합니다.

② 드리는 자는 인색함으로 행해서는 안 됩니다.

③ 드리는 자는 할 수 없어서 드려서는 안 됩니다.

④ 하나님이 기뻐하시는 연보는 즐거운 마음으로 드려야 합니다.

· 함께 읽어요 : 고린도후서 9장 7절

"7 각각 그 마음에 정한 대로 할 것이요 인색함으로나 억지로 하지 말지니 하나님은 즐겨 내는 자를 사랑하시느니라."

3. 후하게 희생적으로 드리는 곳에는 동기가 있습니다(고후 9:8~15).

믿는 자들이 세상의 절박한 필요를 채워주어야 하는 데는 여러 가지 이유가 있습니다. 본문은 후하게 희생적으로 드리는 동기를 말합니다.

첫 번째 동기는 하나님에 의해 더 부요하게 되기 위해서 입니다(8~11절). 하나님은 우리가 드린 것을 되돌려 주실 수 있습니다.

하나님께서는 믿는 자가 희생적으로 드림으로써 착한 일이 넘치게 되기를 기대하십니다. 하나님께서는 믿는 자로 하여금 더 많이 드릴 수 있도록 그에게 더 많이 베풀어 주실 수 있습니다.

두 번째 동기는 사람들의 필요를 채우고 하나님께 영광을 돌리기 위함입니다(12절).

세 번째 동기는 그리스도께 대한 자신의 충성을 증명하기 위함입니다(13절).

네 번째 동기는 기도와 사랑과 교제를 장려하기 위함입니다(14절).

다섯 번째 동기는 말할 수 없는 은사를 인하여 하나님을 찬양하기 위해서입니다(15절). 하나님은 독생자를 은사로 주셨습니다.

· 함께 읽어요 : 로마서 6장 23절

"23 죄의 삯은 사망이요. 하나님의 은사는 그리스도 예수 우리 주 안에 있는 영생이니라."

정리하는 말

사랑하는 성도 여러분! 감사와 선행으로 살아간다는 것은 말처럼 그리 쉽지는 않습니다. 하나님께서 주신 은혜와 은사를 가슴 깊이 인식하고, 더 큰 선물을 주실 그분께 우리의 마음과 입을 크게 여는 여러분이 되시기 바랍니다. 큰 감사의 손으로 더 큰 은혜와 은사를 받을 수 있습니다. 마음 문 활짝 열고, 감사와 선행으로 살아가시기를 간절히 축복합니다.

평가와 결심

1. 믿음이 성숙한 성도의 삶의 태도가 무엇이라고 생각합니까?
   (고후 9:1~5, 하나님을 기쁘시게 드리려는 준비와 열심 가짐)
2. 드리는데 있어서 성도의 기본적인 법칙과 태도가 무엇입니까?
   (고후 9:6~7, 심은 대로 거둔다. 하나님을 기쁘시게 드려야 함)
3. 바울이 결론적으로 드린 감사의 이유가 무엇이었습니까?
   (고후 9:14~15, 지극한 은혜, 말할 수 없는 은사)

주간 경건의 시간 <47> · 날마다 말씀과 함께

요일 / 내용	주일/월(Mon)	화(Tue)	수(Wed)	목(Thu)	금(Fri)	토(Sat)
찬송	85동 / 86동	195/ 175	242/ 233	255 / 187	279 / 337	298 / 35
성경	고후 6/ 7:	고후 8:	고후 9:	고후 10:	고후 11:	고후 12:
적용	은혜받을 때/ 자신 깨끗이	거액의 연보	즐겨 내는 자	바울의 권위	바울의 자랑	환상과 계시

* 항상 네 감사하는 일을 처음에는 하늘에 하고, 다음에는 땅에 하라.

< 데이빗 토마스, 1776~1850 > 미국 농학자, 저술가

12단원 성탄 예배의 달

제48과

찬송의 기쁨을 회복하라

찬송 / 219, 217, 220 / 통일 279, 362, 278

성경 / 고린도후서 13:1-13

요절 / 고린도후서 13:13

"주 예수 그리스도의 은혜와 하나님의 사랑과 성령의 교통하심이 너희 무리와 함께 있을 지어다."

목표 / 찬송의 기쁨을 회복하는 태도를 기른다.

시작하는 말

12월은 '성탄 예배의 달'입니다. 예배 중에 가장 소중한 의미는 우리 주 예수 그리스도의 탄생으로부터 시작되는 그리스도의 생애에서 찾아야 합니다. 그러나 오늘날 '열린 예배'라는 형태에서 마치 성극의 주인공처럼 연기하면서 드리는 예배는 무엇인가 좀 의미가 왜곡되어지기 쉬운 일이 아닐까요? TV나 영상예배에서의 착각도 본래 예배의 의미를 퇴색시킬 수도 있다는 점을 유의해야 합니다. 여러분! 예배에서 연기자가 아닌 자신을 온전히 드리는 예배가 살아나기를 바랍니다.

오늘의 말씀

1. 사역자는 교회를 파괴하는 거짓 교사들을 경고합니다(고후 13:1~6).

본문은 고린도교회 안에 거짓된 교리를 가르치고, 바울을 비판하며,

거짓된 비난을 일삼는 사람들이 있었습니다. 바울은 그 교회를 방문하기로 계획하고, 다음 세 가지를 경고하고 있습니다.

1) 자신에 대한 비난의 근거를 따지겠다는 것입니다. 그는 일 년 이상 오랜 기간 동안 비판과 소문, 비난과 분쟁에 대해 참아왔습니다. 이제 더 이상 방관만 하지 않고 이제 그들과 맞서 그 문제를 다루어야 할 때가 되었던 것입니다. 그들을 그냥 놔두면 교회 안에 악 영향을 끼칠 것이기 때문입니다.

2) 두 번째 경고는 용서하지 않으리라는 것입니다. 그는 도착하는 대로 자신의 영적 권위로 모든 행악 자들을 징계할 예정이었습니다.

3) 믿는 자들은 스스로에게 믿음이 있는지 확증해야 할 필요가 있었습니다. 예수 그리스도께서 자신들 안에 계신지 확증해야 합니다.

· 함께 읽어요 : 고린도후서 13장 4절

"4 그리스도께서 약하심으로 십자가에 못 박히셨으나 하나님의 능력으로 살아 계시니 우리도 그 안에서 약하나 너희에게 대하여 하나님의 능력으로 그와 함께 살리라."

2. 사역자는 세속적인 교회를 위해 기도했습니다(고후 13:7~10).

바울은 매우 특별한 세 가지를 기도로 구했습니다.

1) 바울은 그들이 악을 조금도 행하지 않기를 기도했습니다.

그들을 사랑하고 그들을 위해 오직 최선의 것이 이루어지기를 기도하고 있습니다.

2) 그들이 모두 진리 편에 서게 되기를 기도하고 있습니다.

3) 그들이 강해지고 온전케 되게 해달라고 기도하고 있습니다. '온전케'는 그들의 부서진 부분을 고쳐서 보다 더 완전한 상태로 회복시킨다는 의미입니다. 모든 일을 이루시는 살아계신 하나님이십니다.

· 함께 읽어요 : 고린도후서 13장 9절

"9 우리가 약할 때에 너희가 강한 것을 기뻐하고 또 이것을 위하여 구하니 곧 너희가 온전하게 되는 것이라."

3. 사역자는 교회에 권면하고 축복했습니다(고후 13:11~13).

사역자는 교회에 권면했습니다. 이 권면은 용기를 북돋워주는 것이었습니다.

① '온전케 되며' : 이 말은 자신들과 사람의 방식을 회복하고 개혁하고 바로잡고 고치라는 것이었습니다.

② '위로를 받으며' : 이 말은 회개하고 하나님께 돌아와 확증을 얻고 위안을 얻고 도움을 받으라는 것입니다.

③ '마음을 같이하여' : 이 말은 믿음, 확신, 목적, 사역에 있어서 하나가 되라는 것입니다.

④ '평안할 지어다' : 이 말은 서로 사랑하고 돌보고 용납해 주고 인내로써 대해주고 관심을 가지라는 의미입니다.

사역자는 교회를 축복했습니다. 이 말은 성경에서 가장 많이 사용된 축복의 표현들 가운데 하나입니다.

1) '주 예수 그리스도의 은혜' : 바울은 그들이 주 예수 그리스도의 모든 은총과 축복을 경험하기를 원했습니다.

2) '하나님의 사랑' : 그들이 인류를 구원하시는 그리스도의 은사로부터 날마다 필요한 것으로 채워주심에 이르기까지 하나님의 모든 사랑을 체험하기를 원했습니다.

3) '성령의 교통하심' : 그들이 성부 하나님과 성자 하나님, 그리고 다른 믿는 자들과의 교제 가운데서 행할 때에 성령의 임재와 그 능력을 체험하기를 원했습니다.

· 함께 읽어요 : 고린도후서 13장 13절

"13 주 예수 그리스도의 은혜와 하나님의 사랑과 성령의 교통하심이 너희 무리와 함께 있을 지어다."

정리하는 말

사랑하는 성도 여러분! 여러분들은 하루 중에 어느 때에 하나님께 찬양하며 기쁨을 회복하고 있습니까? 여러분들의 심령이 우울증으로 시달리지는 않습니까? 믿음 생활이 부담만 가중되지 않습니까? 그렇다면 여러분들의 예배생활을 점검하시고, '찬송의 기쁨을 회복'하시기 바랍니다. '찬송'은 말씀과 기도를 곡조에 맞춰 하나님께 드리는 것입니다. 이 찬송이 감격적이고 진정한 예배로 만들어 줄 것입니다.

평가와 결심

1. 찬송의 기쁨을 회복하기 위해 해야 될 첫째가 무엇이었습니까?
   (고후 13:1~6. 교회 파괴하는 거짓 교사들 문제 해결해야 함)
2. 찬송의 기쁨을 회복하기 위해 해야 될 둘째가 무엇이었습니까?
   (고후13:7~10. 교회가 진리 편에 강해지고 온전해 지기 위해 기도해야 함)
3. 찬송의 기쁨을 회복하기 위해 해야 될 셋째가 무엇이었습니까?
   (고후 13:11~13. 사역자는 권면하고 축복해야 함)

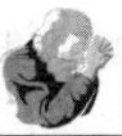

주간 경건의 시간 <48> · 날마다 말씀과 함께

요일 / 내용	주일/월(Mon)	화(Tue)	수(Wed)	목(Thu)	금(Fri)	토(Sat)
찬송	87동 / 88동	285 / 209	286 /218	293/ 414	294/ 416	299 /418
성경	고후 13/ 갈 1:	갈 2:	갈 3:	갈 4:	갈 5:	갈 6:
적용	축복기도/ 은혜와 평강	다른 사도	율법과 믿음	눈이라도 빼어	그리스도의 자유	예수의 흔적

* 사람들은 보통 기도하지 않고 구걸을 한다. <죠지 버나드 쇼, 1856~1950, > 영국 극작가

12단원 성탄 예배의 달

제49과

복음 중의 복음을 전하라

찬송 / 38, 117, 118 / 통 36, 117, 118

성경 / 에베소서 1:1-22

요절 / 에베소서 1:7

"우리는 그리스도 안에서 그의 은혜의 풍성함을 따라 그의 피로 말미암아 속량 곧 죄 사함을 받았느니라."

목표 / 성도로서 복음 중의 복음을 전하는 태도를 기른다.

시작하는 말

본문에서 바울은 에베소에 있는 성도들에게 보내는 편지의 서두를 가장 위대한 주제들 중의 하나인 '하나님의 부르심'으로 시작하고 있습니다. 사람에게 있어서 하나님의 부르심보다 더 의미 있는 일은 아무것도 없을 것입니다. 본문은 하나님의 복음 중의 복음으로 '하늘의 신령한 복'과 기업을 선포하고 있습니다. 그리스도 안에서 베푸시는 은혜는 '그의 피로 말미암은 구속', 곧 '죄 사함의 은혜'가 '복음 중의 복음'인 것입니다. 성탄의 의미가 가장 진하게 배어진 말씀인 것입니다. 구속, 곧 죄 사함이 더 좋은 소식, 곧 '기쁨의 좋은 소식'인 것입니다.

오늘의 말씀

1. 부르심과 하나님께서 신령한 복을 주셨습니다(엡 1:1~12).

본문은 성경의 위대한 구절 중의 구절들입니다. 본문은 구원을 위한 하나님의 계획, 즉 하나님의 영원한 계획을 다루고 있습니다. 하나님께서 자신의 아들 예수 그리스도를 그들의 구원자로 믿는 사람들에게 부어주시는 엄청난 복들을 다루고 있습니다.

1) 하나님의 복은 신령한 복입니다(3절).

① 거룩하고 흠이 없게 하시려고 택하셨습니다(4절).

② 하나님께서 우리를 양자로 삼으십니다(5~6절).

③ 우리를 구속(죄를 용서)하십니다(7절).

④ 지혜와 총명을 주십니다(8절).

⑤ 자신의 뜻의 비밀을 우리에게 드러내십니다(9~10절).

⑥ 우리에게 기업을 주십니다(11~12절). 우리를 하나님의 기업이 되게 하셨습니다. 우리들을 하나님 자신의 기업으로 만드셨습니다.

· 함께 읽어요 : 에베소서 1장 11절

"11 모든 일을 그의 뜻의 결정대로 일하시는 이의 계획을 따라 우리가 예정을 입어 그 안에서 기업이 되었으니"

2. 하나님께서 우리를 성령으로 인치셨습니다(엡 1:13~14절).

일곱 번째 복으로 하나님께서 우리를 성령으로 인치셨습니다. '보증'(아르라본, *ἀρραβών*)이란 저당, 담보, 계약금을 의미합니다. 믿는 자에게 그의 구원의 완전한 확신을 주기 위하여 성령이 그에게 주어집니다. 우리는 우리 안에 거하시는 성령에 의하여 우리가 구속받았음을, 우리가 하나님의 소중한 소유임을 압니다. 왜 하나님께서 우리에게 하나님 자신의 놀라운 임재인 구속의 영광스러운 보증을 주십니까? 우리로 하여금 그분의 영광을 영원히 찬송하게 하기 위함입니다.

· 함께 읽어요 : 에베소서 1장 13절

"13 그 안에서 너희도 진리의 말씀 곧 너희의 구원의 복음을 듣고 그 안에서 또한 믿어 약속의 성령으로 인 치심을 받았으니"

3. 하나님을 아는 지식의 기초는 믿음과 사랑입니다(엡 1:15~18).

에베소 교회는 강력한 증거를 갖고 있었습니다. 그 증거는 너무나 강력하여 전 세계로 퍼지고 있었습니다. 그들의 증거와 그 능력이 바울의 귀에까지 들렸습니다. 그러면 바울이 들었던 것이 무엇이었습니까?

1) 주 예수에 대한 강한 믿음과 사랑을 갖고 있었습니다.

① 그는 하나님의 사랑(세상을 구하기 위하여 하나님께서 자신의 독생자를 보내신 사랑)에 대한 그들의 믿음에 대하여 들었습니다.

② 그는 그들이 하나님의 성도들에게 봉사하고 있다는 것을 들었습니다. 즉 하나님의 사람들에게 큰 사랑을 실천하고 있었다는 것입니다.

바울은 에베소 교회의 믿는 자들이 하나님을 아는 지식과 능력 속에서 자라기를 원했습니다. 그들이 하나님을 아는 지식과 능력 속에서 자라도록 하나님께 기도하기를 쉬지 않았습니다.

2) 믿는 자들의 큰 필요는 하나님을 아는 지식에서 자라가는 것입니다. 하나님은 사람의 상상에서 나온 신(神)이 아닙니다. 사람들의 마음과 손에 의해 만들어진 종교의 신이 아닙니다.

① 하나님은 예수 그리스도의 하나님이십니다. 육신을 입고 세상에 오신 하나님이십니다.

② 우리가 알아야 할 하나님은 영광의 아버지이십니다. 즉 오직 참되고 살아 계신 하나님, 우주의 최고 통치자와 주권자, 우주의 최고 전지전능자, 창조하시고 다스리시는 분, 전능하시고, 무소부재하신 분이십니다.

3) 하나님을 아는 지식에서 자라가기를 원한다면, 여기에는 세 가지가 필요합니다.

① '지혜의 영'이시니, 지혜를 목마른 듯 구해야 합니다.

② 지혜는 무엇을, 어떻게 라는 단어로 가장 잘 이해될 수 있습니다.

③ 지혜는 지식과 다릅니다. 단순히 사실들을 이해하는 것 이상입니다. 하나님을 개인적인 체험을 통해 알고 점점 더 깊이 알아가도록 해야 합니다.

· 함께 읽어요 : 에베소서 1장 17절

"17 우리 주 예수 그리스도의 하나님, 영광의 아버지께서 지혜와 계시의 영을 너희에게 주사 하나님을 알게 하시고."

정리하는 말

사랑하는 성도 여러분! 성탄이 가까이 오면 가까이 올수록 우리 주 예수 그리스도의 탄생이 인류를 대속하시기 위해 오신 구세주이심을 알아야 합니다. 하나님의 독생자! 십자가에서 대속케 하신 구세주를 믿고, 서로 사랑하면서 감동과 감격 속에서 신령한 복과, '복음 중의 복음을 전하기' 바랍니다.

평가와 결심

1. 복음 중의 복음 첫째가 무엇입니까?
   (엡 1:1~12, 하나님께서 불러주셨고(소명 곧 부르심), 신령한 복을 주셨음)
2. 하나님께서 신령한 복을 무엇으로 인치셨습니까?
   (엡 1:13~14, 성령으로 인 치셨음)
3. 하나님을 아는 지식의 기초는 무엇입니까?
   (엡 1:15~18, 믿음과 사랑임)

주간 경건의 시간 <49> · 날마다 말씀과 함께

요일 / 내용	주일/월(Mon)	화(Tue)	수(Wed)	목(Thu)	금(Fri)	토(Sat)
찬송	89동 / 91동	210/ 245	254 / 186	258/ 190	279 / 337	280 / 338
성경	엡 1:/ 2:	엡 3:	엡 4:	엡 5:	엡 6:	빌 1:
적용	은혜 평강/ 믿음 구원	하나님의 충만하심	의 진리의 거룩함	빛의 열매	성령의 검 하나님말씀	그리스도 심장

* 시간이란 말은 내리막 언덕을 마구 달려 내려가고 있다. <리챠드 르 갈리엔느>

제50과

화평의 복음을 전하라

찬송 / 292, 298, 325 / 통 415, 35, 359
성경 / 골로새서 1:9-23
요절 / 골로새서 1:20
"그의 십자가의 피로 화평을 이루사 만물 곧 땅에 있는 것들이나 하늘에 있는 것들이 그로 말미암아 자기와 화목하게 되기를 기뻐하심이라."
목표 / 사회생활에서 화평의 복음을 전하는 태도를 기른다.

시작하는 말

바울은 골로새교회의 성도들에게 편지를 쓸 때 로마의 옥중에 갇혀 있었습니다. 이 무렵 그는 골로새교회의 목회자인 에바브라의 방문을 받습니다. 골로새교회에 거짓된 이단 사상이 극도의 위험한 수위에까지 이르러 교회의 사역에 위협을 받고 있던 그들에게는 바울의 도움이 필요했습니다. 바울이 취할 수 있는 방법은 편지를 써서 하나님의 말씀을 전하는 방법과 그들을 위해 기도하는 방법이었습니다. 바울이 골로새교회에 '화평의 복음을 전함으로' 해결해 갑니다. 여러분이 속해 있는 기관이나 교회의 문제들, 사회생활도 마찬가지입니다. 가정, 구역, 속회에서 '화평의 복음'으로 문제들을 해결해 가시기를 간절히 소원합니다.

오늘의 말씀

1. 먼저 골로새 교회 믿는 자들을 위해 기도했습니다(골 1:9~11).

바울은 감옥에 갇혀있는 몸이기 때문에 편지로 먼저 그들의 영적인 문제를 해결받기를 전함과 동시에 그들을 위해 간절히 기도했습니다.

1) 하나님의 뜻을 아는 지식으로 충만케 되기를 간구했습니다(9절).

여러분! 여러분들의 삶 속에서 해결되지 못하는 복잡한 문제들이 산재해 있을 때 어떻게 대처하고 있습니까? 바울 사도는 골로새교회의 보고를 접하고서 하나님의 뜻을 아는 지식으로 충만케 되기를 간구했습니다. 하나님의 뜻은 우리 삶의 전반에 걸쳐 일상생활 가운데 순간순간 행하는 모든 것이 포함되어 있어서 해결의 실마리를 줍니다.

2) 그리스도께 합당히 행할 것을 간구했습니다(10절). 믿는 자에게 이 사실은 매우 중요합니다. 지식을 행동으로 옮겨야 하는 것입니다.

3) 하나님의 능력이 함께 하시기를 간구했습니다(11절).

· 함께 읽어요 : 골로새서 1장 10절

"10 주께 합당하게 행하여 범사에 기쁘시게 하고 모든 선한 일에 열매를 맺게 하시며 하나님을 아는 것에 자라게 하시고"

2. 예수 그리스도의 성품과 위대한 사역을 알려줍니다(골 1:12~23).

본문은 가장 중요한 구절들 가운데 하나입니다. 바로 하나님의 사랑하시는 아들이신 그리스도의 지고(至高)한 우월성을 보여주고 있습니다.

1) 인간을 위해 행하신 하나님의 사역입니다(12절).

하나님께서 빛 가운데 구별된 우리 성도들에게 구원과 영생, 영광의 후사, 의의 후사, 생명의 은혜의 후사, 영원한 기업의 후사가 되게 하셨습니다.

2) 하나님께서 우리를 흑암의 권세에서 건져내신 자신의 사랑의 아들의 나라로 옮기셨습니다(13절).

3) 하나님께서 구속, 곧 우리의 죄를 사해 주셨습니다(14절).

· 함께 읽어요 : 골로새서 1장 14절

"14 그 아들 안에서 우리가 속량 곧 죄 사함을 얻었도다."

3. 성자는 하나님과 그리스도이신 하나님이십니다(골 1:15~22).

1) 성자는 삼위의 이격(二格) 되시는 그리스도이십니다(15절).

본문 15절을 함께 읽습니다. "그는 보이시지 아니하는 하나님의 형상이시요 모든 피조물보다 먼저 나신이시니" 그리스도는 보이지 않는 하나님의 형상이십니다. 만물보다 뛰어나신 분이십니다.

2) 창조주이신 그리스도이십니다(16~17절). 때문에 피조물들은 예수 그리스도 자신을 존귀하게 대접하고 소리 높여 찬양해야 합니다. 그리스도는 예배하고 섬겨야 할 대상입니다.

3) 예수 그리스도께서 만물보다 먼저 계셨습니다(17절). 시간적으로 먼저 계셨고, 그리스도께서 중요성과 위엄과 탁월성에서 뛰어나십니다. 만물을 보존하고 계십니다(17절).

4) 교회의 머리이시며, 교회의 근본이 되신 예수 그리스도이십니다(18절). 죽은 자들 가운데 살아나신 첫 번째 분이시며, 만물 가운데 으뜸이 되십니다(18절).

5) 인간이신 그리스도는 하나님의 모든 충만하신 것들로 가득하신 분이십니다(19절).

6) 만물을 화목케 하시는 그리스도이십니다(20~23절) 하나님께서는 만물, 즉 땅에 있는 것들과 하늘에 있는 모든 피조물을 그리스도로 말미암아 자기와 화목케 하셨습니다(20절).

성경은 피나 제물에 대하여 말하고 있습니다. 그리스도의 피에는 희생 제물의 개념에 대한 의미가 있습니다. 하나님께서는 멀리 떠나 자신과 원수가 되었던 자들을 그리스도로 말미암아 화목케 하셨습니다. 그리스도의 십자가의 피의 속죄로 거룩하고 흠이 없게 하셨습니다. 하나님의 영광의 날에 하나님 앞에 화목하고 온전한 자로 예배하고 섬기기 합당한 자로 불러주신 '화평의 복음'을 주신 것입니다. 할렐루야!

· 함께 읽어요 : 골로새서 1장 22절

"22 이제는 그의 육체의 죽음으로 말미암아 화목하게 하사 너희를 거룩하고 흠 없고 책망할 것이 없는 자로 그 앞에 세우고자 하셨으니"

정리하는 말

성도 여러분! 죄로 인해 영영 죽었던 우리를 그리스도의 화목제물로 인해 하나님 앞에 떳떳이 설 수 있게 하셨습니다. 이 얼마나 감격한 일입니까? 하나님께서는 화목의 조건을 제시해 주셨습니다. 예수 그리스도에 대한 믿음 앞에 계속 거하고, 그 믿음 가운데서 성장해야 합니다. 또한 그리스도에 대한 믿음 안에서 보다 굳세고 강하게 자라야 합니다. 복음의 소망에서 떠나지 말아야 합니다. 사랑하는 성도 여러분! 복음의 소망인 하나님의 영광, 구주 예수 그리스도의 영광을 위해 하나님 앞에 화목 되고 온전한 자로 살아가는 '화평의 복음'을 전하시기 바랍니다.

평가와 결심

1. 바울의 기도 내용의 첫째가 무엇이었습니까?
   (골 1:9, 하나님의 뜻을 아는 지식으로 충만케 하옵소서)
2. 그리스도를 통해 주신 하나님의 위대한 사역이 무엇입니까?
   (골 1:14, 그리스도 안에서 구속 곧 죄 사함)
3. 십자가에서 그리스도로 말미암아 주신 것이 무엇입니까?
   (골 1:20, 십자가의 피로 화평과 화목을 이루심),

주간 경건의 시간 <50> · 날마다 말씀과 함께

요일 / 내용	주일/월(Mon)	화(Tue)	수(Wed)	목(Thu)	금(Fri)	토(Sat)
찬송	86동 / 85동	200 / 235	317/ 353	338 / 364	337 / 363	370 / 455
성경	빌 2:/ 빌 3:	빌 4:	골 1:	골 2:	골 3:	골 4:
적용	겸손/ 예수 지식	기뻐하라	교회의 머리	하나님의 비밀	사랑을 더하라	세월을 아껴라

* 벗을 헐뜯지 말며 원수까지도 욕하지 말라. <피타쿠스, B.C. 50~570> 그리스 현인

12단원 성탄 예배의 달

제51과

성탄이 최고의 복음이다

찬송 / 120, 121, 25 / 통 120, 121, 125
성경 / 데살로니가전서 1:1-10
요절 / 데살로니가전서 1:6
"또 너희는 많은 환난 가운데서 성령의 기쁨으로 말씀을 받아 우리와 주를 본받은 자가 되었으니"
목표 / 일상생활에서 '최고의 복음 성탄을 전하는 태도'를 기른다.

시작하는 말

데살로니가는 유럽 대륙의 복음의 전진 기지로서 선교 사역의 세 동역자 바울과 실라와 디모데가 짧지만 의미 있는 선교사역을 펼쳤던 현장입니다. 이들은 완전히 이교도들만이 사는 데살로니가라는 항구 도시에 처음으로 복음을 전파합니다. 핍박을 당하고 있는 성도들을 향해 끝까지 인내할 것을 촉구합니다. 그들의 도시는 성적인 유혹으로 가득 찼으므로 바울은 그들에게 성도로서의 본분을 지키라고 권면합니다.

그들에게 필요한 것은 복음이었습니다. 성탄이 최고의 복음입니다. 성탄은 성령으로 잉태하신 독생자의 탄생의 소식입니다. 여러분들의 가정과 직장에서 최고의 복음인 '성탄'을 전하시기 바랍니다.

오늘의 말씀

1. 복음 전파의 최고의 요새지는 교회입니다(살전 1:1~4).

이 편지는 바울과 실라와 디모데가 함께 데살로니가교회에 권면하는 편지를 쓰고 있습니다. 그들은 데살로니가교회를 세우고 초기 사역기간에 함께 섬겼던 사람들이었기 때문입니다. 이 사역자들이 끝까지 충성을 다했기 때문에 교회가 강할 수 있었습니다. 굳건한 교회는 어떠합니까?

1) 데살로니가인의 교회처럼 모든 사람들로 구성된, 모든 사람들 위에 세워진 교회요. 모든 사람들이 참여하고 그들의 은사가 활용되는 교회요. 모든 사람들의 존재와 가치를 인정하고 존중하는 교회입니다.

2) 하나님 아버지 안에서와 주 예수 그리스도 안에 세워진 교회입니다(1절).

3) 하나님의 은사들인 '은혜와 평강'을 지닌 교회입니다(1절).

4) 성도들이 기도하도록 일깨워 줍니다(2절).

5) 사역하도록 일깨우는 교회, 사역하려고 일어나는 교회입니다(3절).

6) 하나님의 택하심을 압니다(4절).

· 함께 읽어요 : 데살로니가전서 1장 4절
"4 하나님의 사랑하심을 받은 형제들아 너희를 택하심을 아노라."

2. 데살로니가교회는 모범적인 교회였습니다(살전 1:5~10).

바울은 데살로니가교회 성도들이 이교도들에게 뿐 아니라 믿는 자들에게도 모범이 되었다고 말합니다. 일차적으로 극적인 회심과 주님의 말씀을 강력하게 전파한 사실에서 발견됩니다(8절). 그 모범을 살펴보면,

1) 마땅히 전해야 할 방식대로 복음을 전파한 사역자들이 있었습니다(5~6절). 바울은 자신의 말의 유창함이나 자신의 능력이나 지혜, 자신의 영향력을 의지하지 않고, 오직 '십자가의 복음'만을 전했습니다.

2) 핍박과 반대에도 불구하고 말씀을 받아들였습니다(6절).

3) 다른 믿는 자들에게 모범이 되었습니다(7~8절). 그 교회와 믿는 자들이 매일매일 전도했습니다.

4) 우상을 버리고 하나님께로 돌아왔습니다(9~10절). 믿는 자들이

그리스도의 재림에 대한 약속 때문에 하나님께로 돌아왔습니다. 하나님의 진노를 피하기 위하여 하나님께로 돌아왔습니다.

· 함께 읽어요 : 데살로니가전서 1장 10절
"10 또 죽은 자들 가운데서 다시 살리신 그의 아들이 하늘로부터 강림하실 것을 너희가 어떻게 기다리는지를 말하니 이는 장래의 노하심에서 우리를 건지시는 예수시니라."

3. 복음은 곧 말씀과 예수 그리스도의 생애 소식입니다(눅 2:8~14).

여러분! '복음'이 무엇입니까? '유앙겔리온'(*εὐαγγέλιν*)이라고 하는데, '좋은 소식'을 뜻하며, 특별히 예수 그리스도를 통한 구원의 기쁜 소식을 가리킵니다. 성탄 시 천사가 전해준 '기쁨의 좋은 소식'은 구주 예수 그리스도의 탄생 소식입니다. 성탄 소식은 최고의 복음입니다. 신약성경에서 바울이 가장 완벽하게 복음의 성격을 설명하고 있습니다. 바울에게 있어서 '복음'은 유대주의를 규정하는 규례나 율법과는 독립된 예수 그리스도의 죽음을 통하여 주어진 하나님의 구원을 의미합니다.

사도 바울은 자신의 사명이 '하나님의 은혜의 복음을 증거 하는 일'이라고 고백하고 있습니다(행 20:24). 그는 예수 그리스도의 성육신과 십자가에 못 박히심, 부활을 전파 했습니다(고전 15:1~8절).

예수 그리스도의 탄생 소식, 즉 성탄의 최고 복음을 전파하여 그리스도 오실 때까지 주 하나님의 나라를 확장해 가는 여러분 되시기를 간절히 소원합니다. 저질적인 향락문화에 오염된 성탄문화를 바로 세워가는 여러분들이 되시기를 간구합니다.

· 함께 읽어요 : 누가복음 2장 10절
"10 천사가 이르되 무서워하지 말라. 보라 내가 온 백성에게 미칠 큰 기쁨의 좋은 소식을 너희에게 전하노라."

정리하는 말

사랑하는 성도 여러분! 여러분들에게 기쁨의 좋은 소식이 무엇입니까? 아파트 당첨 소식입니까? 자녀의 입학시험 합격 소식입니까? 천사가 전해 준 '구주가 나셨으니 곧 그리스도 주시니라'는 '기쁨의 좋은 소식'이 최고의 복음입니다. '기쁘다 구주 오셨네!' 소리 높여 찬양하며, 성탄의 기쁜 소식! 최고의 복음을 전하며 복된 삶을 살아가시기를 바랍니다.

평가와 결심

1. 세상에서 복음전파의 최고의 요새지는 어디입니까?
   (살전 1:1~4, 하나님의 택하심을 받은 교회)
2. 바울이 소문을 통하여 들은 대로 데살로니가교회는?
   (살전 1:5~10, 모범적인 교회였음)
3. 가장 좋은 '기쁨의 좋은 소식'이 무엇입니까?
   (눅 2:10~11, 주 예수 그리스도 구주의 나신 소식)

주간 경건의 시간 <51> · 날마다 말씀과 함께

요일 / 내용	주일/월(Mon)	화(Tue)	수(Wed)	목(Thu)	금(Fri)	토(Sat)
찬송	114동/115동	353 / 391	116 동	117 동	118동	120동
성경	살전 1: / 2:	살전 3:	살전 4:	살전 5:	살후 1:	살후2:~3:
적용	믿음 역사/ 자랑 면류관	하나님의 일꾼	하나님의 뜻	구원의 소망 투구	믿음의 성장	좋은 소망 주의 말씀

* 모든 자연은 거대한 상징파이다. 모든 물질적 요서 안에 신령한 진리를 담고 있다.

< 에드윈 협벨 채핀, 1814~1880 > 미국 유일교회 목사

제52과

주님의 크신 사랑 찬양하라

찬송 / 122, 123, 126 / 통 122, 123, 126
성경 / 디모데전서 2:1-15
요절 / 디모데전서 3:16
"크도다 경건의 비밀이여 그렇지 않다 하는 이 없도다. 그는 육신으로 나타난 바 되시고, 영으로 의롭다하심을 받으시고, 천사들에게 보이시고 만국에서 전파되시고 세상에서 믿은바 되시고 영광 가운데서 올려지셨느니라."
목표 / 성도들의 복음 찬송 회복하는 태도를 기른다.

시작하는 말

성탄의 의미의 중요성은 아무리 강조해도 부족하지 않습니다. 복음 중의 복음은 예수 그리스도의 탄생 소식입니다. 누가의 증언대로 '기쁨의 좋은 소식'입니다. 죄악에서 영원히 저주 받아야 할 세상! 인류와 함께 멸망할 대상들이 하나님의 영광의 나라 상속자들이 되었다니, 이게 웬 은혜입니까? 웬 사랑입니까? 하나님의 크신 사랑으로 독생자 예수 그리스도를 보내 주셨으니 시편 기자의 외침대로 "할렐루야 여호와의 이름을 찬송하라 여호와의 종들아 찬송하라"(시135:1)는 것입니다. 무엇보다 시급한 것이 '복음 찬송의 회복'인 것입니다.

오늘의 말씀

1. 공적 지위에 있는 사람들을 위해 기도해야 합니다(딤전 2:1~8).

바울은 복음이 편만하기를 위해 복음전파의 선봉적인 역할을 했습니다. 바울 사도가 걸어온 길은 험난하고 어려웠지만 그 결과 구라파에 찬란한 기독교문화를 꽃 피울 수 있었던 것입니다. 바울은 공적 지위에 있는 사람들을 위해 기도할 것을 권면하고 있습니다. 우리 성도들이 통치자들을 위해 기도해야 할 이유가 있습니다.

1) 우리가 고요하고 평안한 생활을 하기 위함입니다(2절).

2) 경건하고 단정한 생활을 하기 위함입니다.

공적 지위에 있는 통치자들을 위해 기도해야 할 것은 그들이 동정심과 이해심을 가지고, 생명과 선택의 자유와 예배의 자유를 누리기 위함입니다.

· 함께 읽어요 : 디모데전서 2장 4절

"4 하나님은 모든 사람이 구원을 받으며 진리를 아는 데에 이르기를 원하시느니라."

2. 통치자나 국민들, 모두의 구원을 위해 기도해야 합니다(딤전 2:3~8).

통치자들을 포함한 모든 사람의 구원을 위하여 우리가 기도해야 하는 다섯 가지 이유가 있습니다.

1) 하나님께서는 우리의 구주시요, 모든 사람이 구원 받기 원하십니다. 오직 한분 하나님만이 참 신이십니다. 중보자도 한분이십니다. 인간의 몸으로 오신 그리스도께서는 속전으로 자신을 주셨습니다.

2) 각처에서 바른 영적인 자세로 기도해야 합니다.

① 거룩한 손을 들어 기도해야 합니다. ② 분노의 감정을 품고 기도해서는 안 됩니다. ③ 의심 없이 기도해야 합니다. 필요를 채워 주실 분으로 믿고 기도해야 합니다. 상 주시는 이심을 믿고 기도해야 합니다.

· 함께 읽어요 : 히브리서 11장 6절

"6 믿음이 없이는 하나님을 기쁘시게 하지 못하나니 하나님께 나아가는 자는 반드시 그가 계신 것과 또한 그가 자기를 찾는 자들에게 상 주시는 이심을 믿어야 할지니라."

3. 교회 안에서 여자들은 정숙과 거룩함에 거해야 합니다(딤전 2:9~15).

본문은 성경에서 논쟁을 일으키는 한 부분으로서 남자들이나 여자들이나 모두로 하여금 관심을 기울여 경청하도록 하는 내용을 담고 있습니다. 그것은 심지어 어떤 이들의 반발을 불러일으키기도 합니다. 여기서 다루는 주제는 교회 안의 여자들에 관한 것입니다. 공중 앞에서, 교회 안에서, 그리고 가정 안에서 혹은 해산함에서 여자들의 위치에 대해 다루고 있습니다. 여자들에 대해 살펴보겠습니다.

1) 공중 앞에서 아담한 옷을 입어야 합니다(9~10절). 그렇게 함으로써 사람들을 파멸케 하지 않고 그들을 예수께로 인도합니다. 육체적이고 세상적인 행동이 아니라 의로운 행실을 사람들에게 가르칩니다.

2) 교회 안에서 순종함으로 조용히 배워야 합니다(11~14절).

3) 가르치거나 남자를 주관치 말아야 합니다(12~14절).

4) 가정에서 해산함으로, 믿음과 사랑과 거룩함과 자제심을 지닌다면 구원을 얻게 될 것입니다(15절).

'그 해산함'이란 여자의 씨, 즉 역사상 가장 위대한 해산으로써 바로 '그리스도의 탄생'을 가리키는 것으로 여깁니다. 따라서 그 의미는 여자에게 내려질 심판에도 불구하고(해산함의 고통), 그 여자는 가장 존귀한 해산, 즉 '그리스도의 탄생 안에서 구원을 얻게 되리라'는 것입니다.

성탄의 기쁨이 바로 여기에 있는 것입니다. 영 죽었던 인생들을 그리스도의 구속, 곧 죄 사함으로 구원과 생명을 주신 것입니다.

이러한 의미에서 '복음 찬송'의 회복이야 말로 세상에서 가장 고귀한 사역인 것입니다. 여러분들의 심령과 가정, 교회의 속회와 기관, 그리고 여러분들이 살고 있는 영역에서 '복음 찬송을 회복'하기를 소원합니다.

· 함께 읽어요 : 디모데전서 2장 15절

"15 그러나 여자들이 만일 정숙함으로써 믿음과 사랑과 거룩함에 거하면 그의 해산함으로 구원을 얻으리라."

정리하는 말

사랑하는 성도 여러분! 바울은 그가 전한 복음이 개인 심령은 물론 가정에서 교회 안에서, 그리고 살아가는 지역사회에서 복음의 꽃으로 활짝 피우기를 간절히 소망하고 있습니다. 여러분들이 살아가는 현장에서 주 예수 그리스도의 복음의 꽃이 말씀에서, 기도에서, 찬송으로 활짝 피어나기를 간절히 소망합니다. 하나님의 크신 사랑에 감사드리며 '복음 찬송'을 회복하시기를 바랍니다.

평가와 결심

1. 복음 찬송 회복을 위해 해야 될 첫째가 무엇입니까?
   (딤전 2:1~8, 공적 지위에 있는 자들을 위해 기도해야 함)
2. 복음 찬송 회복을 위해 해야 될 둘째가 무엇입니까?
   (딤전 2:1~8, 통치자나 국민들 모두의 구원을 위해 기도해야 함)
3. 가정에서 여성들이 어떻게 처신해야 구원 얻을 것인가?
   (딤전 2:9~15, 해산함으로, 믿음과 사랑과 거룩함과 자제심을 가져야 구원)

주간 경건의 시간 <52> · 날마다 말씀과 함께

요일 / 내용	주일/월(Mon)	화(Tue)	수(Wed)	목(Thu)	금(Fri)	토(Sat)
찬송	125동/122동	200/ 235	216/ 356	217 / 362	219 / 279	246 / 221
성경	딤전 1:/ 2:	딤전 3:	딤전 4:	딤전 5:	딤전 6:	딤후 1:
적용	은혜 긍휼/ 선행	감독의 직분	말씀 기도	장로에 대한 송사	선한 사업	안수함

* 찬양은 기도보다 더 거룩하다, 기도는 우리의 길을 하늘로 향하게 하지만 찬양은 이미 그곳에 있다. < 에드워드 영, 1683~1765 > 영국 시인

13단원 절기 예식 공과(고난주간)

십자가, 내게 주신 은혜이다

찬송 / 143, 144, 146 / 통일 141, 144, 146

성경 / 누가복음 23:26-49

요절 / 누가복음 23:46

"예수께서 큰 소리로 불러 이르시되 아버지 내 영혼을 아버지 손에 부탁하나이다하고 이 말씀을 하신 후 숨지시니라."

목표 / 성도로서 내게 주신 십자가 은혜를 깨닫는 태도를 기른다.

시작하는 말

여러분들은 즐겁고 기쁜 일만을 은혜로 생각하십니까? 믿음의 옛 성도들은 우리가 겪는 슬프고 어려운 '십자가'를 통해서 큰 은혜를 받았습니다. 십자가가 자신이 당할 때 어렵더라도 그 어려운 과정을 통해서 더 큰 은혜를 받게 되는 것입니다. 본문에 구레네 시몬은 시골에서 올라와 구경하다 로마 군병들에게 잡혀 예수의 십자가를 지고 골고다 언덕까지 올라갔습니다. 유월절을 지키기 위해 온 순례자가 예수께 관심과 동정심을 느꼈고, 병사들은 그에게 예수의 십자가를 대신 지도록 한 것입니다. 각자에게 주신 '십자가의 은혜'를 거절하지 마시기 바랍니다.

오늘의 말씀

1. 구레네 시몬은 그분의 십자가를 진 유일한 사람입니다(눅 23:26~31).

예수 그리스도를 십자가에 못 박은 사건은 인류 역사상 가장 충격적인 사건이자 놀라운 사건입니다. 그것은 피조물이 창조자를 죽인 사건이기 때문에 더 충격적입니다. 그것은 창조자가 피조물을 구원한 사건이기 때문에 놀라운 사건입니다. 여기서 그리스도께서 골고다까지 지고 가실 십자가를 대신 지고 간 구레네 인 시몬은 아주 특별한 은혜를 받은 분입니다.

우리에게 주시는 메시지는 '십자가는 내게 주신 은혜라'는 말씀입니다. 예수님의 십자가를 억지로 지고 갔던 십자가도 감격적인 은혜가 되었습니다.

· 함께 읽어요 : 누가복음 23장 26절

"26 그들이 예수를 끌고 갈 때에 시몬이라는 구레네 사람이 시골에서 오는 것을 붙들어 그에게 십자가를 지워 예수를 따르게 하더라."

2. 하나님의 아들이 십자가에 달리셨습니다(눅 23:32~39).

육신을 입고 오신 하나님이 십자가에 못 박혀 달리셨습니다.

1) 죄인들처럼 죄인 중 하나같이 되셨습니다(32절).

다른 두 행악자도 사형을 받게 되어 예수와 함께 해골이라는 곳에 하나는 우편에, 하나는 좌편에 매달렸습니다(33절).

2) 예수는 십자가상에서 "아버지여! 저희를 사하여 주옵소서!"라고 기도했습니다. 그분의 옷은 제비뽑아 나누어 가졌습니다(34절).

3) 구경거리 하나로 '자기도 구원하라'고 조롱했습니다(35~38절). 백성들, 관원들, 군병들 모두 구경하며, 비웃고, 희롱했습니다.

4) 십자가의 죄 패에는 '유대인의 왕'이라 썼습니다(37~38절).

5) 한편 강도는 그리스도 이거든 '너와 우리를 구원하라'고 했습니다(39절).

· 함께 읽어요 : 누가복음 23장 39절

"39 달린 행악 자중 하나는 비방하여 이르되 네가 그리스도가 아니냐 너와 우리를 구원하라 하되"

3. 천지가 어두워지고 성전휘장이 찢어졌습니다(눅 23:40~49).

1) 하나님의 아들 그리스도가 십자가에 못 박혀 숨을 거둘 때 무시무시한 어두움이 세상을 덮었습니다. 흑암은 분리와 고독을 상징합니다.

2) 성전의 휘장이 위로부터 아래로 찢어졌습니다(45절).

이것은 하나님의 존전으로 들어가는 문이 열려졌음을 상징합니다. 그리스도의 보혈로 하나님께로 가까이 나아갈 수 있게 되었습니다.

3) '다 이루었다'는 위대한 확신의 외침 속에서, 확실하게 영광스러운 승리를 나타내 보여주었습니다(46절).

4) 백부장은 '예수 그리스도께서는 의로우셨다'는 고백을 합니다. 그는 이방인이었음에도 불구하고, 신앙을 고백하고 있습니다(47절).

5) 사람들의 애통함이 있었습니다(48절). 이는 일깨워진 양심을 보여줍니다. 예수님을 따르던 여인들이 위험을 무릅쓰고 십자가 형장 근처에 있었다는 사실을 주목하십시오.

그들은 먼 곳에서 온 자들이었지만, 그럼에도 불구하고 그곳에 있었습니다. 그들은 어떤 일이 발생할지라도 여전히 그 사랑과 관심을 간직할 것입니다. 그 같은 그들의 존재는 예수님의 삶이 헛되지 않았음을 상징해 주었던 것입니다.

사랑하는 성도 여러분! 여러분들이 진정으로 예수 그리스도를 믿는다고 신앙을 고백한다면 내게 주신 십자가를 은혜로 받아들일 준비가 되어 있어야 할 것입니다. 분명 '그리스도께서 지신 십자가를 나도 지고 가겠다'는 신앙의 고백이 있어야 할 것입니다. 고난 주간을 맞으면서 다시 한 번 그리스도의 십자가를 깊이 묵상하시기 바랍니다.

· 함께 읽어요 : 마가복음 8장 35절

"35 누구든지 자기 목숨을 구원하고자 하면 잃을 것이요 누구든지 나와 복음을 위하여 자기 목숨을 잃으면 구원하리라."

정리하는 말

사랑하는 성도 여러분! 여러분들은 십자가를 은혜로 질 수 있겠습니까? 구레네 사람 시몬은 유월절 순례 차 예루살렘에 왔다가 쓰라린 고초를 당하며 십자가를 지시고 쓰러질 때마다 아픔을 함께 보며 느꼈을 것입니다. 그는 억지로 십자가를 지고 골고다까지 올라갔지만 그가 진 십자가는 영광의 십자가요, 은혜중의 은혜였습니다. 이렇게 내게 주어진 십자가를 거절하지 마시고, 주님이 주신 은혜로 알고, 감사 찬송하면서 잘 감당하시어 승리하시길 간절히 소원합니다.

평가와 결심

1. 예수 그리스도의 십자가를 대신 지고 간 사람은 누구였습니까?
   (눅 23:26~31, 구레네 사람 시몬)
2. 골고다 언덕 중앙 십자가에 달리신 분이 누구였습니까?
   (눅 23:32~39. 하나님의 아들 예수 그리스도)
3. 예수께서 십자가에서 숨 거두실 때에 어떤 일이 일어났습니까?
   (눅 23:40~49. 온 땅에 흑암, 지진, 성전의 휘장이 찢어짐)

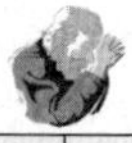

주간 경건의 시간 <53> · 날마다 말씀과 함께

요일 / 내용	주일/월(Mon)	화(Tue)	수(Wed)	목(Thu)	금(Fri)	토(Sat)
찬송	21동 / 37동	285 / 209	286 /218	293/ 414	294/ 416	299 /418
성경	눅 18/ 19:	눅 20:	눅 21:	눅 22:	눅 23:	눅 24:
적용	기도 교훈/ 예루살렘입성	하나님의 것	과부의 헌금	최후의 만찬	구레네 시몬	살아나셨다

* 고난을 모르는 사람보다 더 불행한 사람은 없다. <도미트 니야쓰>

13단원 절기 예식 공과(부활절)

제54과

부활의 주, 소망의 주

찬송 / 161, 63, 164 / 통 159, 160, 154
성경 / 누가복음 24:1-35
요절 / 누가복음 24:46
"또 이르시되 이같이 그리스도가 고난을 받고 제 삼일에 죽은 자 가운데서 살아날 것과"
목표 / 성도로서 부활의 주, 소망의 주를 전하는 태도를 기른다.

시작하는 말

인간은 죽지 않고 영원히 살고 싶은 욕망이 있습니다. 인류의 영원한 소망인 '부활'이란 다시는 죽을 일이 없고 썩지 않는 영적인 몸으로 다시 살아나는 일입니다. 성경에 보면 나사로나 나인 성 과부의 아들의 경우에 죽었다가 다시 살았지만, 또 다시 육적인 죽음을 당하는 경우는 '소생'(蘇生)이라고 합니다. 부활의 영체는 현재의 육체와는 완전히 다른 것으로 하나님께서는 그 뜻대로 믿고 부활한 자들에게는 새로운 영광의 몸을 주십니다. 종교에도 내세에 관한 교리가 없는 유교(儒教)는 종교라고 볼 수 없습니다. 성도로서 항상 영원한 부활의 산 소망을 전하는 여러분이 되시기를 바랍니다.

오늘의 말씀

1. 예수가 묻혔던 무덤은 텅 비어있었습니다(눅 23:1~12).

안식 후 첫날인 일요일은 유대의 안식일 다음날로서, 이날 예수께서 부활하셨습니다.

1) 예수께서 살아나신 때는 '인식 후 첫날 새벽'이었습니다(1절).

이것은 초대 교회의 믿는 자들에게는 그 의미하는 바가 컸을 것입니다. 그래서 그들은 주중인 안식일, 곧 토요일에 예배하기 위해 모이던 관습을 깨고 그들의 주님이 부활하신 날인 일요일에 모여 헌금하며 예배하게 되었습니다(행 20:7; 고전 16:2).

2) 부활의 첫 증인들이 있었습니다(1절).

3) 무덤을 막았던 큰 돌이 굴려 옮겨져 있었습니다(2절).

4) 무덤에 있어야 할 예수님의 시신이 사라졌습니다(3절).

5) 두 천사와 그들의 믿을 수 없는 말 '살아나셨느니라'는 메시지를 듣고, 전해 주었습니다(4~8절).

6) 사도들이나 베드로는 믿지를 못했습니다(9~12절).

· 함께 읽어요 : 누가복음 24장 11~12절

"11 사도들은 그들의 말이 허탄한 듯이 들려 믿지 아니하나 12 베드로는 일어나 무덤에 달려가서 구부려 들여다보니 세마포만 보이는지라 그 된 일을 놀랍게 여기며 집으로 돌아 가니라."

2. 엠마오로 가는 두 제자에게 나타나셨습니다(눅 24:13~26절).

1) 엠마오로 내려가던 두 사람은 슬픔과 절망으로 가득 차 쓸쓸하게, 깊은 생각을 하면서 걸어가고 있었습니다. 엠마오는 예루살렘으로부터 7마일 정도(11.2km) 떨어져 있었고, 그곳까지는 걸어서 약 두 시간 가량 소요되었습니다. 걸으면서 그들은 예수님의 죽음과 빈 무덤을 이해하려고 애썼습니다.

2) 예수께서 가까이 이르러 저희와 동행했습니다. 그러나 부활하신 영체이시기에 주님을 얼른 알아보지 못했을 것입니다. 그들은 앞을 내다보지 못했고, 불신앙 가운데 있었기 때문이었습니다.

3) 예수님은 그들에게 세 가지 질문을 합니다.

① 길 가면서 서로 주고받은 이야기가 무엇이냐?

② 무슨 일이냐? 무슨 일이 그런 슬픔과 절망으로 빠뜨렸느냐?(19~24절)

③ 선지자들이 메시야의 죽으심과 부활을 예언하지 않았느냐?(25~27절)

두 제자는 불신앙으로 인해 슬픔과 절망에 차서 낙심과 혼돈 가운데 빠져있었습니다. 여러분! 불신앙은 우리의 삶에 가장 불행한 결과를 가져다 줍니다.

· 함께 읽어요 : 누가복음 24장 25~26절

"25 이르시되 미련하고 선지자들이 말한 모든 것을 마음에 더디 믿는 자들이여! 26 그리스도가 이런 고난을 받고 자기의 영광에 들어가야 할 것이 아니냐 하시고"

3. 예수님은 성경에 쓴바 자기에 관한 것을 설명합니다(눅 24:27~35).

두 제자에게 예수님은 모세와 선지자의 글로 시작하여 성경에 쓴바 자기에 관한 것을 자세히 설명해 주시면서 그들의 영적 눈을 뜨게 해 주셨습니다.

1) 두 제자들은 더 많이 듣기를 애썼습니다. 2) 두 제자의 눈을 열어 주셨습니다. 3) 두 제자는 마음이 뜨거워지는 확신을 경험했습니다.

선포된 하나님의 말씀이 그들에게 확신과 뜨거움을 불러일으켰습니다. 그리스도를 집으로 초청함으로 그들에게 인격적으로 알 수 있는 기회가 되었습니다.

두 제자는 부활하신 예수님을 만나고 나서 밤이었지만 급히 사도들에게로 갔습니다. 그들이 도착했을 때, 사도들과 다른 제자들이 이미 함께 모여 있었습니다. 제자들은 서로 대화 중에 '주께서 과연 살아나시고 시몬에게 보이셨다'는 증언을 듣고, 주님의 부활의 감격으로 그들의 벅찬 가슴은 터질 것만 같았습니다.

· 함께 읽어요 : 누가복음 24장 39절

"39 내 손과 발을 보고 나인 줄 알라 또 나를 만져 보라 영은 살과 뼈가 없으되 너희 보는 바와 같이 나는 있느니라."

정리하는 말

사랑하는 성도 여러분! 지금 여러분들의 삶이 어둠에 갇혀 답답하기만 하십니까? 주님은 살아나셨습니다. 부활의 주! 소망의 주님을 만나시고, 마음에 슬픔과 절망의 구름을 벗어버리세요. 희망에 찬 부활의 찬송을 부르십시오. 성경을 풀어 말씀해 주실 때에 두 제자가 마음이 뜨거워지며 부활의 주님을 만나 뵈었습니다. 날마다 주님이 부활하신 날 '주일'을 지키시면서 부활의 주! 소망의 주님을 찬송하며, 생명에 찬 찬송으로 고백하시기 바랍니다. 주께서 구원의 완성을 위해 살아나셨습니다. 할렐루야!~~

평가와 결심

1. 안식 후 첫날 무덤에 간 그들은 무엇을 목격하였습니까?
   (눅 24:1~3, 돌이 무덤에서 굴려 옮겨졌음, 빈 무덤을 목격함)
2. 엠마오로 가는 두 제자가 누구를 만나 뵈었습니까?
   (눅 24:13~26, 부활하신 예수 그리스도)
3. 예수님은 두 제자에게 무엇을 말씀하셨습니까?
   (눅 24:27~35, 성경에 쓴바 자기에 관한 모든 것, 고난 받으심 부활할 것)

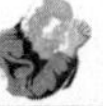

주간 경건의 시간 <54> · 날마다 말씀과 함께

요일 / 내용	주일/월(Mon)	화(Tue)	수(Wed)	목(Thu)	금(Fri)	토(Sat)
찬송	91동 / 93동	154/ 139	159 / 149	160/ 150	161 / 159	164 / 154
성경	눅 18:/ 19:	눅 20:	눅 21:	눅 22:	눅 23:	눅 24:
적용	기도 교훈/ 예루살렘입성	하나님의 것	과부의 헌금	최후의 만찬	구레네 시몬	살아나셨다

* 복음 서산들이 부활을 설명하는 게 아니다. 부활이 복음 서신들을 설명한다.

< 죤 에스 웨일 >

13단원 절기 예식 공과(감사절)

마음으로, 물질로 감사하자

찬송 / 590, 589, 588 / 통 309, 308, 307

성경 / 시편 107:1-22

요절 / 시편 107:1

"여호와께 감사하라 그는 선하시며 그 인자하심이 영원함이로다."

목표 / 마음으로 물질로 감사하는 태도를 기른다.

시작하는 말

세상은 고난의 용광로입니다. 고난이라는 통로에서 시인은 구원을 체험하고 감사 찬송을 드리고 있습니다. 하나님의 역사적인 섭리와 자연적인 섭리가 모두 '자기 백성들을 위한 구원의 섭리'라는 축을 중심으로 움직인다는 사실을 보여줌으로써 그 백성들로 하여금 변함없이 하나님을 신뢰하도록 합니다. 죄에 대해서는 징벌하시고, 회개하는 자에게는 용서하사 구원을 베푸시는 하나님의 인자하심과 선하심에 대해 가르치는 '교훈시'입니다. 사랑하는 성도 여러분! 여러분들을 환난의 구렁텅이에서 건져주신 구원의 은혜를 찬양하시기 바랍니다. 미래가 불확실하고 실망을 줄지라도 구원의 주 하나님께 감사 찬송하시기 바랍니다.

오늘의 말씀

1. 구속의 은혜를 감사하시기 바랍니다(시 107:1~3).

하나님의 선하심과 인자하심을 노래하는 이 시는 바벨론 포로기 이후에 고국으로 돌아온 하나님의 구원의 손길과 섭리를 체험적으로 노래하고 있습니다. 오늘 본문의 시편은 이렇게 말씀합니다.

1) 감사제의 시작에서 사용된 것이며, 개개인을 향한 것으로서 예배시에 회중들 각자는 하나님을 찬양하면서 감사의 예물을 드렸던 것입니다. 하나님의 선하심은 구원받은 자들에게 찬양할 이유를 제공합니다.

2) 2절에서 응답하는 자들은 '여호와께 구속함을 받은 자들'입니다. '대적'은 이스라엘을 포로로 삼은 바벨론 사람들입니다. 포로지에서 돌아와 하나님의 성전에 모인 회중들은 하나님의 인자하심에 대한 감사로 넘쳐 있었을 것입니다. 고통에서 구원하시는 하나님의 기이한 행사를 다함께 찬양하는 데 마음이 하나 되었을 것입니다.

· 함께 읽어요 : 시편 107편 1절
"1 여호와께 감사하라 그는 선하시며 그 인자심이 영원함이로다."

2. 고통에서 건지신 구속의 은혜의 구체적인 예증들입니다(시 107:4~32).

이제 이스라엘 공동체의 구속의 체험이 구체적으로 소개됩니다.

1) 광야에서 구원하셨습니다(4~9절). 이스라엘 백성들이 광야에서 방황하는 절망의 상황에서의 구속함이 소개됩니다.

① 광야에서의 고난이 소개됩니다(4~5절).

② 고난 가운데 인간이 취할 수 있는 유일한 해결책이 소개 됩니다(6~7절). 곧 부르짖음입니다.

③ 구원자 하나님을 찬송하라는 권고입니다(8절).

④ 찬양의 이유가 제시됩니다(9절). 하나님께서는 사망에서 헤매는 나그네를 무사히 인도하셨고, 필요를 공급해 주셨습니다.

⑤ 매이고 갇힌 상태에서 구속하십니다(10~16절). 인간이 할 수 있는 유일한 방법은 '부르짖음'입니다.

⑥ 중병에서 구속하십니다(17~22절). 하나님을 거역한 범죄와 그에 따른 타락행위, 죄악 때문에 겪게 된 심각한 질병이 있음을 가르쳐 줍니다. 그러한 자일지라도 기도할 때 질병의 치유뿐만 아니라 죄에 대한 용서로 구속해 주

시고 축복해 주신다는 사실입니다.

⑦ 풍랑에서 구원하셨습니다(23~32절).

· 함께 읽어요 : 시편 107편 20절

"그가 그의 말씀을 보내어 그들을 고치시고 위험한 지경에서 건지시는 도다."

3. 하나님의 주권과 인자하심에 대한 감사입니다(시 107:33~43).

시인은 하나님께서 행하시는 일들의 전반적인 성격을 언급합니다. 이것은 하나님의 능력을 설명하는 것으로서 주목할 것은 본문에서 과거의 사건이 지금도 성취되고 있다는 사실입니다. 하나님의 계시의 구현은 어느 때 어느 형편을 막론하고 그분을 신뢰하는 자들에게 나타날 수 있다는 것입니다.

이 시에서 시인은 하나님은 언제나 바로 '오늘의 하나님'이라고 가르치고 있습니다. 즉 하나님께서 자신을 계시하신 모든 성경적 사건들 하나하나에 주의하여 오늘의 경고와 본으로 삼고 구원의 하나님을 앙망하는 삶을 살아야 한다고 말합니다.

사랑하는 성도 여러분! 왜 오래 전에 기록된 하나님의 말씀을 읽고 또 묵상하고, 그 말씀에서 위로와 힘을 얻을 수 있는 것입니까?

옛 적에 기록된 그 말씀을 오늘의 것으로, 자신의 것으로 묵상하며 적용하는 자들은 오늘날에도 여전히 살아계신 하나님, 구원의 하나님을 만나 해결 받을 수 있기 때문입니다.

이스라엘을 인도하시고, 보호하시며 이끌어주셨던 그 하나님은 오늘날에도 살아계셔서 우리 성도들에게 여전히 말씀을 성취하십니다. 하나님은 속죄로 우리를 거룩하고 흠이 없게 하셨습니다. 하나님의 주권과 인자하심을 신뢰하고 그분의 뜻대로 순종하며 살아간다면, 하나님께서는 예나 지금이나 여전히 영원한 복을 누리게 하실 것입니다.

· 함께 읽어요 : 시편 107장 43절

"43 지혜 있는 자들은 이러한 일들을 지켜보고 여호와의 인자하심을 깨달으리로다."

정리하는 말

사랑하는 성도 여러분! 성경에서 구약시대에 지켰던 절기들을 신약시대에도 지켜야 하는가? 과거 이스라엘 백성들이 지키고 겪었던 일들이 현재를 살아가는 우리 성도들에게도 그 응답이 그대로 적용된다는 사실을 명심하시기 바랍니다. 영원히 살아계신 하나님의 주권과 인자하심에 감사하시기 바랍니다. 사랑하는 성도 여러분! 여러분들이 금년 한 해에 받은 은혜를 적어 보시기 바랍니다. 감사의 범위와 종류, 그리고 방법을 기록해 보시기 바랍니다. 감사하면 할수록 더 큰 감사가 늘어갑니다. 여러분! 마음과 물질로 하나님께 감사하여 축복의 주인공이 되시길 바랍니다.

평가와 결심

1. 시인이 드리고 있는 감사 첫째가 무엇이었습니까?
   (시 107:1-3, 하나님의 선함과 인자하심, 속량해 주심)
2. 시인이 드리고 있는 두 번째 감사가 무엇이었습니까?
   (시 107:4~32, 고통에서 건지신 구속의 은혜의 예증을 제시함)
3. 시인이 드리고 있는 전반적인 감사가 무엇이었습니까?
   (시 107:33~43, 하나님의 주권과 인자하심)

주간 경건의 시간 <55> · 날마다 말씀과 함께

요일 / 내용	주일/월(Mon)	화(Tue)	수(Wed)	목(Thu)	금(Fri)	토(Sat)
찬송	86동 / 85동	200 / 235	317/ 353	338 / 364	337 / 363	370 / 455
성경	시101:/ 102:	시 103:	시 104:	시 105:	시 106:	시 107:
적용	찬송 찬양/ 내게 응답	네 소원 만족케	때를 따라 식물	말씀이 연단	말씀을 믿고	말씀을 보내어

* 하나님은 감사드리면 용서해 주고, 다른 부드러운 형태로 속박을 풀어주신다. <R. 크릴리>

13단원 절기 예식 공과(성탄절)

기쁨의 좋은 소식 전하라

찬송 / 120, 121, 25 / 통 120, 121, 125
성경 / 누가복음 2:1-20
요절 / 누가복음 2:10
"천사가 이르되 무서워하지 말라. 보라 내가 온 백성에게 미칠 큰 기쁨의 좋은 소식을 너희에게 전하노라."
목표 / 일상생활에서 '기쁨의 좋은소식'을 전하는 태도를 기른다.

시작하는 말

성경에서 역사적인 예언이 성취되는 것을 보게 됩니다. 창세기에서 야곱에게 주어졌던 예언 "규(圭)[1]가 유다를 떠나지 아니하며 통치자의 지팡이가 그 발 사이에서 떠나지 아니하기를 실로가 오시기까지 이르리니 그에게 모든 백성이 복종하리로다"(창 49:10)는 말씀이 이제 이루어졌습니다. 예수 그리스도께서는 오실 실로(세상의 구세주, 메시야)였습니다. 그분이 세상에 오심은 이례적인 사건들로 둘러싸여 있었습니다.

유다는 수리아의 영토 안에 포함되어 구레뇨가 수리아의 총독이었습니다. 헤롯이 유다의 왕이었습니다. 강탈한 자요, 외국인이 이제 이방의 권세로 유다를 다스리게 되었던 것입니다.

오늘의 말씀

1. 예수 그리스도의 탄생은 하나님의 섭리였습니다(눅 2:1~6).

1) 규(圭): 옥으로 만든 홀(笏, 벼슬아치가 조현할 때 조복을 갖추어 손에 쥐던 패)

1) 예수 그리스도의 탄생은 하나님의 치밀하신 계획 하에 때가 차매 역사 가운데(B.C. 4년) 태어나셨습니다(갈 4:4).

① 하나님께서는 이 호적 령을 메시야 탄생을 위한 그분의 계획을 이루시기 위해 사용하셨습니다.

② 호적 령은 요셉으로 하여금 베들레헴으로 가게 했습니다.

③ 인간의 계획인 호적 령이 성경을 성취하도록 되어 있었습니다.

2) 예수 그리스도의 탄생 장소는 충격적이었습니다(7절, 미 5:2).

① 예수님은 베들레헴 마구간에서 태어나셨습니다.

② 예수님은 가난하게 태어나셨습니다.

③ 예수님은 알아주지 않는 곳에서 외롭게 태어났습니다.

④ 예수님은 겸손하게 태어났습니다.

⑤ 예수님은 죄와 이기심, 탐욕과 불친절의 타락한 세상에 태어났습니다.

· 함께 읽어요 : 누가복음 2장 7절

"7 첫아들을 낳아 강보로 싸서 구유에 뉘었으니 이는 여관에 있을 곳이 없음 이러라."

2. 천한 목자들에게 천사들이 나타나 성탄의 소식을 전했습니다(눅 2:8~12).

당시 목자들은 아주 천한 직업이었습니다. 그런데 밤에 밖에서 양떼를 지키는데, 주의 사자가 곁에 서고, 주의 영광이 그들을 두루 비추매 크게 무서워했습니다. 큰 기쁨의 좋은 소식을 전했습니다.

"다윗의 동네에 구주, 곧 그리스도 주가 나셨다"는 것입니다(11절).

'강보에 싸여 구유에 뉘어 있는 아기를 보리라'는 것입니다(12절).

홀연히 천군이 천사들과 함께 두 가지로 하나님을 찬송했습니다.

1) 지극히 높은 곳에서는 하나님께 영광이요.

2) 땅에서는 기뻐하신 사람들 중에 평화로다.

· 함께 읽어요 : 누가복음 2장 14절

“14 지극히 높은 곳에서는 하나님께 영광이요. 땅에서는 하나님이 기뻐하신 사람들 중에 평화로다 하니라.”

3. 목자들이 베들레헴으로 가 아기 예수께 경배했습니다(눅 2:15~20).

여러분! 들에서 양을 지키는데 갑자기 밤중에 주의 사자가 나타나 기쁨의 좋은 소식 ‘복음’을 전해 주었습니다. 그들은 지체하지 않고 생업의 현장을 떠나 베들레헴 성내로 들어갔습니다.

1) 누추한 모습이었지만 마리아와 요셉과 함께 만 왕의 왕 예수께 경배를 드렸습니다. 듣고 본 대로 전하며, 하나님을 찬양했습니다.

2) 마리아는 목자들이 전해 준 그 모든 일을 두려워하며 마음속으로 생각했습니다. 마리아는 그녀의 아기가 하나님, 즉 하나님의 아들인 것을 들었습니다.

3) 아기 이름을 하나님께서 이르신 대로 ‘예수’라 지었습니다(21절).

‘예수’(’Ιησους)라는 이름의 뜻을 아십니까? ‘여호와는 구원이시다’(여호수아), 즉 ‘구세주’, 또는 ‘그 분이 구원하시리라’는 뜻입니다.

마태는 ‘자기 백성을 그들의 죄에서 구원할 자이시라’고 설명합니다.

‘예수’는 태어날 때부터 ‘죄인을 구원해야 할 사명’을 지니시고 태어나신 것입니다. ‘예수 그리스도’하면 ‘예수’는 이름이고, ‘그리스도’는 ‘기름 부음 받은 자’라는 뜻으로 ‘메시야’를 가리킵니다.

당시 예수라는 이름이 헬라·로마적인 팔레스타인에서 흔하다 할지라도, 예수 그리스도만이 자기 백성을 그들의 죄에서 구원하심으로써 그 이름의 충분한 의미를 실제로 나타내신 것입니다.

성탄 예배는 ‘예수’라는 이름의 뜻을 제대로 이해할 때만이 그 의미를 담아 기쁘고 아름다운 성탄문화를 바로 세워갈 수 있는 것입니다.

· 함께 읽어요 : 마태복음 2장 21절

“21 아들을 낳으리니 이름을 예수라 하라. 이는 그가 자기 백성을 그들의 죄에서 구원할 자이심이라 하니라.”

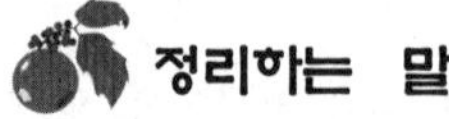

정리하는 말

사랑하는 성도 여러분! 오늘 여러분들에게 '기쁨의 좋은 소식'이 무엇입니까? 본문에 천사가 전해 준 대로 '구주가 나셨으니, 곧 그리스도 주시니라'는 이 소식이야 말로 '기쁨의 좋은 소식'이요, 세계 만방에서 최고의 복음인 것입니다. '기쁘다 구주 오셨네!' 구세주가 오신 소식! 목자처럼 최고 '기쁨의 좋은 소식'을 전파하며 마음과 몸과 정성을 다해 큰 감격 속에서 복되고 기쁜 성탄절을 맞이하시기 바랍니다.

평가와 결심

1. 예수 그리스도의 탄생은 어떻게 이루어진 것입니까?
(눅 2:1~7, 하나님의 예정과 섭리로 B.C. 4년 역사 속에 나심)
2. 천군천사들의 찬송의 메시지는 무엇이었습니까?
(눅 2:14, ①하나님께는 영광이요 ②땅에는 평화로다)
3. 천사들의 소식을 들은 목자들은 어떻게 했습니까?
(눅 2:10~11, 천사의 말대로 베들레헴 성에 가서 경배함)

주간 경건의 시간 <56> · 날마다 말씀과 함께

요일 / 내용	주일/월(Mon)	화(Tue)	수(Wed)	목(Thu)	금(Fri)	토(Sat)
찬송	114동/115동	353 / 391	116 동	117 동	118동	120동
성경	마 1: / 2:	마 3:	마 4:	눅1:1~25	눅1:26~80	눅2:1~52
적용	다윗의 자손/ 동방 박사	광야의 세례 요한	병과 약한 것 고치심	세례 요한 출생 예고	세례요한 탄생	예수님의 탄생

* 세상에서 가장 강한 것은 인간의 양심이다. 양심이 약해지면 인간은 죽음을 당하게 된다.
<에픽테투스, 60 ?~120 ?> 로마 스토아 철학자>

한 해를 축복의 길로

찬송 / 550, 433, 552, 554, 545 / 통 248, 490, 358, 297, 344
성경 / 시편 1:1-6
요절 / 시편 1:2
"오직 여호와의 율법을 즐거워하여 그의 율법을 주야로 묵상하는 자로다."
목표 / 민속절기 설날 예배로 한 해를 축복의 길로 나가는 태도를 기른다.

◎ 설날 가정 예배(신년, 구정)

1. 개회사

새해 첫날을 맞아 온 가족이 한 자리에 모여 온 가족들이 신앙을 점검하면서, 하나님께 예배를 드리며, 축복의 길로 나아가시기 바랍니다.

2. 찬송 : 550장, 433장, 552장, 545장, 554장

3. 성시 교독은 찬송가 뒤 교독문 93번, 94번을 가족이 다 같이 교독 합니다.

4. 기도

새해 새 일을 계획하시고 이루시는 하나님, 지난 한 해도 우리 가족들을 사랑하시고 지켜주셨음을 감사드립니다. 또 새해를 맞이하게 하여 주심을 감사드립니다. 새해가 시작되는 이 아침부터 올 한 해가 주님 은혜 가운데 온 가족이 하나님의 말씀대로 순종하며 살게 하시고, 불안과 좌절이 엄습해 온다할지라도 믿음으로 늘 승리하게 해 주시옵소서.

앞서가신 어르신들의 교훈과 정신을 기억하면서 성실하고 믿음 생활 잘 하면서, 어떠한 삶의 계곡을 지나든지 우리의 영혼 속에는 늘 찬송의 냇물

이 흐르게 하옵소서. 결단 내려야 할 때는 주님이 인도하셔서 강한 결단을 내리게 하여 주시고, 나약한 이웃들을 도우며 형제간에 더욱 우애하면서 웃어른들을 늘 공경하면서 화목한 가정을 이루게 하옵소서. 가시밭과 같은 세상을 헤쳐 나갈 때 삶의 지혜를 주시고, 실패의 순간에도 용기를 잃지 않게 하여 주옵소서. 언제나 우리 가족들의 인도자가 되시며 우리는 주님의 일꾼임을 잊지 않게 하시고, 이웃들에게 유익한 사람이 되게 하옵소서. 금년 한 해 말씀을 묵상하면서 늘 승리하는 해! 행동을 통한 성취의 해! 성전을 더욱 가까이하는 한 해가 될 수 있도록 하시며, 자손들의 사업도 잘되며 물질적으로도 풍성한 한 해가 되게 하여 주옵소서. 온 가족이 죄악의 길로 접어들 때는 성령님께서 바른 길로 인도하옵소서. 우리의 많은 일을 통하여 주님께 영광과 찬송을 드릴 수 있는 한 해가 되게 하여 주옵소서. 예수 그리스도의 이름으로 기도 드립니다. 아멘.

5. 성경 봉독은 다음 성경구절 중에 한 곳을 읽습니다.

시편 1:1~6, 창 8:13-22, 출 12:15-20; 20:12, 요 15:1-10, 19:26-27, 고후 5:17-21, 엡 4:20-24, 빌 2:1-22, 계 2:12-27

6. 성경을 읽고 말씀을 전합니다(온 가족이 성경본문만을 교독하면서 읽어도 좋습니다).

7. 찬송은 가족들이 즐겨 부르는 찬송가를 찾아 부릅니다.

8. 축복 기도 혹은 주기도문을 암송하거나 읽으면서 기도합니다.

설날 예배는 가장(家長)이나 가족 중 한 사람이 예배를 인도하고, 예배가 끝난 후에는 가족들이 둘러앉아 친교 하면서 어르신들의 교훈이나 추억담을 나누면서 음식을 나누어 먹습니다. 히브리 민족은 유월절에는 가족들이 모여 가족 중에 "이 절기가 무슨 뜻입니까?"하고 물으면 가장(家長)이 그 뜻을 설명해 주었다고 합니다.

* 유인물을 만들 때는 <교회소개를 간략하게 하면 전도에도 좋습니다.>

한 해를 축복의 길로
(시편 1:1~6)

3절 "오직 여호와의 율법을 즐거워하여 그의 율법을 주야로 묵상하는 자로다."

여러분! 새해 온 가족이 복 많이 받으시기 바랍니다. 새해 첫날 하나님의 은혜와 축복이 여러분들 가정 위에 넘치기를 기원합니다. 금년 한해에는 여러분의 가정마다 하나님의 말씀을 읽으면서, 예배를 드리면서 하나님의 축복이 넘치기를 축복합니다. 왜냐하면 복은 예배를 드릴 때 하나님께로부터 역사하사 부어지기 때문입니다.

첫째로, 우리는 이미 복을 받은 사람들입니다.

이 본문은 복 있는 사람의 조건을 말씀하고 있습니다. '복되도다!' 이 말은 하나님을 사랑하는 자에게 오는 모든 풍성한 복을 의미합니다. 예수님은 마태복음 5장 산상설교에서 팔복을 말씀하셨습니다. 하나님께서 믿음의 조상 아브라함을 부르시면서 '네게 복을 주어 네 이름을 창대케 하리니 복의 근원이 될지니'라고 했습니다. 하나님께서 범죄한 인간에게 은혜와 구원과 사랑의 복을 주시기 위해 찾아오신 것입니다.

우리는 복 받은 사람들로서 긍지와 자부심을 가지고 죄악을 이기는 삶을 살아가야 하겠습니다. 그러려면 하나님께서 준비하신 '축복의 길로 나아가야' 합니다. 말씀과 축복의 시냇가로 나아가야 합니다.

① 시냇가에 심기었다는 말은 '예수 안에 거한다'는 말입니다. 바로 예수님이란 좋은 땅에 심겨져야 합니다. 이미 여러분들은 예수 안에 심겨진 줄 믿으시기 바랍니다. 예수를 나의 구주로 삼은 자들입니다.

② 뿌리를 깊이 내려야 합니다. 요즘처럼 새로운 정보에 목말라한 적은 없었습니다. 여러분! '기쁨의 좋은 소식'이신 예수님께 뿌리를 박았으면 조금도 의심하지 말아야 합니다. 믿음으로 구하고 받은 줄로 믿으시기 바랍

니다.

둘째, 복 받은 사람은 상록수처럼 청청하게 살아갈 수 있습니다.

오늘 본문은 '복 받은 사람'을 이렇게 기술합니다. 3절을 함께 읽습니다. "그는 시냇가에 심은 나무가 철을 따라 열매를 맺으며, 그 잎사귀가 마르지 아니함 같으니 그가 하는 일이 다 형통하리로다." 그렇습니다. 복 있는 사람은 의인이며, 의인이, 곧 하나님의 구속함을 받은 성도이며, 그는 시냇가에 심은 나무와 같다는 것입니다.

① 새해 새 사람은 예수 십자가로 죄 씻음을 받은 의인이라는 말씀입니다. 새해 새 마음을 받은 자들이 복 있는 자, 곧 예수 그리스도의 보혈을 받은 자들입니다. 새해 예수로 새 희망을 맞이합시다.

② 새해 새 사람은 말씀과 기도로 새롭게 된 자들입니다(딤전 4:5).

사도 바울은 "하나님의 말씀과 기도로 거룩하여짐이니라"고 했습니다. 하나님의 복된 백성들은 말씀으로 새롭게 된 자들입니다. 보통 교회 생활을 통해 낮에는 직장에 나가고, 저녁에는 교회 기도실에서 철야기도를 하면서 나의 과거 지은 죄악들을 고백한 적이 있을 것입니다. '하나님 나의 지은 죄악들을 사하여 주옵소서', 몸부림치며 부르짖으면서 얻었던 사죄의 기쁨을 느낀 적도 있을 것입니다. 회개의 기도는 새사람을 만듭니다.

이제 하나님의 말씀과 기도로 새로워진 사람! 우리는 이미 복을 받은 사람입니다. 우리 교회는 복 받은 교회입니다. 우리 민족은 복 받은 민족입니다. 복 받은 사람! 복 받은 성도! 복 받은 국민의 한 사람으로서 확실한 인생관, 올바른 세계관을 가지시고, 불확실성의 시대를 뛰어넘는 신앙의 승리자로서 복 받은 삶 되기를 소원합니다. 예배를 통해 부어지는 복을 받기 위해 여러분과 우리 모두 '축복의 길'로 나아가시기를 바랍니다.

여러분! 사랑하고 축복합니다. 성삼위 하나님의 복이 금년 한해 여러분 모두에게 함께 하기를 축원합니다.

중추절의 기쁜 찬송

찬송 / 587, 588, 589, 590, 591 / 통 306, 307, 308, 309, 310

성경 / 이사야 9:1-7

요절 / 이사야 9:3

"주께서 이 나라를 창성하게 하시며 그 즐거움을 더하게 하셨으므로 추수하는 즐거움과 탈취물을 나눌 때의 즐거움 같이 그들이 주 앞에서 즐거워하오니"

목표 / 민속절기인 중추절에 창조주 하나님께 감사하는 신앙태도를 기른다

민속절기 추석 가정 예배 순서

1. 개회사

추석을 맞아 온 가족이 한 자리에 모여 조상들의 은공을 기리며, 풍성한 가을 수확을 주신 하나님께 다 같이 묵상기도를 드림으로 추석 가정 예배를 드리겠습니다.

2. 찬송은 588장, 592장, 593장, 590장 중 익숙한 찬송을 부릅니다.

3. 성시 교독은 찬송가 뒤 교독문 30번, 31번이나 105번, 106번 감사절 (1)(2)에서 선택하여 함께 교독합니다.

4. 다 같이 기도합시다(가족 대표 한 분이 기도를 인도합니다).

천지를 만드시고, 사계절을 주셔서 봄에 뿌린 씨앗을 이 풍요한 가을에 풍성한 열매를 거둘 수 있는 복을 주시니 감사합니다. 민속명절인 '추석'을 주셔서 온 가족들이 한 자리에 모여 기쁨과 감사의 예배를 드릴 수 있게 해 주시니 감사합니다. 늘 하나님의 말씀대로 순종하며 살게 하시고, 불안과 염려가 엄습해 온다할지라도 늘 믿음으로 승리하게 해 주시옵소서.

앞서가신 어르신들의 교훈과 정신을 기억하여 성실하고, 믿음 생활 잘 하면서 어떠한 어려움을 만나든지 우리의 영혼 속에는 늘 맑은 샘물이 솟아나게 하옵소서. 우리 가족 한 사람 한 사람을 늘 주님께서 인도해 주셔서 영·육간에 건강하게 하시고, 나약한 이웃들을 도우며 형제간에 더욱 우애하며, 웃어른들을 늘 공경하면서 화목한 가정을 이루게 하옵소서. 가시밭과 같은 세상을 헤쳐 나갈 때 지혜와 용기를 주시고, 실패의 순간에도 희망을 잃지 않게 하옵소서. 언제나 우리 가족의 인도자가 되시며 우리는 주님의 수종자와 일꾼임을 잊지 않게 하시고, 모든 사람들에게 유익한 사람이 되게 하옵소서. 한 해가 저물기 전에 믿음이 더욱 성숙하게 해 주시옵소서. 말씀으로 주님과 함께 성전 중심의 신앙생활을 하게 하옵소서.

하나님의 성전을 아름답게 가꾸며, 주님을 뜨겁게 사랑하며 살아가게 하옵소서. "오늘부터 복을 주리라"하신 주님의 말씀을 믿사오니, 자녀들의 사업도 잘되며 물질적으로도 풍성한 한 해가 되게 하여 주옵소서. 우리가 죄악의 길로 접어들 때는 성령께서 바른 길로 인도하옵소서. 감사와 영광과, 찬양을 주님께 많이 드릴 수 있는 한 해가 되게 하여 주옵소서. 예수 그리스도의 이름으로 기도 드립니다. 아멘.

5. 성경은 다음 성경구절 중에 한 곳을 읽습니다.
·시편 23편, ·창세기 26:12-22, ·레위기 23:15-25, ·신명기 4:25-29; 8:1-3, ·요한복음 7:37-44, ·고전 10:23-33, ·빌립보서 4:2-9; ·살전 5:16-24

6. 성경을 읽고 말씀을 전합니다(성경본문만을 읽을 수도 있습니다).

7. 찬송은 가족들이 즐겨 부르는 찬송가를 찾아 함께 부릅니다.

8. 목회자가 축복 기도를 하거나 아니면 "주기도문"을 암송하거나 읽으면서 기도를 함께 드림으로 예배를 마칩니다.

추석에는 가장이나 가족 중 한 사람이 예배를 인도하고, 예배가 끝난 후에는 준비한 음식을 나눠먹으면서, 어르신들의 교훈이나 추억담을 나눕니다. 히브리인들은 '오순절'이나 '장막절'을 지키며 절기를 지켰습니다.

중추절의 기쁜 찬송

(이사야 9:3)

"3 주께서 이 나라를 창성하게 하시며 그 즐거움을 더하게 하셨으므로 추수하는 즐거움과 탈취물을 나눌 때의 즐거움 같이 즐거워하오니"

해마다 가을이 오면 우리나라는 예로부터 전해 내려오고 있는 민속명절의 하나인 '추석'을 맞이하게 됩니다. 추석은 음력으로 8월 15일을 절기의 날로 정하여 지켜오는 민족 명절입니다. 추석은 신라 제3대 유리 왕 때부터 지켜오고 있다고 합니다. 한가위란 신라시대의 가배절(嘉俳節)에서 유래된 것이었다고 합니다. 한가위를 추석(秋夕), 즉 가을의 저녁이란 뜻을 담아 한가위의 멋이나 시는 바로 그 날 저녁의 달에 있었습니다. 달을 닮은 떡을 빚어서 먹습니다. 서울 이북에서는 단오(端午)를 크게 지켰지만 서울 이남의 곡창지대에서는 한가위를 더 큰 명절로 지냈습니다. 신라 사회에서는 하늘에 감사한다는 뜻으로 간단한 차례(茶禮)[1]를 지켰던 것 같습니다.

기독교 중에서도 개신교의 경우에는 예배모범 제15장 3항 "가정예배는 집집마다 행할지니 아침저녁으로 기도하며 성경을 읽으며 찬송함으로 한다."라고 명시하고 있습니다. 그렇게는 못한다고 할지라도 가정에서 온 가족이 함께 모이는 민속명절에는 교회에서 예배순서를 마련하여 개개 가정에서 가정예배를 드릴 수 있도록 하고 있는 것은 바람직한 일이라고 생각됩니다.

오늘은 읽은 본문을 중심으로 '추수하는 기쁨과 찬송'이라는 제목으로 말씀드리겠습니다.

1) 자연적인 추수의 기쁨입니다(사 9:3).

유대인들에게는 추수는 특히 흥미로운 것이었습니다.

① 추수는 추수함으로 끝나는 한 해의 불안과 수고에 대한 완성이며 보

1) 차례(茶禮) : 음력 매달 초하룻날과 보름날 · 명절날 · 조상 생일 등의 낮에 지내는 제사. 기독교에서는 이때 '가정예배'를 드림이 성경적이다.

상입니다.

② 추수는 다가 올 해에 우리가 필요한 것들을 공급해 줍니다. 이러한 물질적인 고마움과 감사가 우리를 더욱 풍요하게 해 줍니다.

그러나 이러한 세속적인 것들이 궁극적인 영혼의 필요를 충족시켜 줄 수 없다는 것을 알아야 합니다.

추수와 가을의 열매들은 육적인 풍요를 채워 줄 수는 있어도 영적인 풍족함은 채워줄 수 없다는 것을 알아야 합니다.

2) 영적인 추수의 기쁨입니다.

신앙생활의 변화는 종종 계절의 변화에 비유되고 있습니다(시 126:5, 6). 그리스도인 농부는 토질이 나쁜 것, 날씨가 좋지 않은 것, 추수의 지연, 절정적인 상실에 대한 두려움 등으로 인해 야기되는 불안을 가지고 있습니다. 하지만 그는 이 세상에서조차도 기쁨으로 거두는 수확이 있습니다.

① 영혼을 억압해 왔던 죄의식이 그리스도의 보혈로 용서함 받은 그 자비에 대한 의식으로 바뀔 때가 있습니다.

② 절망 후에 희망이 다시 찾아 올 때가 있습니다.

③ 지연되었던 기도의 응답이 주어질 때의 기쁨이 있습니다.

④ 복음의 영적 승리들이 가족이나 사역자들에게 나타날 때입니다.

3) 영원한 추수의 기쁨이 있습니다.

우리에게 주어진 구원은 영원히 가라지로 불에 타버릴 것들이 알곡으로 곡간에 모아질 알곡으로 바뀌진 엄청난 구원의 은혜를 입었습니다. 결국 불에 타버리고 말 가라지, 쭉정이의 두려운 운명으로부터 구원을 받은 것입니다. '추수하는 기쁨과 찬송'을 드려 창조주 하나님께 감사드리는 추석이 되었으면 합니다. 감사는 하나님을 향한 인간의 최고의 덕목입니다. 창조주 하나님께 기쁨과 찬송을 드리는 풍요로운 추석 명절이 되기를 바랍니다.

13단원 절기 예식 공과(추모예배)

제59과

지혜로운 인생

찬송 / 246, 305, 369, 239, 240/ 221, 405, 487, 230, 231
성경 / 에베소서 5:15-21
요절 / 에베소서 5:15~16
"15 그런즉 너희가 어떻게 행할지를 자세히 주의하여 지혜 없는 자같이 하지 말고, 오직 지혜 있는 자 같이 하여 16 세월을 아끼라 때가 악하니라."
목표 / 가족 친지의 추모 예배를 참석하는 신앙 습관을 기른다.

추모 예배 순서

1. 개회사
오늘은 고 ○○○씨의 ○주년을 맞이하여 추모예배[2]를 드리겠습니다.

2. 사도신경으로 신앙 고백을 드립니다.

2. 찬송은 246장, 305장, 369장, 445장중에서 잘 아는 찬송을 택하여 부릅니다.

3. 다 같이 기도합시다(가족이나 교인 대표 한 분이 기도를 인도합니다).
"험악한 세상이지만 오늘까지 하나님의 은혜와 사랑으로 살아오게 하셨음을 감사드립니다. 오늘은 고 ○○○씨의 ○주년을 맞이하여 유족들과 성도들이 함께 추모예배를 드리게 됨을 감사드립니다.

2) '추모예배'(追慕禮拜)란 '죽은 사람을 사모하여 드리는 예배'를 의미한다. '추도'(追悼)란 말은 '죽은 사람을 슬퍼함'이라는 뜻이니 '추모'라는 말로 씁시다.

사랑과 은혜가 풍성하신 아버지 하나님! 먼저 유족들을 위로하사 고인의 믿음과 사랑과 믿음을 기억하게 하시고, 고인의 유훈(遺訓)을 따라 믿음으로 살게 하옵소서. 세상에서 정직하고 부지런히 살아가게 하시고, 고인을 추모하는 가족들에게 한없는 은혜와 사랑을 내려 주옵소서. 또한 고인이 다하지 못한 일들을 이어 나가게 하시며, 고인의 믿음을 자손들이 이어받아 거룩한 삶을 살아가게 하옵소서. 예수님 이름으로 기도합니다." 아멘.

4. 성경은 다음 성경구절 중에 한 곳을 읽습니다.
· 히브리서 11:13-16, 계시록 22:1-5, 왕상 2:1-4, 고후서 1:3-4, 엡 5:15~21, 요한복음 14:18, 요한복음 16:33, 누가복음 12:36-40, 히브리서 13:7-8

5. 성경을 읽고 말씀을 전합니다. 단 설교는 성경본문을 읽고 생략할 수도 있습니다.

(예: 제목 : "믿음의 선배의 본을 받아라." ① 선배의 은덕을 기억하라 ② 선배의 생애를 기억하라 ③ 선배의 믿음을 본받아라)

6. 예배 인도자가 기도합니다.

7. 고인의 약력을 보고합니다. (가족에게 미리 알려주어 작성토록 함)

8. "추모사"를 형편에 따라서 읽거나 이야기합니다. (미리 작성토록 함)

9. 찬송을 부릅니다(239장, 240장 중에서 익숙한 찬송을 부르도록 합니다).

10. 집례 자가 축도를 하거나 다같이 '주기도문'으로 기도하고서 예배를 마칩니다.

11. 폐회사

"이상으로 고 ○○○씨(혹은 장로, 집사, 권사)의 추모 예배를 마치겠습니다."

지혜로운 인생
(에베소서 5:15~21)

오늘 추모예배를 드리면서 문득 지혜로운 인생이 어떤 인생인가? 하는 생각이 났습니다. 에베소서가 쓰여 질 때 당시 에베소 지역은 우상숭배가 만연한 지역이었습니다. 악한 세대 속에서 하나님의 뜻을 분별하지 못하고 방황하는 이들에게 바울 사도는 '지혜로운 인생을 살아가라'는 귀한 말씀을 주고 있습니다. 지혜로운 인생을 살아가려면 어떻게 해야 하겠습니까?

첫째로, 지혜로 시대를 분별하며 주의 뜻을 이해해야 합니다(15~17절).

신앙인의 삶은 항상 세대를 본받지 말고, 맑은 샘물줄기를 따라 올라가는 물고기처럼 물결을 거슬러 올라가야 합니다. 로마서 12장 2절에서는 "너희는 이 세대를 본받지 말고, 오직 마음을 새롭게 함으로 변화를 받아 하나님의 선하시고, 기뻐하시고 온전하신 뜻이 무엇인지 분별하도록 하라"고 했습니다. 지혜는 세상에서 오는 것이 아닙니다. 하나님이 주시는 지혜입니다. 하나님의 말씀을 주야로 묵상하여 삶의 지혜를 얻어야 합니다. 그래야 하나님의 선하시고 기뻐하시고 온전하신 뜻을 분별할 수 있는 것입니다. 아침저녁으로 하나님의 말씀을 묵상하면서 생활하고 자녀를 기르면 자녀들이 주의 뜻을 이해하게 됩니다. 선악을 분별하게 됩니다. 항상 선을 따르며, 결코 세상 속으로 빠져 들어갈 수가 없는 것입니다.

둘째로, 세상에 취하지 말아야 합니다(18절).

본문 18절을 함께 읽겠습니다. "술 취하지 말라 이는 방탕한 것이니 오직 성령의 충만함을 받으라." 문자 그대로 '술 취하지 말라'는 말이지만 심오한 뜻은 '영적으로 어두운 곳에서 세상이 주는 사상이나, 명예, 물질 등으로 취하여 있는 상태'를 의미합니다. 세상 재미를 찾아가는 방향감각이 발달되어야 세상에 밝은 사람, 열린 사람이라고 평가하는 세상에서 바른 인격을 지켜가기란 말처럼 쉽지 않습니다.

오늘날 젊은이들을 유혹하는 3S는 스포츠, 섹스, 스피드입니다. 이러한 오염된 세속에 물들지 않게 하는 것은 말씀과 유일신 하나님 신앙, 그리스도의 십자가 신앙이 아니고는 저들을 대적해 이길 수가 없습니다.

이런 의미에서 하나님의 말씀을 근거로 하여 작사된 찬송시(讚頌詩)를 은혜로운 곡으로 작곡된 찬송가(讚頌歌)를 많이 부르도록 하고, 문학과 예술세계에서도 신앙 깊은 작품들을 감상하는 습관을 길러야 되는 것입니다.

여러분들의 자녀들에게 얼마나 선한 말씀과 맑고 푸른 은혜의 강물을 흘려보내고 있습니까? 이제는 문화의 전쟁시대입니다. 신앙유산을 자녀들에게 물려주도록 하시기 바랍니다.

셋째로, 오직 성령의 충만함을 받아야 합니다.

오늘 본문에서는 이 세상의 육신적인 세력을 극복하기 위해서는 성령의 충만함을 받아야 한다고 권고하고 있습니다. 인생은 원래 죄성(原罪)을 지니고 태어났기에, 일상적인 생활 속에서 항상 육신의 정욕을 제어하며 주님의 기쁘신 뜻을 이해하고, 주님을 기쁘시게 하는 삶의 모습을 지켜가는 것이 필요한 것입니다. 가족이 특히 소중한 점은 가정이 전체적으로 오염되는 부패의 근원을 신앙이라는 울타리로 지켜가는 것입니다. 뿐만 아니라 그보다 더 근본적인 처방은 성령의 충만함을 받는 일일 것입니다. 여러분! 순간순간 여러분들 자신을 하나님께, 성령님께 맡기시기를 바랍니다. 성령님께서 감동을 주시는 일에 관심을 가지시고, 하나님의 말씀에 늘 순종하는 생활태도를 가지시기를 바랍니다. 고인을 기억하고 기리는 것도 좋지만 신앙의 위인들의 '신앙의 지혜'를 기억하면서 지혜롭게 살아가시기를 소원합니다.

요셉의 입관 예식

찬송 / 239, 240, 608, 479, 607/ 통 230, 231, 295, 290, 292

성경 / 창세기 50:22-26

요절 / 창세기 50:26

"요셉이 백십 세에 죽으매 그들이 그의 몸에 향 재료를 넣고 애굽에서 입관하였더라."

목표 / 건전한 기독교의 장묘 문화를 세워가는 태도를 기른다.

입관식 예배 순서

1부 입 관

* 입관식은 소천 한 시신을 관에 넣고 뚜껑을 덮어 봉하는 의식, 특별한 경우를 제외하고는 소천 후 24시간이 경과한 후에 시신을 처리하는 것이 상례이다. 가장 가까운 가족과 함께 시신을 정성스럽게 입관하되, 고인의 성경 찬송 등 유품은 관속에 넣지 말고 따로 보관하여 자손들에게 물려주는 것이 좋다.

2부 예배

1. 개식사 :

지금부터 (○월 ○일 오○ ○시 ○분 소천하신) ○○○(직분 혹은 성도)의 입관식(장례식)을 거행하겠습니다.

2. 묵 도 ……………(찬양대 송영)…………………… 다같이

3. 기 원 ……………………………………………………… 집례자

"인간의 생사화복을 주관하시는 전능하신 하나님, 슬픔에 잠긴 유가족들을 위로하여 주옵소서. 고인은 주안에서 (믿음으로) 살다가 (영생의 나라로) 옮겨가신 줄로 믿습니다. 여기 둘러선 유족과 성도들도 영생의 소망을 가지고 위로 받게 하시고, 진행되는 모든 장례의 절차를 주님께서 친히 인도해 주실 줄 믿사옵고, 예수님의 이름으로 기도합니다. 아멘.

4. 신앙고백 ………………[사도신경 암송]……………… 다같이

5\. 찬　　송 ………… (607장 / 통 292장) ………… 다같이

♬ ① 내 본향 가는 길, 보이도다. 인생의 갈 길을 다 달리고
땅위의 수고를 그치라 하시니 내 앞에 남은 일 오직 저길

② 주 예수 예비한 저 새집은 영원히, 영원히 빛나는 집
거기서 성도들 즐거운 노래로 사랑의 구주를 길이 찬송

③ 평생에 행한 일 돌아보니 못 다한 일 많아 부끄럽네.
아버지 사랑이 날 용납하시고 생명의 면류관 주시리라. 아멘 ♬

6\. 기　도 ……………………………… ○○○ 장로(집사)님

7\. 성경봉독 ………… (창세기 50:22-26) ……………… 집 례 자

"[22]요셉이 그의 아버지의 가족과 함께 애굽에 거주하여 백십 세를 살며. [23]에브라임의 자손 삼대를 보았으며 므낫세의 아들 마길의 아들들도 요셉의 슬하에서 양육되었더라. [24]요셉이 그의 형제들에게 이르되 나는 죽을 것이나. 하나님이 당신들을 돌보시고 당신들을 이 땅에서 인도하여 내사 아브라함과 이삭과 야곱에게 맹세하신 땅에 이르게 하시리라 하고 [25]요셉이 또 이스라엘 자손에게 맹세시켜 이르기를 하나님이 반드시 당신들을 돌보시리니 당신들은 여기서 내 해골을 메고 올라가겠다하라 하였더라. [24]요셉이 백십 세에 죽으매 그들이 그의 몸에 향 재료를 넣고 애굽에서 입관하였더라.

8\. 설　교 ……… " 요셉의 입관 예식 " ……………○○○ 목사

9\. 기　도 ……………………………………………… 집 례 자

10\. 찬　송 ………… (새 479 / 통 290 장) …………… 다같이

① 괴로운 인생길 가는 몸이 평안히 쉴 곳이 아주 없네.
걱정과 고생이 어디는 없으리. 돌아갈 내 고향 하늘나라

② 광야에 찬바람 불더라도 앞으로 남은 길 멀지 않네.
산 너머 눈보라 세차게 불어도 돌아갈 내 고향 하늘나라

③ 날 구원하신 주 모시옵고 영원한 영광을 누리리라
그리던 성도들 한자리 만나리. 돌아갈 내 고향 하늘나라

11\. 축　도 ……………………………………………… 집 례 자

12\. 폐　회 ……………………………………………… 다같이

요셉의 입관 예식

(창세기 50:22~26)

성경에 요셉의 입관예식처럼 국가적으로 치러졌던 예가 흔치 않습니다. '사랑의 원자탄'의 주인공인 손양원 목사는 그의 일기에서 김구의 국가장례처럼 국가에 공헌한 성도의 장례식이 때로는 불신자의 장례식, 우상을 섬기는 사람의 장례식처럼 된다는 것을 안타까워했습니다. 우리 인생이 세상에 살다가 관속에 들어갈 때는 자기 뜻이 아니고, 가족이나 유족들에 의해서 집행되기 때문입니다. 요셉의 입관예식을 살펴보려고 합니다.

첫째, 요셉은 신실함과 축복된 삶을 살았습니다(22~23절).

세상에서 고상한 삶을 사는 사람은 그리 많지 않습니다. 모두 그러길 원하지만 그런 사람은 극히 드뭅니다. 그러나 요셉은 그런 인물이었습니다. 요셉은 하나님께 신실했고, 축복된 삶을 살았습니다. 하나님께 대한 신실함이 바로 끝까지 하나님을 따르며 풍성한 열매를 맺는 삶을 사는 길입니다.

1) 그는 신실한 삶을 살았습니다(22절). 요셉은 110세까지 살았습니다. 요셉의 생애 중 ① 7년간 기근으로 인한 전 세계적인 경제파탄과 굶주림에서 건졌고, ② 이스라엘 민족으로 하여금 주변 국가들과의 통혼이나 세속적인 영향력에 물들지 않고 경건성을 지키도록 애굽으로 데려 갔습니다.

2) 그는 축복된 삶이 있습니다(23절). 요셉은 3대에 이르는 후손까지 보았습니다. 그 후손들을 하나님을 따르고 믿을 자손들을 주셨습니다.

둘째, 요셉이 죽을 때에도 하나님의 약속을 굳게 잡았습니다(24~26절).

① 요셉은 하나님께서 이스라엘을 돌보실 것이라고 선언했습니다(24

절). 요셉은 이스라엘이 어떤 환난과 역경을 당한다하더라도 꿋꿋이 이겨 나갈 것이라고 했습니다. 아브라함에게 약속하신 예언, 즉 이스라엘이 400년 동안 다른 나라에 의해 고난을 받을 것이라는 예언을 기억했을 것입니다.

② 요셉은 하나님께서 이스라엘을 구원하셔서 그들을 약속의 땅에 이르도록 하실 것이라고 선포했습니다(24절). 요셉은 90년 이상을 약속의 땅을 벗어나 살아왔습니다. 그러나 그가 지금 여기서 말하고 있는 것은 하나님의 위대한 약속에 대한 그의 믿음입니다. 성도는 사나 죽으나 하나님의 약속을 믿고 기대를 저버리지 말아야 합니다. 지금 입관예식을 하지만 믿음으로 다시 부활하사 주님의 나라에 영광의 부활의 영체로 들어갈 것임을 믿으시기 바랍니다.

셋째, 요셉은 자신의 뼈를 약속의 땅으로 가지고 갈 것을 부탁합니다(25절).

요셉이 그의 형제들에게 맹세하도록 한 것은 매우 중요합니다. 요셉은 그들이 나중에 가나안땅으로 돌아갈 때 그의 뼈를 반드시 가지고 갈 것을 맹세하게 했습니다. 이는 하나님의 약속에 대한 위대한 신앙고백 가운데 하나입니다. 요셉의 뼈가 가나안 땅에 묻히기까지는 400년이 지나야 했음을 주목하기 바랍니다. 요셉은 하나님의 약속대로 반드시 가나안으로 돌아갈 날이 올 것이라고 믿었습니다. 그의 뼈를 가져 갈 것을 맹세하게 함으로써 그 믿음을 증거 했습니다(히 11:22).

본문에서 입관을 하도록 한 것을 통해서 그의 부활신앙을 엿볼 수 있습니다. ① 영생이란 믿음을 통해 주어지는 하나님 안에 있는 생명입니다(롬 6:23). ② 영생이란 영적이며 하나님이 주시는 영원한 생명입니다.

이 자리에 참례한 유족이나 친족, 그리고 모든 성도들 모두 예수를 믿어 영원한 생명을 얻어 부활의 영체를 입고 영원한 그 나라에서 만날 수 있기를 축원 드립니다.

제61과

복된 죽음

찬송 / 479, 480, 607, 608/ 통 290, 293, 292, 295
성경 / 요한계시록 14:13
요절 / 요한계시록 14:13
"또 내가 들으니 하늘에서 음성이 나서 이르되 기록하라 지금 이후로 주 안에서 죽는 자들은 복이 있도다."
목표 / 건전한 기독교의 장묘 문화를 이해하고 이어가도록 한다.

장례식 순서

1부 장례 식장 배치

"…가나안 땅으로 메어다가 마므레 앞 막벨라 밭 굴에 장사하였으니…"(창 50:13)

가족과 친족, 조문객, 예배 위원… 고인의 관을 장례식장 정한 곳에 안치를 한다.

2부 예배

1. 개식사 :

지금부터 고 ○○○(직분 혹은 성도)님의 장례식을 거행하겠습니다.

2. 묵 도 ………………………………………………… 다같이

3. 기 원 ………………………………………………… 집례자

"인간의 생사화복을 주관하시는 전능하신 하나님, 고인은 주안에서 믿음으로 살다가 영생의 나라로 옮겨가신 줄로 믿습니다. 슬픔에 잠긴 유가족들을 위로하여 주옵소서. 여기 둘러선 유족과 성도들도 영생의 소망을 가지고 위로 받게 하시고, 진행되는 모든 장례의 절차를 주님께서 선히 인도해 주실 줄 믿사옵고, 예수님의 이름으로 기도합니다. 아멘.

4. 신앙고백 …………[사도신경 암송]……………… 다같이

5. 기 도 ………………………………… ○○○ 장로(집사)님

6. 찬　송…………(607/통292/ 480/통293) ……… 다같이

♬ ① 내 본향 가는 길 보이도다. 인생의 갈 길을 다 달리고
땅위의 수고를 그치라 하시니 내 앞에 남은 일 오직 저길
② 주 예수 예비한 저 새집은 영원히, 영원히 빛나는 집
거기서 성도들 즐거운 노래로 사랑의 구주를 길이 찬송
③ 평생에 행한 일 돌아보니 못 다한 일 많아 부끄럽네.
아버지 사랑이 날 용납하시고 생명의 면류관 주시리라 ♬

7. 성경봉독………… (요한계시록 14:13) ……………집 례 자

" [13]또 내가 들으니 하늘에서 음성이 나서 이르되 기록하라 자금 이후로 주 안에서 죽는 자들은 복이 있도다하시매 성령이 이르시되 그러하다 그들이 수고를 그치고 쉬리니 이는 그들의 행한 일이 따름이니라 하시더라.

8. 설　교 ………………"복된 죽음" ………………주례 목사

9. 기　도 ……………………………………………… 집 례 자

10. 찬　송 …………… (479/ 통290) ……………… 다같이

① 괴로운 인생길 가는 몸이 평안히 쉬일 곳 아주 없네.
걱정과 고생이 어디는 없으리. 돌아갈 내 고향 하늘나라
② 광야에 찬바람 불더라도 앞으로 남은 길 멀지 않네.
산 너머 눈보라 세차게 불어도 돌아갈 내 고향 하늘나라
③ 날 구원하신 주 모시옵고 영원한 영광을 누리리라
그리던 성도들 한자리 만나리. 돌아갈 내 고향 하늘나라

11. 축　도 ……………………………………………… 집 례 자

12. 폐　회 ……………………………………………… 다같이

<유인물 여백에 교회사용 란>

성도의 가정에 애경사가 있을 때가 바로 전도의 좋은 기회입니다. 교회를 불신 가족들에게 알릴 수 있는 절호의 기회입니다. 예배 순서 지를 꼭 만들어 사용하세요(운구 행렬은 사진, 집례자, 영구, 상제, 친족, 조문객 순으로 찬송을 부르며 행진합니다).

복된 죽음

(요한계시록 14:13)

인생은 누구나 태어나서 각각 다른 삶의 길을 걸어갑니다. 그러나 마지막 가는 길은 죽음이라는 건너지 못할 강이 있습니다. 천년만년을 살 것처럼 살아가지만 인생이란 시작이 있고 끝이 있는 법입니다. 죽음이란 무엇입니까? ① 누구나 가지 않을 수 없는 마지막 정거장입니다. ② 세상을 떠나가는 별세(別世)입니다. 죽음은 영원히 없어지는 멸망이 아니고 세상을 떠나는 별세입니다. 영혼은 육신을 떠나고, 육신을 떠난 영혼은 세상을 떠나서 천국 혹은 지옥으로 자리를 옮기는 것이 죽음입니다. ③ 죽음은 이별입니다. 사랑하는 처자와 부모님과 이별해야 하고, 사랑하는 사람과도 미워하는 사람과도 이별하고 헤어지는 것이 죽음입니다. ④ 모든 일이 끝나고, 내 것이라고 하던 것들을 다 내버리는 시간입니다.

배운 사람이나 못 배운 사람이나 학벌, 졸업장, 학위증, 면허증도 다 버리고 가는 시간입니다. 인생은 제가끔 황금시대를 살아왔다고 자랑들 하지만 황금시대는 과거나 현재에 있는 것이 아니고, 다가오는 미래가 있을 것입니다. 이 세상 70-80년 살다가, 이생의 막이 내려집니다. 주님은 당신의 백성들을 위하여 예비하시고, 성도들을 위해 준비하신 '새 하늘과 새 땅'을 우리에게 주실 것입니다. 사랑하는 고인의 유족들과 성도 여러분! 오늘 말씀을 통해 피차 위로를 받으시기를 바랍니다.

첫째, 불신자의 죽음이 있습니다(계 20:8).

요한계시록 21장 8절에 "그러나 두려워하는 자들과 믿지 아니하는 자들과 흉악한 자들과 살인자들과 음행하는 자들과 점술가들과 우상 숭배자들과 거짓말하는 모든 자들은 불과 유황으로 타는 못에 던져지리니 이것이 둘째 사망이라"고 했습니다.

① 불신자들의 죽음은 무섭습니다. 미래가 보장되지 않기 때문에 불안에 떱니다. ② 불신자의 죽음은 너무나 슬픕니다. 영영히 고통 속에 웁니다.

둘째, 부활의 첫 열매의 죽음이 있습니다(고전 15:20).

신약성경 고린도전서 15장 20절에 이렇게 기록하고 있습니다. "그러나 이제 그리스도께서 죽은 자 가운데서 다시 살아나사 잠자는 자들의 첫 열매가 되셨도다." 예수님은 하나님의 아들이시고, 만왕의 대왕이십니다. 나인성 과부의 아들을 소생시키셨습니다. 죽은 지 나흘 된 나사로를 소생시키셨던 예수님이셨습니다. 예수님의 죽으심은 하나님의 예정 가운데 이루어진 목적 있는 죽음이었습니다. 죄 없으신 예수 그리스도께서 억조창생들의 죄악을 한 몸에 지시고 십자가에서 대속의 피를 흘리신 것입니다.

예수님이 이렇게 죽으심으로 하나님의 공의를 만족시켜 드리셨고, 예수님의 죽음은 인간들에게 영원한 소망의 기쁨을 안겨주었습니다. 예수님의 죽으심은 모든 인간들을 의인(義人)을 만드시고, 예수 그리스도께서는 부활의 첫 열매가 되신 것입니다. 주 안에서 죽은 자들이 복된 이유가 여기 있습니다.

셋째, 성도들의 복된 죽음이 있습니다(계 14:13).

성도들의 복된 죽음은 예수님처럼 부활의 영채를 입고 부활합니다. 요한복음 14장에서 예수님께서는 '내 아버지 집에 거할 곳이 많도다'라고 했습니다. 왜 그렇습니까? 예수께서는 '내가 너희를 위하여 처소를 예비하러 간다'고 했습니다. 본문에는 '주 안에서 죽는 자들은 복되다'고 했습니다.

말씀을 정리하겠습니다. 세상은 잠깐이지만 하나님의 나라는 영원합니다. 믿음으로 살다가 임종을 맞는 성도들에게는 미래에 다가올 세상이 훨씬 더 훌륭하고 멋질 것입니다. 사랑하는 유족들과 성도 여러분! 주 안에서 죽게 된 성도와 함께 영원한 생명과 영광을 누릴 수 있기를 축원 드립니다.

생명의 부활로 나오리라

찬송 / 161, 165, 412, 491/ 159, 155, 469, 543

성경 / 요한복음 5:24-29

요절 / 요한복음 5:29

"선한 일을 행한 자는 생명의 부활로, 악한 일을 행한 자는 심판의 부활로 나오리라."

목표 / 건전한 기독교의 장묘 문화를 확립한다.

하관 예식 순서

1부 하관식 준비

* 하관은 상여가 묘지에 도착하면 묘소 가까운 곳에 안치하고
유가족들은 영구가 있는 곳에 정중히 서서 조문객의 문상을 받는다.

〈하관 시 집례 자는 묘지 중심에 서서 오른쪽에 유족을 차례대로 서게 하고,
왼쪽으로 조문객을 서게 하고, 자리를 정돈한 후 하관식 예배를 거행 한다.〉

2부 예배

1. 개식사 :

지금부터 고 ○○○(직분 혹은 성도)님의 하관예식을 거행하겠습니다.

2. 묵 도 ……………………………………………………… 다같이

3. 기 원 ……………………………………………………… 집례자

"죽은 사람도 부활시키시는 전능하신 하나님 아버지여, 이제 사랑하는 고 ○○○(성도)의 유해를 여기에 안장하고자 합니다. 그러나 주안에서 죽은 자들은 생명의 부활로 살리실 것을 믿습니다. 유족들의 마음을 위로하여 주시고, 부활의 소망을 가지고 담대하게 살아가는 믿음의 사람들이 되게 하옵소서. 예수님의 이름으로 기도합니다. 아멘.

4. 신앙고백 ………………[사도신경 암송]……………… 다같이

5. 찬 송………… (494장 / 통188) …………………… 다같이

♬ ① 만세 반석 열리니 내가 들어갑니다. 창에 허리 상하여
물과 피를 흘린 것 내게 효험 되어서 정결하게 하소서
② 내가 공을 세우나 은혜 갚지 못하네. 쉼이 없이 힘쓰고
눈물 근심 많으나 구속 못할 죄인을 예수 홀로 속하네.
③ 빈손 들고 앞에가 십자가를 붙드네. 의가 없는 자라도
도와주심 바라고 생명 샘에 나가니 나를 씻어 주소서 ♬

6. 기 도 ································· ○○○ 장로(집사)님

7. 성경봉독 ·········· (요한복음 5:24-29) ···············집 례 자

"[24] 내가 진실로 진실로 너희에게 이르노니 내 말을 듣고 또 나 보내신 이를 믿는 자는 영생을 얻었고, 심판에 이르지 아니하나니 사망에서 생명으로 옮겼느니라. [25]진실로 진실로 너희에게 이르노니 죽은 자들이 하나님의 아들의 음성을 들을 때가 오나니 곧 이 때라 듣는 자는 살아나리라. [26]아버지께서 자기 속에 생명이 있음 같이 아들에게도 생명을 주어 그 속에 있게 하셨고, [27] 또 인자됨으로 말미암아 심판하는 권한을 주셨느니라. [28] 이를 놀랍게 여기지 말라 무덤 속에 있는 자가 다 그의 음성을 들을 때가 오나니 [29] 선한 일을 행한 자는 생명의 부활로, 악한 일을 행한 자는 심판의 부활로 나오리라."

8. 설 교 ······· "생명의 부활로 나오리라" ········· 주례 목사

9. 기 도 ·· 집 례 자

10. 찬 송 ·········· (479장/ 통 290 장) ················ 다같이

① 괴로운 인생길 가는 몸이 평안히 쉬일 곳 아주 없네.
걱정과 고생이 어디는 없으리. 돌아갈 내 고향 하늘나라
② 광야에 찬바람 불더라도 앞으로 남은 길 멀지 않네.
산 너머 눈보라 재우쳐 불어도 돌아갈 내 고향 하늘나라
③ 날 구원하신 주 모시옵고 영원한 영광을 누리리라
그리던 성도들 한자리 만나리. 돌아갈 내 고향 하늘나라

11. 축 도 ·· 집 례 자

12. 폐 회 ·· 다같이

<유인물 여백에 교회사용 란>

성도의 가정에 애경사가 있을 때가 바로 전도의 좋은 기회입니다. 교회를 불신 가족들에게 알릴 수 있는 절호의 기회입니다. 예배 순서 지를 꼭 만들어 사용하세요.

생명의 부활로 나오리라

(요한복음 5:24~29)

"선한 일을 행한 자는 생명의 부활로, 악한 일을 행한 자는 심판의 부활로 나오리라." 이 위대한 선언은 전 인류의 마지막 궁극적 미래를 확실히 예언해 주고 있습니다. 이 선언은 인생은 영원히 살 영생할 존재라는 뜻입니다.

모든 인류는 마지막 날에 단 한 번 '만인의 부활'로 나올 것입니다. 그러면서 단 한 번의 부활에 다른 두 국면이 있음을 보여주고 있습니다. 그것이 곧 '첫째 부활'과 '둘째 부활'입니다.

첫째 부활이 있습니다.

요한복음 5:24~25절에는 "[24]내가 진실로 진실로 너희에게 이르노니 내 말을 듣고 또 나 보내신 이를 믿는 자는 영생을 얻었고, 심판에 이르지 아니하나니 사망에서 생명으로 옮겼느니라. [25] 진실로 진실로 너희에게 이르노니 죽은 자들이 하나님의 아들의 음성을 들을 때가 오나니 곧 이 때라 듣는 자는 살아나리라"고 했습니다. 부활 생명이 주어진다는 것입니다. 누구에게요?

1) 예수님(나)의 말씀을 듣는 자라고 했습니다.

2) 예수님(나)의 말씀을 믿는 자라고 했습니다.

'허물과 죄로 죽었던 자', 즉 '영적 사망'(엡 2:1, 5:14)을 당했던 자가 예수님의 말씀을 듣고, 말씀을 믿고 다시 '영적 생명'을 얻을 것을 믿으시기 바랍니다.

둘째 부활이 있습니다.

요한복음 5:28~29절에 "[28] 이를 놀랍게 여기지 말라 무덤 속에 있는 자가 다 그의 음성을 들을 때가 오나니 [29] 선한 일을 행한 자는 생명의 부활로, 악한 일을 행한 자는 심판의 부활로 나오리라"고 했습니다. '무덤 속에 있는 자'란 역사 이래 죽음을 만나 죽은 자들을 총칭합니다. '다 그의 음성을 들을 때가 오나니'라는 말은 예수님의 공개적 재림이 결코 비밀일 수 없음을 뜻하고 있습니다. 이때 '선한 일을 행한 자'란 예수님을 믿고 구원에 참여한 자가 곧 첫째 부활에 참여한 자들입니다. 반면에 '악한 일을 행한 자'란 예수님은 믿지 않고 살았던 불신자의 삶인 것을 이해하시기 바랍니다.

셋째, 둘째 부활 때에는 책들에 의해 심판을 받습니다.

요한계시록 20:12절을 읽겠습니다. "또 내가 보니 죽은 자들이 큰 자나 작은 자나 그 보좌 앞에 서 있는데 책들이 펴 있고 또 다른 책이 펴졌으니, 곧 생명책이라 죽은 자들이 자기 행위를 따라 책들에 기록된 대로 심판을 받으니" 라고 했습니다. 여기에 두 가지 책이 나옵니다.

첫 번째 책은 '생명책'이니 구원 받은 신자들의 이름과 행위를 기록한 책입니다. 두 번째 나오는 '책들'은 모든 불신자들의 이름과 행위를 기록한 '심판의 책'입니다. 생명책에 기록된 자는, 곧 불 못에 던짐을 당하지 아니합니다. 곧 생명의 부활로 나오는 자들인 것입니다.

둘째 부활의 특색은 예수님 재림과 함께 시작됩니다. 그것은 육체적인 것입니다. 그 둘째 부활은 모든 자들에게 적용되는 것입니다. 의인, 곧 신자들은 천국에서 영생하기 위하여 부활한 것입니다.

마태복음 25:46절 말씀처럼 염소로 비유된 악인들은 영벌에, 양, 곧 의인들은 영생에 들어간다는 것입니다. 이들은 다 예수를 믿고, 그리스도의 피로 속죄함을 받은 자들이며 이미 부활의 승리를 맛본 자들입니다.

여러분! 세상을 살아가면서 큰 재산은 못 모아둔다 할지라도, 여러분의 이름이 생명책에 기록되어 영생복락의 나라에 꼭 들어가야 합니다. 죄악을 이기고, 신령한 몸으로 부활하여 승리의 개가를 부르시기를 주님의 이름으로 축원합니다.

섬김과 전도로 부흥하는 구역

구역부흥은 교회부흥

제 1 학기 출석부

번호	성 명	1월					2월					3월					계	
		1	2	3	4	5	1	2	3	4	5	1	2	3	4	5		
1																		
2																		
3																		
4																		
5																		
6																		
7																		
8																		
9																		
10																		
11																		
12																		
13																		
14																		
15																		
16																		
17																		
18																		
19																		
20																		

제 2 학기 출석부

번호	성 명	4월					5월					6월					계	
		1	2	3	4	5	1	2	3	4	5	1	2	3	4	5		
1																		
2																		
3																		
4																		
5																		
6																		
7																		
8																		
9																		
10																		
11																		
12																		
13																		
14																		
15																		
16																		
17																		
18																		
19																		
20																		

제 3 학기 출석부

번호	성 명	7월					8월					9월					계	
		1	2	3	4	5	1	2	3	4	5	1	2	3	4	5		
1																		
2																		
3																		
4																		
5																		
6																		
7																		
8																		
9																		
10																		
11																		
12																		
13																		
14																		
15																		
16																		
17																		
18																		
19																		
20																		

제 4 학기 출석부

번호	성 명	10월					11월					12월					계	
		1	2	3	4	5	1	2	3	4	5	1	2	3	4	5		
1																		
2																		
3																		
4																		
5																		
6																		
7																		
8																		
9																		
10																		
11																		
12																		
13																		
14																		
15																		
16																		
17																		
18																		
19																		
20																		

창세기와 출애굽기

"모든 성경은 하나님의 감동으로 된 것으로 교훈과 책망과 바르게함과"(딤후 3;16)

JongSuk Kim, 1978.
rev. Shin, So-seop, 2012

BIBLE CONTENTS: 13.10.13.12.8.12.11.
Shin, So-seop, 19

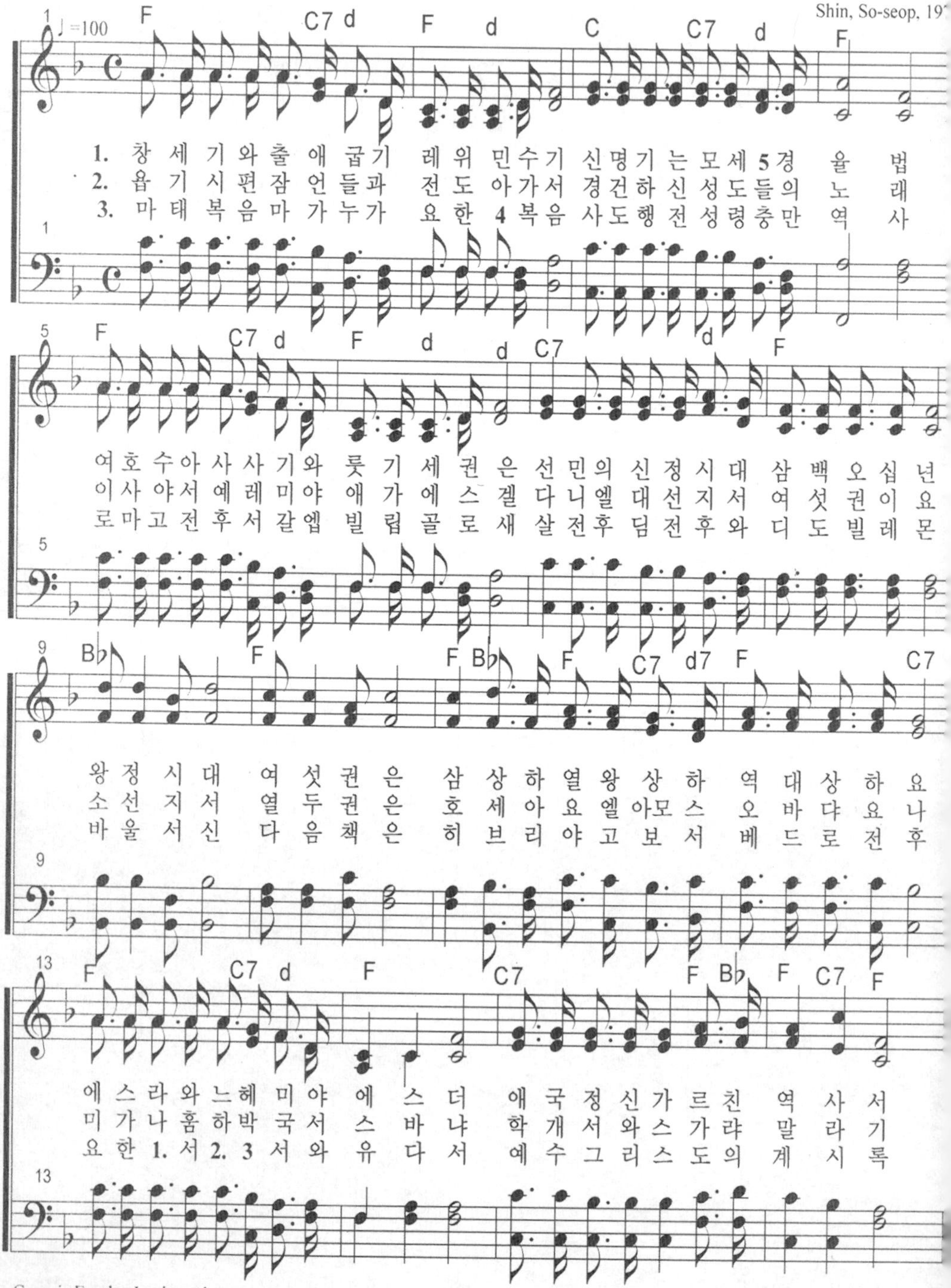

♩=100
F C7 d F d C C7 d F
1. 창 세 기 와 출 애 굽 기 레 위 민 수 기 신 명 기 는 모 세 5 경 율 법
2. 욥 기 시 편 잠 언 들 과 전 도 아 가 서 경 건 하 신 성 도 들 의 노 래
3. 마 태 복 음 마 가 누 가 요 한 4 복 음 사 도 행 전 성 령 충 만 역 사
F C7 d F d d C7 d F
여 호 수 아 사 사 기 와 룻 기 세 권 은 선 민 의 신 정 시 대 삼 백 오 십 년
이 사 야 서 예 레 미 야 애 가 에 스 겔 다 니 엘 대 선 지 서 여 섯 권 이 요
로 마 고 전 후 서 갈 엡 빌 립 골 로 새 살 전 후 딤 전 후 와 디 도 빌 레 몬
B♭ F F B♭ F C7 d7 F C7
왕 정 시 대 여 섯 권 은 삼 상 하 열 왕 상 하 역 대 상 하 요
소 선 지 서 열 두 권 은 호 세 아 요 엘 아 모 스 오 바 댜 요 나
바 울 서 신 다 음 책 은 히 브 리 야 고 보 서 베 드 로 전 후
F C7 d F C7 F B♭ F C7 F
에 스 라 와 느 헤 미 야 에 스 더 애 국 정 신 가 르 친 역 사 서
미 가 나 훔 하 박 국 서 스 바 냐 학 개 서 와 스 가 랴 말 라 기
요 한 1. 서 2. 3 서 와 유 다 서 예 수 그 리 스 도 의 계 시 록

• 설문지 : 독자 앙케이트 •

구역공과를 다루고서

〈각 교회에서 설문지를 그대로 보내주셔도 좋겠고, 통계치만 보내셔도 됩니다〉

1. 구역공과를 다루고 나서 어떤 방법이 가장 좋았는가?
   ( ) 1 기존의 방법대로 구역장이 혼자 가르치는 것이 좋겠다.
   ( ) 2 문답지를 나누어주고 미리 풀어 오도록 하여 토론하는 것이 좋겠다.
   ( ) 3 성경 문제지를 나누어주고 그날 함께 풀어 가는 방법이 좋겠다.
   ( ) 4 문답지를 나누어주고 구역장이 설명해 가는 방법이 좋겠다.
2. 성경 공부 문제지를 다루는데 그 정도가 어떠했는가?
   ( ) 1 문제가 어려워서 손대기가 어려웠다.
   ( ) 2 문제지는 그런대로 쉬웠으나 묵상과 적용이 잘 안되었다.
   ( ) 3 문제지도 어려웠고 묵상과 적용도 어려웠다.
   ( ) 4 문제지는 보통이고 묵상과 적용도 할만했다.
3. 성경 공부 문제의 양이 어떠했는가?
   ( ) 1 문제가 너무 많았다.
   ( ) 2 문제가 너무 적었다.
   ( ) 3 문제가 적당했다.
4. 성경공부 진행 및 내용의 배열은 어떻게 하는 것이 좋겠는가?
   ( ) 1 시작하는 말, 오늘의 말씀, 정리하는 말, 평가와 결심의 순서대로가 좋겠다.
   ( ) 2 오늘의 말씀, 정리하는 말, 평가와 결심으로 줄였으면 좋겠다.
   ( ) 3 성경본문을 읽고 각자가 느낀 점을 이야기하고 적용하는 방식이 좋겠다.
   ( ) 4 성경 본문만 읽고 중보(합심)기도를 길게 하는 것이 좋겠다.
5. 구역 모임시간에 대하여 어떻게 했으면 좋겠는가?
   ( ) 1 찬송을 많이 불렀으면 좋겠다.
   ( ) 2 성경 공부에 중점을 두었으면 좋겠다.
   ( ) 3 합심기도에 시간을 많이 할애했으면 좋겠다.
   ( ) 4 구역원들 간에 이야기하는 시간을 많이 두어야 좋겠다.
6. 성도의 교제 시간 운영 방안에 좋은 방법은 무엇인가?
   ( ) 1 민속놀이를 했으면 좋겠다(윷놀이 등).
   ( ) 2 음식 나누어 먹기가 좋겠다.
   ( ) 3 가정을 위해 특별기도를 해주는 것이 좋겠다.
   ( ) 4 성경 퀴즈를 했으면 좋겠다.
   * 보기에 없으면 적 으시오( )
7. 구역공과교재나 교재출판위원회에 하고 싶은 이야기를 적으시오.

절 취 선

〈 보내주시는 교회 선물을 받으실 분 〉 (우편번호) 주소는 정확하게, 담임목회자 명	〈 보내 주실 곳〉 156- 094 서울 동작구 사당4동 254-9 도서출판 아가페문화사 교재편찬위원회 앞

구역공과 편찬위원회

•

대표 신소섭 목사

세상을 변화시키는 52주 구역공과

섬김과 전도로 부흥하는 구역

2012. 11. 25 초판 인쇄

2012. 11. 30 초판 펴냄

지은이 교재편찬위원회

발행인 김영무

발행처 도서출판 아가페문화사

156-094 서울 동작구 사당4동 254-9

전화 3472-7252, 7253 팩스 523-7254

등록 제3-133호(1987. 12. 11)

보급처 : 아가페문화사

156-094 서울 동작구 사당4동 254-9

전화 3472-7252, 7253 팩스 523-7254

우 체 국 011791-02-004204 (김영무)

값 6,500원

ISBN 978-89-8424-125-1 03230